KB261190

MB 공화국, 고맙습니다

MB공화국, 고맙습니다

지은이 | 하재근
펴낸이 | 김성실
편집 | 박남주 · 천경호 · 조성우 · 손성실
마케팅 | 이준경 · 이용석 · 김남숙 · 이유진
디자인 · 편집 | (주)하람커뮤니케이션(02-322-5405)
인쇄 | 미르인쇄
펴낸곳 | 시대의창
출판등록 | 제10-1756호(1999. 5. 11)

초판 1쇄 인쇄 | 2009년 5월 20일
초판 1쇄 발행 | 2009년 5월 28일

주소 | 121-816 서울시 마포구 동교동 113-81 4층
전화 | 편집부 (02) 335-6125, 영업부 (02) 335-6121
팩스 | (02) 325-5607
이메일 | sidaebooks@hanmail.net
블로그 | sidaebooks.net

ISBN 978-89-5940-146-8 (03300)
책값은 뒤표지에 있습니다.

MB 공화국, 고맙습니다

지구화, 세계화, 무한경쟁의 나라에서 국민으로 살아가기

하재근 지음

시대의창

이 책은 2008년에 쓴 것이다. 그 사이에 본격적으로 경제위기가 닥쳤다. 만약 위기에 대한 대응으로 뭔가가 달라졌다면 이 원고는 지금 쓰레기통에 있을 것이다. 하지만 아무 것도 달라진 것이 없다. 위기가 오건 말건 'MB공화국'은 견고히 버티고 있다.

이전에 집필했던 책에서도 그랬다. 당시에는 노무현 정부 때 원고를 썼는데 출판도 하기 전에 정권이 바뀌어버렸다. 그런데 놀랍게도 달라진 게 없었다. 노무현 정부를 비판하던 논리를 이명박 정부에 그대로 적용해도 전혀 어색하지 않았던 것이다. 그 논리가 이 책에도 그대로 이어진다. 정권이 바뀌어도, 경제위기가 닥쳐도 한국은 가던 길로 가고 있다.

경제위기가 닥치자 변한 것이 딱 하나 있다. '슈퍼 추경'이다. 감세보다 재정지출이 민생경제에 더 이롭다는 주장이 관철돼 29조 원짜리 돈벼락이 터졌으니 그것이 바로 '슈퍼 추경'이다. 하지만 감세도 여전히 추진된다. 감세 대신 재정지출이었어야 하는데, 감세와 재정지출이 동시에 이루어지는 바람에 최악의 조합이 됐다. 이것이 이 책의 출간작업을 하는 도중에 그나마 발생했던 변화였다. 나머지는 가던 대로 갔다. 그 기조가 이어지는 기간을 일컬어 이 책은 'MB공화국'이라고 한다. 절대로 이명박 정부만을 똑 떼어내는 것이 아니다.

사람들은 이명박 대통령을 비난하는 데 여념이 없다. 하지만 국가가 'MB공화국'으로 재편되는 엄청난 일이 단지 이명박 대통령 개인만의 힘으로 가능했을까? 아니다. 이명박 개인은 전지전능한 신이 아니다.

국가가 뒤집히는 일은 다수의 공모를 통해서만 가능하다. 'MB공화국'의 창건에는 많은 사람들이 공범으로 참여했다. 그 공범들이란 '김영삼, 김대중, 노무현' 정부와 보수세력, 민주화개혁세력, 진보세력 그리고 많은 사람들, 즉 우리 국민 전체였다. 이들이 각성하지 않고 이명박 개인을 아무리 욕한들 변하는 것은 없을 것이다. 이명박 정부의 기조와 함께 우리들 자신의 욕망 그리고 김영삼 정부 이래의 역사를 전복시켜야 비로소 '국민의 나라―우리공화국'이 가능해진다. 여기에서는 이런 관점을 바탕에 두고 이명박 정부를 비판한다. 이 책은 두 가지의 문제의식을 담고 있다.

첫째, 'MB공화국'은 과연 무엇인가?
둘째, 'MB공화국'에서 살아남기 위해서는 무엇을 해야 하는가?

MB공화국은 무엇인가

지난 대선 때부터 많은 사람들이 이명박 대통령이 박정희 전 대통령과 유사하다고 주장해왔다. 개발독재의 재판이라는 것이다. '반이명박 반독재 통합전선'을 구축하자는 말들도 들렸다. 통합전선 같은 거창한 생각이 아니더라도 이명박 정부 비판에 전통적인 반독재적 관점, 반개발적 관점이 동원되는 것은 너무나 익숙하다. 심지어 금융위기 전까지는 이명박 정부더러 '시장개입'을 하지 말라는 주장까지도 비판자들이 제기했다. '관치부활'이라는 비판도 있었다.

또 이명박 정부에 대한 환멸이 깊어지면서 상대적으로 노무현 전 대통령이 관심을 받았다. 불법자금 문제가 터지기 전까지만 해도 이명박 정부 아래에서 노무현 전 대통령의 인기는 상당했다.

이명박 정부가 '잃어버린 10년'이라는 수사를 쓰며 '김대중-노무현' 정부와 자신들을 구분하는 것에 많은 국민들이 동의한다. 심지어 '김대중-노무현 좌파 정권'이라는 프레임이 주류 언론에 수없이 등장한다. 이런 식의 사고방식은 기본적으로 아래와 같은 역사인식에 기반한다.

독재매판세력 : 박정희 - 전두환 - 이명박
민주화자주세력 : 6월항쟁 - 김대중 - 노무현

한국 현대사를 이 두 줄기의 대립으로 파악하는 것이다. 그러나 이런 관점은 공허하다. 현재 시점에서 독재 대 반독재 프레임은 더 이상 유효하지 않다. 우리 국민들을 불행하게 만드는 것은 이젠 독재가 아니다. 우리는 전혀 다른 세계로 진입했다. 독재세력이 더 매판적인지, 개방을 감행한 민주화자주정권이 더 매판적인지도 모호하다. 이 책은 아래와 같은 역사인식에 기반한다.

개발독재 시기 : 박정희
자유화 시기 : 김영삼 ~ 이명박

반독재 투쟁으로 한나라당 정권이 민주화 정권으로 바뀌면 모든 문제가 해결될까? 공안통치, 낙하산 인사, 언론장악, 백골단, 촛불집회 탄압 등이 사라지면 국민이 행복해질까? 아니다. 독재만 사라지면 '도로 노무현'이 될 수 있다. 노무현 정부 당시 우리 국민들의 삶은 파탄지경이었다. 그 파탄이 지난 대선 때 정치 환멸로 인한 투표율 저하, 민주화 환멸로 인한 이명박에 대한 압도적 지지로 나타난 것이다. '이명박 퇴진'만으론 이 파탄으로부터 국민들을 구출할 수 없다. 왜냐하면 이명박 대통령이 사라져도 'MB공화국'이 사라지는 것은 아니기 때문이다. 'MB공화국'이 사라지지 않으면 국민은 영원히 파탄 속에서 살게 된다.

이 책의 역사인식에서 'MB공화국'은 '박정희의 나라'와 다르다. 'MB공화국'은 김영삼 대통령 때부터 시작되었다. '김영삼-김대중-노무현-이명박', 이 4대 정권 20년간이 모두 'MB공화국'이다. 그리고 그것을 관통하는 키워드가 '자유화'다. 모두가 자유롭게 개별적으로 자신의 '이익을 극대화할 자유', 그것을 위해 마음껏 '경쟁할 자유'가 주어진 것이다. 그러나 그 결과는 파탄이었다.

지금은 '독재'에 맞서 싸울 때가 아니라 '자유'에 맞서 싸울 때다. 지금은 국가에 맞서 싸울 때가 아니라 국가를 제대로 세울 때다. 우리는 지금까지 제대로 된 우리나라, 공화국을 가져본 적이 없다. 한국의 민주화 투쟁사는 국가권력에 대한 투쟁사였다. 그 결과 국가의 영역을 최소화하는 것이 우리 민주화 시대의 특징이 되었다. 바로 그것이 자유화고, 그 귀결은 부자천국, 민생파탄이다.

국가에 대한 적대의식이 우리나라 민주화세력, 진보진영 사이에 만연해 있다. 그들은 국가에 대한 개인의 자유를 주장한다. 특히 진보진영은 반애국주의에 몰두한다. '디워 사태'는 한국 진보진영이 얼마나 국가와 국익(경제)에 적대적인지 보여줬다. 이들은 국익을 비웃는 걸 자랑으로 여기며 지성을 뽐낸다. 이런 집단에게 국민이 국가운영권을 맡길 턱이 없다. 파탄 시기에 이들이 민중에게 희망을 주지 못할 때 국민은 결국 파시즘적 리더십에 마음을 기대게 된다.

기득권세력도 국가를 허물려 한다. 이명박 정부는 '독재적 방식'으로 국가를 해체해가고 있다. 국가가 국민의 삶에 개입하고 책임지는 것이 아니라 각자 알아서 살라는 것이다. 이것이 '작은 정부'의 이념이다.

여기서 비판세력은 '독재적 방식'에만 주목해 여전히 반독재·반국가 프레임으로 대응하고 있다. 국가가 무의미해지면 민주주의와 정치도 무의미해지고 남는 건 민간 혹은 분권화된 단위의 자율성과 법질서뿐이다. 국가가 사라지고 모두가 자유로워지면 부자의 자유를 규제할 수 없게 된다.

우리의 적은 국가가 아니라 우리 자신의 탐욕이다. 'MB공화국'은 국민의 이기심을 먹고 자란다. 저마다 자유롭게 선택하고, 경쟁하고, 이익을 극대화하겠다는 이기심이 존재하는 한 'MB공화국'은 사라지지 않는다. 파탄도 사라지지 않는데 그 파탄의 귀결은 단순히 민생의 어려움 수준이 아니다. 그 끝엔 경제 붕괴와 공화국 해체가 있다.

이 책은 'MB공화국'이 '봉건국가'라고 주장한다. 봉건사회는 신분사회다. 공화국은 신분질서를 파괴하면서 생겨난 체제다. 그런데 '자유'는 다시 신분사회를 만들고 있다. 그리고 경제파탄은 신분질서의 하층을 구성할 다수 빈곤층을 만들어낸다.

이 책의 구성

이 책은 이명박 대통령의 집안이 한국 최고의 명문가이며, 그 명문가들이 연혼으로 '그랜드 서클'을 이뤄 한국 사회를 지배하고 있다는 설명으로부터 시작한다. 그 지배층은 세습된다. 그러므로 '신분'이다. 귀족이 다시 등장하고 있는 것이다.

그 다음에는 'MB공화국'이 결코 이명박 대통령의 집권으로 시작된 것이 아니라는 것을 설명하기 위해 김영삼 정부 이야기를 한다. 우리 국민에게 김영삼 정부의 기억은 이 한 마디로 요약할 수 있다. '경제파탄'. 바로 그 김영삼 정부와 이명박 정부의 기조가 같다. 그러므로 이명박 정부의 끝도 경제파탄일 거라고 유추할 수 있다(이 책의 원고를 마무리하는 중에 이미 경제위기가 도래했다). 경제 살려달라고 이명박 대통령을 뽑은 국민들은 '헛발질'을 했다.

국민들은 이명박 대통령이 노무현 정부와 반대로 경제를 살려줄 거라고 기대했지만, 한미FTA로 상징되는 유사성 때문에 노무현 정부와 반대로 가는 일은 없었다. 그 유사성이란 자유화, 개방, 시장화, 경쟁기조 강화다. 이런 가치들은 김영삼 정부 때 이미 '세계화'로 한국 사회에 대두됐다. 다음 장엔 그 설명이 이어진다.

세계화는 결국 부자와 강자들을 위한 복음이었다. 그들은 그것으로 엄청난 이익을 얻었고 마침내 귀족이 되려 한다. 그런데 귀족은 어떻게 생겨날까? 국가는 귀족제의 부활을 공포한 적이 없다. 강제한 적도 없다. 그런데 어떻게?

교육이 그 역할을 한다. 교육제도가 바로 공화국을 해체하고 신분질서를 부활시키는 핵심 장치다. 교육은 단지 여러 가지 부문 중의 하나가 아니다. 국가의 성격을 규정하는 핵심이다. 교육제도를 통해 신분사회를 만들 수도, 공화국을 만들 수도 있다. 또 지금의 경제적 난국을 돌파할 핵심 부문도 교육이며, 우리 국민들이 지고 있는 거대한 고통의 짐도 교육과 깊은 관련이 있다. 특히 한국의 어린 세대와 30~40대는 교육으로 인해 처절한 삶을 살고 있다.

'MB공화국'이 이대로 가느냐, 전복되느냐의 관건은 교육에 있다. 그러므로 교육에 대해서는 자세히 설명했다. 평준화가 아닌 자유선택, 자유경쟁체제가 공화국을 해체하면서 군림하는 소수와 복종하는 다수를 만드는 구조다. 그리고 영어강화와 이명박 정부의 구체적인 교육정책이 그것을 위해 어떻게 작동하는지 살펴본다.

평가중심 경쟁체제는 아이들만 고통에 빠뜨리는 게 아니다. 김영삼 정부 때부터 시작된 'MB공화국'은 어른들에게도 같은 체제를 강요한다. 그것이 성과주의의 압박과 유연화다. 이것으로 인해 우리 직장인들이 어떤 고통을 받는지도 살펴보았다.

이명박 정부는 '친기업'적이라는데 그럼 기업만은 온전할까? 그렇지 않다. 'MB공화국'은 '기업하기 힘든 나라'다. 탈규제 자유화와 '떼법체제'가 그렇게 만든다. 이런 '떼법의 나라'에서는 경제가 살아날 수 없다. 봉건사회의 특징은 국가가 작다는 것이다. 국민은 각자의 신분에 맞게 알아서 살면 된다. 큰 정부는 필요 없으니 해체해야 하는 것이다. 그러므로 정부재정도 줄여야 한다. 이러한 작은 정부, 감세, 민영화 문제도 살펴보았다.

이런 체제에서 노동자는 살 수가 없다. 그런데 노동자는 결국 국민들이다. 노동자가 가난해지면 국민도 가난해진다. 국민이 가난한데 경제가 살아날 수 있을까? 또 한국인들의 고용을 떠받치고 있는 건 중소기업인데 중소기업이 죽으면 국민도 죽을 수밖에 없다.

여기까지가 'MB공화국'은 무엇인가에 대한 설명이다. 이것을 설명하는 기본적인 관점은 '이익'이다. 과연 누구에게 이익이고, 누구에게 손해가 되는가. 그리고 국민경제와 그것이 어떤 관계가 있는가. 이런 관점으로 'MB공화국'을 해부한다.

이명박 정부가 얼마나 민주적 원칙을 준수하고 있는가는 이 책의 관심사가 아니다. 민주화 정부건 한나라당 정부건 민생파탄은 동일했다. 서민은 피해를 입고 부자가 이익을 독차지했기 때문이다. 왜 그렇게 되는지를 따지고, 그렇게 되지 않을 길을 모색하는 것이 이 책의 목표다. 구태의연한 독재 대 민주 프레임은 국민의 정치냉소만 부추길 뿐이다. 또 이 책은 경쟁력 향상과 경제성장의 필요성을 긍정한다. 이 문제에 대한 신뢰가 없으면 국민이 공감하지 않을 것이다.

아울러 결론으로 가기 전에 외국 사례를 검토한다. 'MB공화국'은 미국식 사회를 지향한다. 하지만 그 귀결은(양극화로 악명 높은) 미국식 사회도 아닌(양극화로 더욱 악명 높은) 남미식 사회일 것이다. 세계 최고의 제조업 경쟁력을 자랑하는 일본과 독일은 경제풍토가 미국과 다르다. 한국의 비전은 '세계 최고의 제조업 국가'가 되는 데 있다. 그러나 금융 서비스업, 자본시장이 제조업을 압박하는 지금의 체제로는 세계 최고의 제조업 국가가 될 수 없다. 경제위기만 만성화될 뿐이다. 그리고 마지막으로 북유럽 사회를 통해 한국 사회가 궁극적으로 나아가야 할 방향을 모색한다.

결론에서는 'MB공화국'에서 살아남기 위해 '무엇을 해야 하는가'를 말한다. 물론 혼자 살아남는 것이 아니라 모두 다 사는 길, 우리 국가를 살릴 길을 말한다. 혼자 살기 위해 탈출을 감행하는 것(해외탈출, 재테크 기법 모색, 대안학교로의 탈출 등)은 고려대상이 아니다. 국민이 살고 국가가 살 길을 찾아 수동적인 '이명박 반대 싸움'이 아닌 적극적인 '공화국 건국 운동'을 해야 한다.

교육감 선거가 보여준 것

촛불집회를 통해 이명박 대통령에 대한 국민적 혐오는 더 짙어졌지만 'MB공화국'은 보다 강고해졌다. 한국을 신분사회로 재편하는 교육 부문에서 더욱 후퇴했기 때문이다. 그것을 극명히 보여준 것이 서울시 교육감 선거의 대흥행과 대학평준화 운동의 몰락이었다.

서울시 교육감 선거는 대선을 방불케 할 만큼 치열했다. 한국의 운동권들 대부분이 서울시 교육감 선거에 '올인'했기 때문이다. 그러나 운동권들이 지지하는 후보는 패배했다. 일부는 무력감에 빠지고, 또 일부는 국민을 원망하며 냉소에 빠졌다. 교육감 선거에 이어 바로 벌어진 대학평준화 행사는 작년보다도 훨씬 더 쓸쓸했다. 모두들 현상유지 운동을 벌였다. 현상유지 운동이란 '반대' 운동을 가리킨다. 국제중 반대, 자사고 반대, 일제고사 반대 등 반대싸움에 100퍼센트 성공하면 얻는 것은 현상유지다. 이명박 대통령의 지지율이 아무리 떨어져도 반대세력의 지지율이 오르지 않는 이유가 여기에 있다. 현상유지하자는 사람들한테 누가 지지를 보내겠나?

서울시 교육감 선거 후 교육 관련 글엔 아직도 이런 류의 냉소적인 댓글들이 달린다.

자기 손으로 나쁜 교육감 뽑았으니 이런 국민은 당해도 싸다.

투표도 안 한 국민들 구제불능이다.

강남 사람들 악착같이 투표할 때 가만히 있었던 강북, 니들은 평생 그렇게 살아라.

의식이 좀 있다는 사람들이 국민을 원망한다. 이렇게 진보적인 사람과 일반 국민이 분열될 때 지금의 파탄은 계속될 것이다. 과연 서울시 교육감 직선에 관심 갖지 않은 우리 국민들은 당해도 싼 '천민'들일까?

그렇지 않다. 애초에 교육감 직선제라는 제도 자체에 문제가 있었다. 교육감은 초중등교육을 관장한다. 그런데 한국의 초중등교육은 대학입시에 종속되어 있다. 그러므로 근본적인 차원에서 교육감은 무의미하다. 일부 운동권은 교육감 선거에 올인하면서 대학입시체제(선택의 자유, 경쟁체제) 변혁엔 무관심했다.

이명박 정부의 교육정책 기조 중 하나가 '교육자치 내실화'다. 큰 틀에서 보면 모든 정책의 분권화다. 국가를 갈가리 찢어놓고 각 개별단위들이 '알아서 잘 먹고 잘 살라'는 것이다. 이때 국가는 책임지지 않는다. 책임지지 않기 위해서 자율성을 준다. '니들이 선택한 교육정책 니들 책임이야'라는 식이다. 이렇게 되면 더 이상 교육문제로 촛불집회를 할 이유가 없어진다. 각 지역은 그저 교육감이나 잘 뽑으면 된다. 국가는 어디론가 사라진다.

국가의 퇴각은 시장영역의 확장을 부른다. 시장화다. 즉 교육자치 내실화, 교육 분권화는 국가 시장화다. 이것은 민영화의 구조와 같다. 국가가 책임지는 공공부문에서 국가가 사라지고 소유권이 넘어가거나 혹은 경영권이 위탁된다. 경영권을 위탁받은 민간 주체는 사익을 극대화하려 노력하게 된다. 그에 따라 공익이 위축된다.

교육감에게 지역교육 경영권을 위탁하는 것이 교육 분권화다. 그런데 아무에게나 위탁할 순 없다. 여기서 지역주민 직선이라는 언뜻 보면 민주주의처럼 보이는 절차는 교육 경영권 위탁에 정당성을 부여한다. 직선제를 통해 국가교육을 각 교육감에게 위탁할 수 있게 되는 것이다.

이렇게 되면 공기업 위탁처럼 각 교육감들도 사익을 극대화하려 노력하게 된다. 그 사익이란 교육감을 뽑은 지역의 교육적 이익이다. 한국에서 지역주민들이 원하는 교육적 이익이란 무엇일까? 지역주민들은 자기 지역에 영어마을이 들어서길 원하고, 특목고가 들어서길 원한다. 궁극적으로 자기 지역의 성적이 다른 지역보다 우월하길 원한다. 또 자기 지역에 명문학교가 많이 생겨 교육특구가 되는 것을 원한다.

그 이익을 위해 교육감들은 입시경쟁, 입시교육에 박차를 가하게 된다. 지방 지역주민들은 자기들이 나서서 공립입시학원을 만들고 있는 것이다. 직선 교육감은 관내 모든 학교를 입시학원화할 것이다. 설사 '착한 사람'이 교육감이 돼서 정상적인(?) 교육을 한다고 해도, 다른 지역보다 성적이 떨어질 경우 지역주민들은 교육청으로 쳐들어갈 것이고 직선 교육감은 지역주민들의 요구를 거스를 수 없게 될 것이다. 이런 것이 교육 지역위탁의 필연적인 귀결이다.

지금 필요한 건 교육 지역위탁이 아니라 국가 교육공공성의 확립이다. 그런데 일부 운동권은 교육감 선거가 시작되자 자기들이 서울시 교육권을 위탁받겠다며 지역 교육 경영권 입찰에 참여했다. 마치 수도가 민영화될 때 '우리들이 경영 잘 할게요'라며 수도 위탁업자 입찰에 참여한 것과 같았다.

심지어 일부 운동권은 교육감이 교육대통령이라며 시민들에게 교육감 선거에 관심 가져줄 것을 호소했다. 교육감이 교육대통령이라는 것은 교육감이 국가(교육부 장관)를 뛰어넘는 자율성을 가진다는 뜻이다. 이것이 바로 이명박 교육정책의 요체다. 이명박 정부의 정책은 학교자율화다. 학교자율화는 교육감 권한의 극대화가 목표다. 그러니까 운동권이 교육감 선거운동을 하며 이명박의 교육정책을 국민들에게 홍보해준 것이다. 이런 것이 'MB공화국'을 제대로 인식하지 못한 데서 오는 실책이다.

서울시 교육감 선거운동에서 운동권의 구호는 '0교시 반대, 야자 반대', 이런 것이었다. 그런데 이명박의 교육정책은 0교시나 야자를 하라는 데 있지 않다. 이명박의 교육정책은 '0교시를 하건 야자를 하건 니들 맘대로 하세요'다. 이명박 정부는 교육부 해체까지도 말한 바 있다. 국가가 이래라 저래라 하지 않을 테니 하고 싶은 대로 하라는 소리다.

이에 대해 운동권은 '네 감사합니다. 하고 싶은 대로 할게요'라고 한 셈이다. 이런 것이 이명박식 자유화의 무서운 점이다. 분권화와 지역주민에게 결정권을 넘겨주는 것에는 치명적인 매력이 있다. 'MB공화국'을 정확히 인식하지 않으면 깜빡 넘어갈 수 있다. 이 책에서는 주민·국민에게 결정권을 넘겨주는 것이 결코 민주화가 아니며 시장화일 뿐이라고 주장한다. 이때 결정권을 행사하는 건 시민이 아니라 소비자(수요자)다. 우리는 이 소비자 의식을 끊어내야 한다. 그래야 'MB공화국'이 사라진다.

'MB공화국'은 교육 분권화를 추진하며 교육감의 권한을 극대화하려 한다. 운동권은 지역 교육감이 교육정책을 마음대로 할 수 있다고 선전했다. 서울시 교육감이 마음대로 하면 다른 지역 교육감도 마음대로 하게 된다. 이때 국가는 '핫바지'가 된다. 즉 지역 교육감이 민주적 통제로부터 벗어나는 것이다.

교육감에게 자율성을 준다는 얘기는 규제를 하지 않겠다는 얘기다. 따라서 교육감은 봉건사회 영주처럼 된다. 국가가 규제하지 않는 경쟁구조다. 이처럼 선택할 자유를 주면 국가가 억지로 하지 않아도 사회는 저절로 변해간다. 그런데 인간은 당장 선택하고픈 욕망에 휩싸여 이것의 본질을 보지 못한다. 그래서 촛불 광장에서 뛰쳐나가 지역 교육감 선택권 행사장으로 몰려간 것이다.

◀))) 여기서 잠깐…

자율적인 영주를 세우는 것은 자유화 개혁의 기본구조다. 사기업 CEO의 영주화, 학교장-대학총장의 영주화, 민영화-위탁 경영자의 영주화 등 분권화된 단위의 영주는 민주적(국가) 통제에서 벗어나니 자율적으로 경영, 구조조정, 이익극대화에 나선다.

이런 식으로 국가를 뒤로 물린 다음 모두가 자유롭게 선택하고, 자유롭게 경쟁하는 문화가 창궐하게 되면 누가 이익을 볼까? 바로 강자들이다. 그러니까 전 국민, 전 지역에게 자율적인 선택권을 주려는 것은 강자의 이익을 극대화하려는 책략인 셈이다. 전 지역에 교육정책 자율성이 부여되면 지방은 절대 서울을 이길 수 없고, 구 단위 경쟁에서는 강남이 절대적으로 유리해진다. 따라서 교육감 선택을 통한 교육 분권화와 고교선택제는 모두 '서울 강부자'의 이기심을 채워주기 위한 정책이다.

'교육감 선택 놀음'에 정신을 팔 때가 아니었다. 개인 단위, 지역 단위에서 각자 알아서 좋은 선택을 하려고 노력하는 한 'MB공화국'은 끝장나지 않는다. 오히려 더욱 번성해간다. 경기도에서 요행히 민주화세력 단일후보가 당선됐다. 원래 국민이 관심을 갖지 않는 교육감 선거가 매우 이례적으로 마치 대선처럼 정치화됐고, 또 매우 이례적으로 이명박 정부의 돌진적인 교육정책에 국민들이 불안감을 느낀 덕분이다. 이제 경기도 교육감과 이명박 정부가 대립하면서 숱한 화제를 낳을 것이다. 그때 민주화세력은 틀림없이 국가의 통제를 비난하며 경기도 교육감의 자율성을 지지하고 나설 것이다. 이런 과정을 통해 교육을 분권화하려는 'MB공화국'이 완성된다. 지역 교육감 자리 하나 얻는 대신, 교육 분권화라는 국가제도를 내준 것이다.

지역 교육감이 대통령의 정책을 뒤엎고 '전횡'하는 데 성공한다면 국가정책은 무의미해진다. 국가가 교육공공성을 강제할 수도 없게 된다. 또 이후부터 극에 달한 한국인의 초중등교육에 대한 불만은 모두 교육감 선거로 소모되어 'MB공화국'을 끝장낼 폭발력이 원천봉쇄될 것이다. '광장에서 물러나 각자 자기 지역에서 알아서 잘 하자.' 바로 이런 것이 'MB공화국'이다.

어떻게 먹고 살까

우리나라는 2004년 경상수지 281억 달러 흑자, 2005년 119억 달러 흑자, 2006년 60억 달러 흑자였다. 점점 줄어들고 있다. 경상수지는 상품, 서비스 무역 등의 수지다. 이에 비해 자본수지는 외국과의 투자, 융자 거래에 의한 수지다. 같은 기간 자본수지 흑자는 대폭 늘었다. 그런데 그 흑자의 내용이 '빚'이었다. 경상수지 흑자의 감소를 빚으로 메운 것이다. 김영삼 정부 당시에도 급격한 세계화 이후 경상수지 적자를 자본수지로 메웠다. 그 결과는 IMF였다.

우리나라는 무역으로 외화를 벌어 자원을 수입해 먹고 사는 나라다. 빚으로 외화를 융통할 순 있겠지만, 근본적으로 돈을 벌지 못하면 망할 수밖에 없다. 그런데 최근 점점 돈을 벌지 못하고 있다. 2008년 여름에는 경상수지와 자본수지가 동시에 적자를 기록했다.

경상수지 중 상품무역수지는 2004년부터 2006년 사이에 하락세이긴 했지만 흑자기조를 유지했다. 그런데 경쟁력은 올라가지 않으면서 수입할 원자재, 부품이 많아지자 흑자가 줄어들었다. 불길한 건 서비스수지다. 같은 기간 서비스수지 적자는 대폭 증가했다. 상품수출로 번 돈을 서비스수지 적자가 다 깎아먹어 경상수지 흑자폭이 줄어든 것이다. 2008년 여름에는 서비스수지가 급기야 상품수지를 완전히 압도해 경상수지가 적자로 돌아섰다. 7월에는 해외송금, 재산반출 등 경상이전수지 적자도 사상 최대를 기록했다. 적자로 운영되는 영업집이 망하지 않고 얼마나 버틸 수 있을까? 2008년 말에 한국이 외환위기국으로 몰린 이유에도 경상수지 적자가 있었다. 최근 다시 흑자로 돌아섰으나 불황으로 인한 수입 감소가 원인이어서 기뻐할 수만은 없다.

서비스수지가 적자라는 얘기는 한국인이 외국으로 많이 나갔다는 소리다. 여행, 유학, 연수 등이 그 원인이다. 이 부문에서 나가는 돈은 폭발적으로 늘어나고 있는데, 밖에서 벌어오는 돈은 점차 줄어들고 있다. 여기에 방만한 금융부문과 국내외적 불확실성 증대, 자원고갈 위기로 경제위기설이 끊이지 않고 있다.

한국경제에 대한 신뢰가 사라지자 외국인이 한국을 떠나려는 것은 물론, 한국인마저도 국내에서 돈을 빼내려 하고 있다. 그렇게 빠져나가는 돈이 커져 2008년 여름에는 자본수지마저 적자를 기록했다(외환위기 직전 자본탈출 이후 최대 적자 기록). 그리고 제2의 IMF설이 터져나왔다.

한국은 경상수지 흑자가 목표여야 한다. 일단 돈을 벌어야 한다. 그래야 먹고 산다. 경제가 안정되면 자본탈출 같은 사태는 저절로 방지될 것이다. 외국자본에게 잘 보이는 것이 중요한 게 아니라 한국경제를 건실화하는 것이 중요하다. 외국인을 위한 개방정책을 아무리 펴도 한국경제가 망하면 외국인은 떠날 것이고, 아무리 규제를 해도 한국경제가 건실하면 외국인은 남을 것이다. 내가 돈을 투자한다고 생각해보라. 규제가 없는 사막에 투자할까, 아니면 규제가 엄정하더라도 활기찬 시장에 투자할까? 그동안 자유화 정권들은 외국자본을 위한 개방·자유화에 몰두해 국내경제를 사막화했다.

이명박 정부도 경상수지 흑자를 위해 친기업, 탈규제, 자유화를 추진한다. 수출대기업이 열심히 수출하도록 국민경제가 밀어주고, 서비스업을 선진화해 서비스수지 적자를 개선, 경제를 살린다는 계획이다. 교육개혁의 명분도 이것이다. 영어강화의 명분도 이것이다. 과연 가능한 일일까? 이 책은 이러한 정책들이 결국 공화국을 해체하고 봉건사회를 만들 것이며 한국경제에도 해악을 끼칠 것이라고 주장한다.

그렇다면 어떻게 해야 먹고 살 수 있다는 말인가? 그것이 결론 부문에서 다룰 고민이다. 어떻게 해야 한국인이 'MB공화국'으로부터 벗어나 살아날 수 있을까? 과연 어떻게 해야 '선진조국 창조'가 가능할까?

먼저 'MB공화국'을 인식해야 한다. 그것은 지금 우리가 살고 있는 한국 사회를 인식하는 것이다. 1990년대 이후 우리는 어떤 일을 겪었는가. 우리 사회는 어떻게 재편됐는가. 어디를 향해 가고 있는가. 'MB공화국'을 제대로 인식하면 그것을 전복할 길을 간단히 찾을 수 있다. 반대로만 하면 된다. 그러면서 그 길이 우리 국민이 먹고 살 길과 겹쳐야 한다. 한국인에게는 지금 다른 비전이 필요하다. 단순히 '안티 이명박'이 아닌 그 너머의 것 말이다. 이 책은 그것을 위한 모색이다.

하재근

CONTENTS

MB공화국, 고맙습니다

박정희의 나라는 30년 전 얘기다. 현재, 즉 MB공화국에서는 아무리 성장해 봐야 그들끼리만 더 부자가 될 뿐 국민은 여전히 빈곤하다. 꿈나라에 사는 사람들은 이런 현실을 모른다. 그들끼리만 꿈나라에 살면서 자신들의 부가 증대되는 것을 국가경제의 흥성으로 착각하고, 노동자의 소득증대는 망국적 사태라고 생각하고, 자신들이 보다 편해지는 걸 민생사안이라고 착각하는 집단이 국가를 지배하면 결국 패망한 '그들의 나라'로 다시 돌아가게 된다.

MB의
고마운 나라

section 1

그랜드서클의 세상,

고 · 맙 · 습 · 니 · 다

●✎ 귀족사회라는 것이 있어. 특별한 힘을 가진 소수 집단이 지배하는 사회. 그 특별한 집단과 일반 사람들 사이엔 '피'의 구별이 있는 사회야.

☜ 그게 말이 돼? 사람끼리는 다 똑같은 거 아냐?

●✎ 바보냐? 어떻게 그분들과 일반인이 같을 수가 있어? 그분들은 특수 엘리트교육을 받은 집단이고 그분들끼리 혼인해 태생부터 다른 신인류를 형성한 분들이란 말야. 한국은 이렇게 돼 있어.

> 소수 지배층 – 고소득, 고학벌 – 많은 자산(땅과 금융자산)을 세습
> 다수 일반인 – 저소득, 저학벌 – 자산이 적거나 없는 처지를 세습

●✎ 이게 같냐? 같아?

☜ 아, 그럼 나 같은 놈은 입 다물고 꿇어앉아 지배만 받으면 되는 건가? 내 자식들도?

●✎ 이제 뭘 좀 알겠냐?

☜ 그렇구나. 세상 참 간단해지네. 그러고 보면 옛날엔 복잡하지 않았어. 지배자 자식이 자동적으로 지배자 하고, 상민 자식은 자동적으로 부모가 하던 일을 하니, 요즘처럼 경쟁이 있나, 불확실성이 있나. 점점 그런 안정된 세상으로 돌아가는 거구나. 대통령님, 고맙습니다.

 # 명문귀족 이명박 대통령 집안

이명박 대통령은 1남 3녀를 두고 있다. 이들 중 셋이 미국에서 대학을 졸업했고 한 명은 이화여대를 나왔다. 영부인 김윤옥 여사도 이화여대 출신이다. 그리고 자녀 넷 모두 유명 사립초등학교를 나왔다. 이것을 위해 위장전입까지 불사했다. 이명박 대통령이 위장전입 없이도 갈 수 있는 학생 자유선발 사립학교에 각별히 애착을 보이는 이유를 짐작할 수 있다. 위장전입이 얼마나 구차스러웠겠는가.

이명박 대통령의 맏사위는 검사 출신으로 삼성화재 상무보로 일했다. 서울대 법대와 미국 하버드대학을 졸업했다. 둘째 사위는 서울대 의대 전문의다. 부친도 서울대 의대 교수다. 셋째 사위는 한국타이어 조양래 회장의 차남이다. 대통령의 딸과는 리라초등학교 선후배 사이라고 한다. 일종의 고급 사립학교 문벌인 셈이다. 자사고, 외국인학교 같은 고급 사립학교 전면화가 왜 이 시점에 추진돼야 하는지 짐작할 수 있는 대목이다. 'MB공화국'은 귀족문벌을 요청하고 있다.

이 대통령이 서울시장으로 재직할 때 자신의 아들과 히딩크의 기념사진 촬영이 물의를 빚은 바 있다. 당시 히딩크는 전 국민의 영웅이었지만 히딩크를 보기 위해 몰려든 일반 국민들 앞엔 경찰의 제지선이 쳐 있었다. 그러나 시장의 아들에겐 공식행사 중에 기념촬영이라는 특전이 부여되었다. 그때 이명박 대통령의 아들과 함께 히딩크와 기념촬영을 했던 이가 바로 셋째 사위였다(이명박 대통령의 아들은 이명박 대통령 소유기업 관리회사에서 위장취업으로 월급을 받은 추문으로도 유명해졌다(《일요신문》 2007년 12월 28일)).

셋째 사위 집안인 조양래 회장의 형은 조석래 전경련 회장(효성그룹 회장)이다. 이명박 대통령의 당선으로 전경련 회장의 사돈이 현직 대통령이 되는 사상 초유의 사태가 벌어졌다. 그야말로 돈과 권력이 한 곳으로 뭉친 '금권'의 시대가 도래한 것이다. 원래 귀족은 돈과 권력, 지식(학벌)을 독차지한 집단이었다. 조석래 회장 집안은 한국제분과 전두환 전 대통령, 이봉서 전 상공부 장관, 이회창 전 총재 등에게로 이어지며 노태우 전 대통령과 SK까지 선이 닿는다.

최근 한국 사회의 새로운 지배세력으로 떠오르는 김앤장 등 법조세력도 이 혼맥의 일부분이다. 김앤장의 김영무 대표변호사는 현대, GS 등으로 연결된다. 18대 총선 때 상왕정치, 형님공천이란 신조어를 탄생시킨 이 대통령의 작은 형이 이상득 의원이다. 이 의원의 장녀는 LG가로 시집을 갔다. LG가는 삼성, 대림 등과 연결된다. 이 의원은 오명 전 과학기술부총리와 사돈 간이기도 하다.

 ## 명문 귀족집단의 형성

참여사회연구소의 조사에 따르면 재벌가의 일원이 상류층이 아닌 사람과 결혼한 비율은 50대가 33퍼센트, 40대가 27퍼센트, 20~30대가 13퍼센트 등으로 젊어질수록 점점 줄어들고 있다. 김진방 인하대 교수는 "1980년대 이후 재벌가는 주로 재벌가와 혼맥을 형성했다"고 지적한 바 있다. TV 드라마에서는 숱한 일반인이 재벌 2~3세와 결혼하고 있지만 현실은 점점 더 '그들만의 리그'가 강고해지고 있다는 뜻이다. 즉 귀족사회가 현실화되고 있는 것이다. 다시 말해, 이젠 피가 다르다!

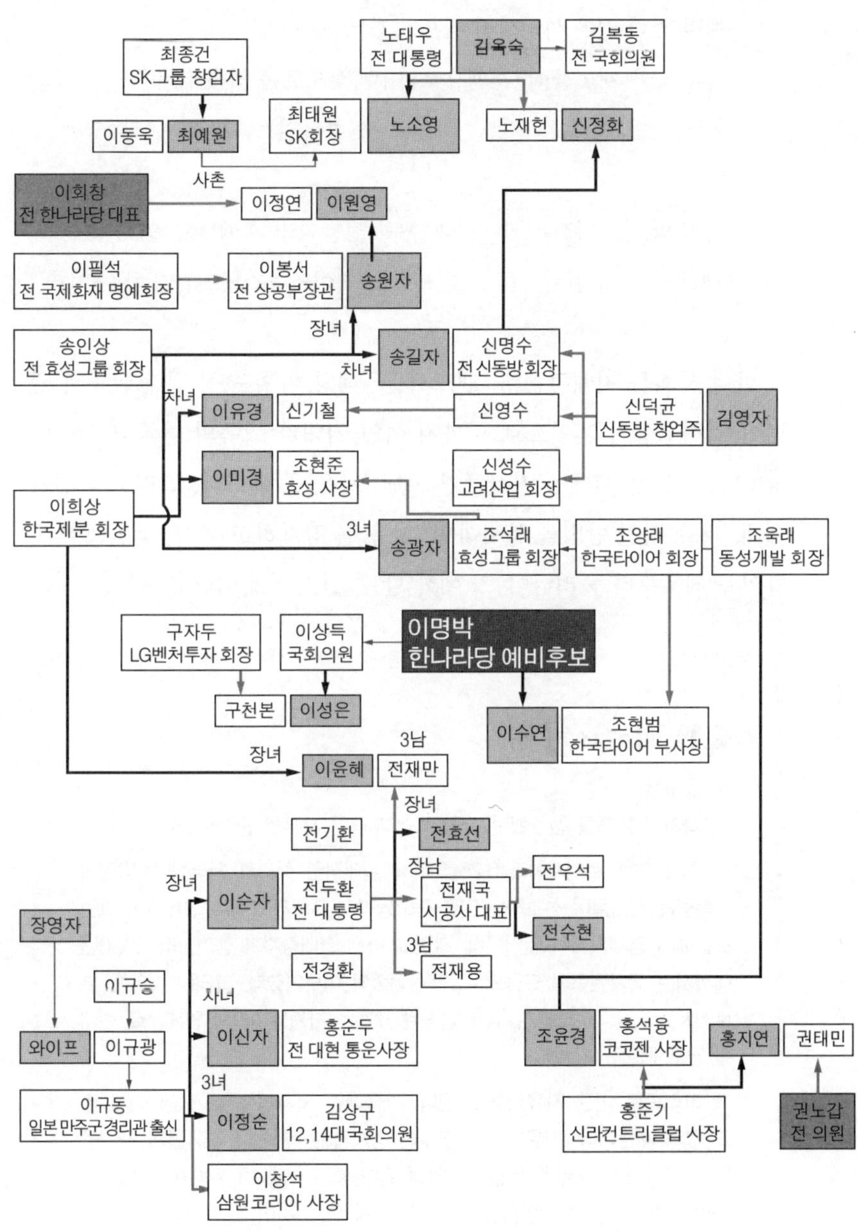

• 이명박 대통령의 혼맥도(《오마이뉴스》)

재벌-권력-언론 끼리끼리 결혼 '그들만의 세계'
국내 52개 재벌들이 (혼맥으로) 어떤 식으로든 얽혀 있음
—《한국일보》(2004년 1월 15일)

이(명박) 전 시장은 정·재계 유력 집안끼리 혼맥으로 얽혀 있는
'그랜드서클'의 일원 　　　　　　　—《브레이크뉴스》(2007년 4월 3일)

한국 사회를 지배하는 '그랜드서클'. 해방 이후 수십 년간 금력과 권력이 얽히고설켜 혼인으로 피까지 섞인 거대한 귀족의 혈족집단이 탄생했다. 그들은 이제 국가규제가 아닌 '자유'를 원한다. 그리고 국민들에게 '파쇼'적인 방법을 불사하며 '자유'를 강제하고 있다. 국민들이 국가의 관리로부터 풀려나야 '노예화'할 수 있기 때문이다.

◀))) 여기서 잠깐 …

과거엔 통제를 선호했던 그들이 왜 지금은 자유를 좋아할까?

해방 이후 토지개혁과 6.25를 통해 절대적인 강자가 사라졌다. 박정희 대통령은 강자들이 선호하는 일류 중고등학교 제도까지 폐지해버렸다. 그런 조건에서 경제기적이 일어났다. 그리고 다시 절대강자가 생겨났다. 1980년대까지는 국가권력의 도움으로 부의 집중이 이루어졌다. 그러나 자유를 부르짖지는 않았다. 그렇게 부가 집중된 세계는 자기들끼리의 연혼으로 현대판 권문세족을 형성했다.

그러므로 이젠 자유화해도 된다. 그들에겐 국가의 보호가 더 이상 필요 없기 때문이다. 자유화하면 할수록 강자들은 더욱 더 자유롭게 국민들 위에 군림하며 특권을 누릴 수 있게 된다. 특수학교, 특수병원, 특별언어(영어), 특별기업(재벌) 등을 향유할 수 있게 되는 것이다. 즉 평준화, 토지

> 개혁 이전 시대(부동산 소유집중)로 회귀하게 된다. 조선 말기 체제로의 역
> 도약인 것이다. 명문벌족들이 나라를 좌지우지하며 '자유'롭게 활보하던
> 그 시절로.
>
> 그래서 1990년대 이후 한국 강자집단의 구호가 '자유'로 변했다. 바로
> 김영삼 대통령 때부터다. 자유화와 세계화가 시작됐고 곧바로 IMF를 맞았
> 음에도 여전히 자유화 기조를 고집해 지금의 양극화와 민생파탄을 불러왔
> 다. 이명박 대통령은 우직하게 그들의 요구를 실행하고 있다. 비바 강남!
> 금권 브라보!

정치권력과 금권만이 아니다. 과거 쿠데타를 일으킨 세력은 언론통
제에 심혈을 기울인 바 있다. 우리가 살고 있는 현대는 여론이 중요한
시대이기 때문이다. 자본도 언론의 중요성을 알고 있다. 그리하여 주류
언론인 조·중·동이 모두 그랜드서클 혼맥에 포함된다. 《조선일보》에서
몇 개의 기업을 거치면 이명박 대통령에게도 연결된다(《한겨레》 2004년
1월 16일). 이런 상황이기 때문에 쇠고기촛불집회 때 한국 사회는 언론까
지 포함해 극명하게 둘로 쪼개져야 했다. 조국의 앞날이 풍전등화다. 여
기서 조국이라 함은 '자랑스러운 나의 조국' '위대한 나의 조국'인 '공화
국'을 의미한다. 그랜드서클의 발호는 공화국을 백척간두에 서게 한다.

각각의 재벌들이 고위직 공무원, 언론, 법조인, 고소득 전문직 종사자
들과 혼맥을 맺어 거대한 귀족집단을 이루고, 그 아래 포진한 상위 5퍼
센트가 상류층으로 한국 사회에 군림하고 있다. 명문사립 초등학교, 명
문사립 고등학교, 일류대학교, 미국대학교 학벌로 얽힌 이들 집단은 맹
렬하게 초고액 자유사립학교를 전면화하려 한다. 명문사립학교는 학비

가 장차 수천만 원까지도 치솟을 수 있지만, 그랜드서클과 더 나아가 1퍼센트, 5퍼센트에게 그 정도의 돈은 우습다. 그래서 자사고 만들자는 말을 아무렇지도 않게 한다. 돈 없는 국민들한테 '용용 죽겠지~' 하는 셈이다.

그들에게는 돈이 문제가 안 되지만 국민들에게는 돈이 가장 큰 문제다. 그들은 돈이 넘쳐나지만 자기 자식을 손쉽게 귀족트랙에 올려줄 일류학교가 아쉬울 뿐이다. 그래서 경제파탄인 상황에서 전혀 엉뚱한 이슈인 '자사고'가 그들에게는 사활을 건 중대 쟁점이 되는 것이다. 귀족들에게는 귀족학교가 없는 상황이 가장 시급히 타개해야 할 현안이기 때문이다. 일반 국민에게 귀족학교의 등장은 자기 자식의 미래를 몰수당하는 일일 뿐이다. 피지배민의 신분으로 굳어지는 거니까. 이런데도 국민들은 왜 그들을 뽑아줬을까? 귀족지배에 치어 노예의식이 골수에 사무쳤기 때문이다. 2007년 대선은 노무현 밉다고 이명박 뽑은, 즉 쓰레기차 피하려다 똥차에 몸을 던진 '범국민자해극'이었다. 노예들의 자살소동.

 ## '그들'의 나라로 다시 돌아가는가

신특권계층 형성에는 두 가지 물음을 가질 수 있다.

첫째, '그들'을 다시 만들어도 좋은가?
둘째, '그들'에게 지배를 받아도 좋은가?

‘공주처럼 예쁘다, 왕자처럼 멋있다’는 말이 있다. 과거 봉건사회 시절 통용됐던 말들이다. 일반 백성과 ‘그들’ 사이에 유전적 구분이 확실했던 시절이다.

대부분의 재벌 3세는 할머니, 어머니가 좋은 외모를 가진 데다 기본적으로 잘 먹고 잘 입고 잘 배워 외모에 귀티가 나고 학벌이 좋으며 성격까지 원만하다. —《뉴스메이커》(2006년 9월 1일)

꼭 재벌이 아니어도 상위 5퍼센트와 하위 국민들 간에 인종이 갈리기 시작한다는 말이 나온 지 오래 됐다. 같은 서울 안에서도 강남, 강북 아이들 간에 팔다리 길이가 다르고, 문화적 수준과 취향이 다르고, 성적과 학벌은 물론 성격마저 다르다는 것이다. 지방에서는 정말로 이민족화가 진행되고 있다. 극심한 양극화와 지방의 고사로 자국 안에서 신부감을 찾기 어렵게 된 농촌 총각들이 대거 외국인 신부를 맞고 있다. 어떤 지역은 새로 결혼하는 부부 3~4쌍 중 한 쌍이 국제결혼이다. 같은 한국인들 사이에 점점 더 확고한 분리가 진행되는 것이다.

지방 혼혈 〈 지방 토종 〈 서울 강북 〈 서울 강남 〈 그랜드서클

인종과 피가 다른 귀족의 등장이다. 이렇게 ‘그들’을 다시 만들어도 좋은 것일까? 이명박 대통령의 수도권 규제완화, 자유화는 한국 사회 내부 분리를 더 심화시킨다. 바로 ‘귀족-노예’ 전면화 정책이다. 만들어진 건 그렇다고 치고, 다른 국민들이 그들의 지배를 받아야 할 이유가 있을까?

대한민국식 귀족은 단지 부모를 잘 만났다는 이유만으로 무조건 출

세하진 않는다. 그러므로 신라, 고려식 귀족과는 다르다. 엄격한 교육 과정과 시험을 거쳐 검증된 엘리트만 권력을 움켜쥐므로 조선식 귀족 사회와 비슷하다. 그랜드서클을 이루는 명문가들은 세도 벌열, 이들을 감싸고 있는 상위 5퍼센트는 사대부 주류라고 보면 되겠다. '신라-고려식'이든 '조선식'이든 둘 다 패망한 체제라는 점에서는 똑같다.

대한민국 상위 1퍼센트를 골라 정부를 구성한 이명박 대통령의 초기 행보는 벌열이 전횡했던 조선시대 말기를 방불케 했다. 조선에서 마지막으로 주권(왕권)을 세우려 했던 이가 정조였다. 그가 죽은 후 조선은 탈규제 자유화 사회가 됐다. 귀족들이 저마다 자율적으로 활개 치는 나라가 되었던 것이다. 그리고 패망했다. 소수 엘리트의 배타적인 지배체제는 인류역사상 패망하지 않았던 적이 없다.

조선시대 말기나 지금이나 상황은 같다. 1990년대 김영삼 정부 이래 급격히 전개된 탈규제 자유화가 명문귀족, 강자 집단의 전횡을 불러왔다. 그에 따라 토지겸병(부동산, 주식 등 자산 양극화)과 유랑민(비정규직)이 발생하고 자영농(중산층)이 붕괴했다. 민란 직전의 상황이다. 동양역사에서 '자산양극화-자영농 붕괴-유랑민 발생-자유화-분권화-귀족발호'는 '민란-왕조패망'의 기본 패턴이었다. 모두가 놀랐던 촛불집회의 열기는 민란의 조짐이었다.

상위 5퍼세트 이상의 집단이 모여 권력을 독점하면 그들은 현실을 인식하지 못한다. 그들끼리만 만나고, 그들끼리만 대화하고, 그들끼리만 혼인하고, 그들끼리만 자식교육을 시키고, 그들끼리만 어울려 크기 때문이다. 그래서 결국 그들은 그들의 경제를 국가경제로 착각하게 된다.

예컨대 18대 총선 직후인 4월 10일, 이명박 대통령은 청와대 수석비서관 회의에서 "국민이 바라는 일 가운데 쉽게 할 수 있는 일부터 먼저 처리하라”며 “이제 과반 의석도 됐으니 가속도를 내 국민의 피부에 와 닿는 결과가 나올 수 있도록 노력해 달라”고 지시했다. 그런데 청와대 대변인이 제시한 조속추진 과제란 금산분리 완화, 산업은행 민영화, 출자총액제한제 폐지, 지주회사 규제완화, 법인세 인하, 연구개발 투자액 세액공제 확대, 서민물가 안정대책, 공공기관 개혁, 교원평가제 등이었다(《한겨레》 2008년 4월 10일). 한나라당은 여기에 한미FTA를 추가했다.

　서민물가 안정은 전혀 실행되지 않았고, 그 외엔 거의 모두가 친재벌, 친기업, 시장화 정책이었다(교원평가는 교육시장화의 일환이다). 한미FTA도 시장화 친재벌, 즉 친그랜드서클 정책이다. 도대체 어떻게 해서 이런 것들이 화급을 다투는 민생사안이며 ‘국민이 바라는 일’이 된 걸까? 그들끼리만 알콩달콩 사는 사이에 그들이 원하는 것이 온 국민이 원하는 시급한 사안이라는 착각이 형성된 것이다. 이렇게 되면 현실과 동떨어진 꿈나라 같은 정치가 펼쳐진다. 국민이 원하는 건 이런 것이었다.

국민 53퍼센트 ‘18대 국회 최우선 과제는 복지제도 확충’

국민의 절반 이상이 18대 국회의 최우선 과제로 고용안정과 각종 연금·보험혜택 등 복지제도 강화를 꼽았다.

—《연합뉴스》(2008년 5월 18일)

《연합뉴스》와 리서치앤리서치 여론조사 결과다. 부자들과는 상관없는 정책이다. 부자들에게는 고용안정이나 사회보험혜택이 절실하지 않다. 이런 건 일반 국민의 민생이지 부자들의 민생이 아니다. 오히려 ‘그들의 나라’에서는 고용안정이나 복지확충이 민생을 저해한다. 고용안정은 기업의 자율성을 침해하고 복지확충은 부자들의 재산을 축내기 때문이다. 복지는 부자들이 낸 세금으로 제공되니까. 그러므로 이런 사

안은 '전혀' 시급하지도 바람직하지도 않다. 부자들이 바라는 민생은
바로 양극화 심화다. 그들끼리 모여 사는 사이에 양극화 심화 정책을
국민도 원한다는 착각(!)에 빠진 것이다. 그렇게 꿈나라 속에서 양극화
를 심화시킬 탈규제 자유화정책을 펴면서도 자신들의 재산이 불어나는
것에 취해 나라가 기우는 것을 알지 못한다. 고려 귀족도 조선 명문 사
대부도 나라가 망하는 순간에는 그들의 부가 극에 달했다. 고려 말 귀
족들은 산천을 경계로 삼을 정도의 토지재벌이었다고 한다. 그것을 규
제할 공공권력은 무력했다.

우리나라 부자 측 인사들이 항상 하는 말이 있다. "부자들이 더 부자
가 되면 어찌 된 일인지 나머지 국민들도 점점 더 잘 살게 된다"는 꿈같
은 논리다. 이게 말이 될까? 그 말이 사실이라면 고려, 조선은 왜 망했으
며 세계 최고의 부자를 보유한 멕시코는 왜 지금 그 모양이 됐을까?
1990년대 이후 한국에서는 상위 5퍼센트의 소득과 재산이 점점 더 불어
났는데 그 말이 사실이라면 민생파탄은 왜 왔단 말인가? 한편 그들은
노동자의 고소득은 집요하게 매도한다. 귀족의 고소득은 애국이고 노
동자의 고소득은 매국인가? 물론 이런 반론이 있을 수 있다.

1970년대를 생각해보라. 대기업한테 국가의 모든 지원을 일방적
으로 몰아주니 경제성장이 됐고, 또 대기업이 잘 되니 결국 일반 국
민도 다 잘 살게 되지 않았는가? 그러므로 친대기업 정책을 펴면 경
제가 성장하고 그에 따라 국민도 잘 살게 될 것이다.

이런 주장은 현실을 완전히 무시한 '꿈나라' 같은 몽상이다. 다음 표
를 보자.

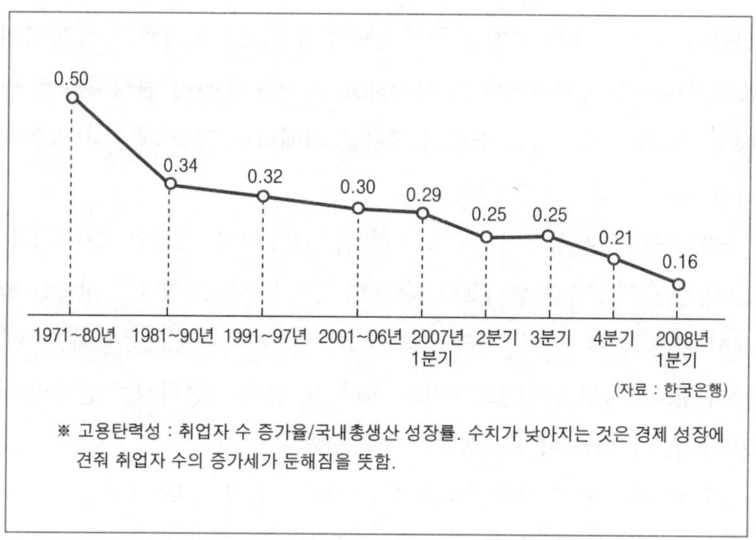

• 고용탄력성 추이(《한겨레》 2008년 5월 15일)

한국은행이 발표한 고용탄력성 추이다. 경제가 성장할 때 취업자 수가 얼마나 늘어나는지를 비교한 것이다. 박정희의 유신나라, 즉 1970년대에는 0.50이었고 2008년 1분기에는 0.16이다. 'MB공화국'에서는 국민이 바라는 고용안정과 대기업 중심 성장체제가 아무런 상관이 없다는 뜻이다.

박정희의 나라 : 친대기업→경제성장→고용 확대→국민소득 확대

MB공화국 : 친대기업→경제성장→고용 축소→국민빈곤화, 양극화

박정희의 나라는 30년 전 얘기다. 현재, 즉 MB공화국에서는 아무리 성장해봐야 그들끼리만 더 부자가 될 뿐 국민은 여전히 빈곤하다. 이것이 지금, 여기 우리가 살고 있는 대한민국의 엄중한 현실이다. 꿈나라에 사는 사람들은 이런 현실을 모른다. 그들끼리만 꿈나라에 살면서 자

신들의 부가 증대되는 것을 국가경제의 흥성으로 착각하고, 노동자의 소득증대는 망국적 사태라고 생각하고, 자신들이 보다 편해지는 걸 민생사안이라고 착각하는 집단이 국가를 지배하면 결국 패망한 '그들의 나라'로 다시 돌아가게 된다.

2008년에 일본청소년연구소가 한국, 일본, 미국, 중국의 고등학생들을 대상으로 조사를 실시했다. 돈으로 권력을 살 수 있다고 대답한 학생이 일본, 중국, 미국은 30퍼센트대였으나 우리 자랑스러운 대.한.민.국의 청소년들만 54퍼센트였다고 한다. 또 한국 고등학생이 인생의 최고 가치를 돈으로 여기는 경향이 유독 강했다.

그랜드서클에서 배출된 대통령은 그랜드서클 바로 아래층에 있는 상위 1퍼센트의 귀족들로 새 정부를 꾸렸다. 돈이 최고였던 것이다. 대한민국은 돈 가진 자들에게 자유를 주는 나라다. 경쟁의 승자인 부자에게 더 이상의 규제는 없다. 결국 자유를 누리려면 부자가 되라는 소리다. 경쟁을 통해서. 그러니 나라 안이 돈에 미쳐 돌아가는 것이다. 심지어는 대통령마저도 돈만 약속하는 사람을 뽑았다. 윤리는 사치일 뿐이다.

경쟁을 통해 일반인이 그랜드서클이나 상위 1퍼센트, 아니 상위 5퍼센트 이내에라도 들어간다는 건 망상에 불과하다. 자유화정책이 실행될수록 서민 소득은 줄어들고, 경제위기는 만성화되고, 서민 자식은 초고액 귀족학교에서 밀려나 계층 상승의 길이 막힌다. 그럴수록 돈에 한이 맺혀 오로지 돈만 밝히는 콩가루 나라가 된다. 귀족의 지배를 달게 받으면서.

돈에 눈이 시뻘게진 사람들이 사는 흉흉한 나라. 그랜드서클 대통령, 꿈나라 같은 귀족사회, **고맙습니다.**

section **2**

김영삼 정부의 귀신,

고·맙·습·니·다

아래는 누가 한 말들일까?

새 술은 새 자루에! 작은 정부, 봉사하는 정부

지난 30년 동안 우리 경제는 국가주도경제였다. 이제 필요한 것은 공정성과 경쟁을 원리로 하는 **자유시장경제**의 정착이다. 따라서 과거의 거대 **정부로부터 작은 정부로의 전환**이 불가피하다. 작은 정부는 **정부에서 민간으로, 중앙에서 지방으로의 권한 이양**이 그 참모습이다.

…

(국방, 치안 등 기본 기능을 빼고) 나머지 분야는 가능한 한 **민간 부문으로 이양**하고 **공정한 사회의 규범을 제정하여 간접적으로 관여**하도록 해야 한다. 따라서 지금까지 직접 규제와 관리를 담당하던 정부 기능의 조정이 필요하다.

…

(과거) 경제성장의 지도원리는 규제와 보호였다. (이제는) 스스로 규칙을 만들고 규칙에 따르는 훈련을 하는 이른바 **'자율'의 질서를 배우도록** 해야 한다.

…

규제와 보호의 틀 가지고는 더 이상 한국경제를 올바로 끌고 나갈 수 없는 때가 되었다. 어른이란 무엇인가? **규제라는 타율 대신 자율의 원리에 따라 살아가는 사람이 어른**이다.

…

경쟁의 요소가 없는 게임은 재미가 없다. 어른이 되면 **보호의 세계로부터 나와 경쟁의 세계로 들어간다. 자율과 경쟁**은 정상적인 어른들이 살아가는 삶의 모습인 것이다.

…

자율과 경쟁의 원리가 한국경제를 움직이는 새로운 원리로서 제 모습을 드러내야 한다는 생각이다. 이것은 과거의 **정부의 역할에 대한 일대 전환**이 있어야 한다는 것을 뜻하며, 기업의 자세에 커다란 변혁이 일어나야 한다는 것을 뜻한다. **정부는 지금부터 기업을 보호하거나 규제하려 들어서는 안 된다**.

 # 보호의 세계로부터 벗어나라

　　　　　　앞에 인용한 말은 이명박 대통령이 했다고 해도 크게 이상하지 않다. 주요 키워드들이 모두 이명박 정부의 정책기조들이다. '작은 정부, 봉사하는 정부' 이명박 정부 그 자체다. 이명박 정부는 봉사하는 정부 대신 섬기는 정부를 내세우지만 그 뜻은 같다.

과거 체제를 국가주도체제로 규정하고 그에 대해 자유시장경제를 내세우는 것도 이명박 정부의 모습이다. 국가가 민간과 지방으로 권한을 이양하겠다는 것도 이명박 정부의 기조다. 예를 들어 대학입시는 민간(대교협)으로, 중등교육은 지방(각 교육청)으로 권한을 넘긴다. 국가의 역할을 '공정한 사회의 규범을 제정하여 간접적으로' 관여하는 것으로 제한하고 있다. 법질서 확립에만 몰두하는 이명박 정부의 모습이다.

어른은 규제라는 타율 대신 자율에 따라 살아가는 사람이라는 인식도 이명박 정부의 기조다. 여기서 어른이라 함은 일정한 정도의 경제성장을 이룬 한국 사회를 의미한다. 우리는 이미 어른이기 때문에 '규제라는 타율 대신 자율에 따라' 살아가야 하는 것이다.

각각의 어른들이 자율적으로 해야 할 일은 무엇인가? 바로 '경쟁'이다. '보호의 세계로부터 나와 경쟁의 세계로' 들어가야 한다. 이제 국가는 자율과 경쟁의 원리로 재조직되어야 한다. 그러므로 각 기업들은 정부의 보호를 받아서도 규제를 받아서도 안 된다. 정부도 이제부터는 '기업을 보호하거나 규제하려 들어서는' 안 된다. 작은 정부는 법질서 수호에만 치중하고, 나머진 민간의 자율에 맡기는 정부다. 따라서 각각의 개별주체들은 이제부터 자율적으로 경쟁해야 한다. 어른이니까! 지켜줄 권력도 없고 억누를 권력도 없다! 이젠 자유다! 그러니까 울지 말고 경쟁하라!

이게 누가 한 말일까?

바로 1992년에 출간된 《김영삼 2000 신한국》에 실려 있던 말들이다. 그러니까 이명박 정부는 김영삼 신한국 정부의 21세기 버전인 셈이다. 나라 경제를 말아먹고 역사의 저편으로 사라져간 신한국의 귀신이 다시 눈앞에 나타났다. 이명박 대통령이 펼치는 신기의 초혼굿에 신한국의 귀신들이 일제히 깨어나 자율과 경쟁 바이러스를 퍼뜨리고 있다.

어른으로 봐주는 건 고마운 일이다. 그래 생각해보니 정말 고맙다.

하지만 이건 매우 당황스런 발상이다. 재벌이 중소기업에게 '넌 이제 어른이야. 그러니까 우리 공평하게 보호도 규제도 벗어던지고 자율적으로 맞짱 뜨자'라고 한다면 중소기업은 어떻게 될까?

재벌이 중소기업에게 대놓고 이런 말은 못한다. 그러나 우회적으로는 한다. '탈규제 자유화해주세요'라고. 이건 '우리 이제 서로 경쟁하게 해주세요'와 같다. 국민을 바보라고 생각하기 때문일까? 말을 돌리면 국민이 무슨 말인지 못 알아들을 거라고 여기기 때문일까?

정부는 지금부터 기업을 보호하거나 규제하려 들어서는 안 된다.

이 말은 현실에서 이렇게 작동한다.

정부는 지금부터 중소기업을 보호하거나 대기업을 규제하려 들어서는 안 된다.

정부는 지금부터 약자를 보호하거나 강자를 규제하려 들어서는 안 된다.

이것이 김영삼, 김대중, 노무현 3대 정권이 민생파탄을 초래한 사고 방식이다. 이런 생각은 한미FTA로 이어진다. 한미FTA 선결조건인 스크린쿼터 축소도 이런 사고방식에서 나온 것이다.

정부는 지금부터 한국영화를 보호하거나 미국영화를 규제하려 들어서는 안 된다.

노무현 정부는 한미FTA로 대표되는 자유화정책과 균형발전, 복지강화정책을 동시에 폈는데 이명박 정부는 한미FTA정신만을 계승한다. 김영삼 정부의 부활이라 할 만하다.

수도권은 한국에서 절대 강자다. 그들도 '우리 이제 서로 규제 없이 경쟁하게 해주세요'라고 외친다. 이명박 정부는 그에 화답한다. '수도권 규제완화'라고. 수도권도 지방과 자율적으로 경쟁하라는 소리다. 수도권 규제는 일종의 지방에 대한 보호조치인 셈인데 지방에게는 그런 게 필요 없다는 거다. 왜? 어른이니까!

원래 공평한 사회규범 원칙으로 보면 국가에 의해 어느 한 쪽이 보호받거나, 어느 한 쪽이 규제당하는 불공정함은 없어야 한다. 좋은 나라에서는 그렇다. 그런데 우리나라는 나쁜 나라다. 소수만이 일방적으로 강하고 나머진 약하다. 게다가 그 강한 소수가 어떻게 컸는가? 한국의 기득권 집단은 강력한 국가권력에 의해 일방적으로 보호를 받으며 컸다. 반면에 일반 국민은 일방적으로 규제를 받으며 약자가 되었다. 왜 지금 모두가 어른이 되어야 할까?

기득권 집단이 받았던 보호를 일반 국민이 받으면 안 되기 때문이다. 자기들은 이미 강력한 어른이 되었기 때문에 몸이 근질근질하다. 그런데 국가가 규제를 덮어씌워놓고 일반 국민들을 보호하면 남아도는 힘을 주체할 수가 없다. 그래서 자기들은 이제 보호도, 규제도 안 받을 테니 너희(국민)들도 공평하게 보호도 규제도 받지 말라는 것이다. '놀부 심보' '놀부정부'다.

중소기업, 지방, 지방대, 노동자, 영세자영업, 농축산어업, 강북서민 등 약자들은 자기들이 원하지도 않았는데 갑자기 어른이 돼버렸다. 김영삼 정부의 업적이다. 어린 아이를 어른이라고 우기며 보호장비를 빼앗고 링 위로 내몬 것이다.

정부의 중소기업 보호 및 지원 제도는 마약과 같은 부작용을 낳아 기업체질만 약화시켰습니다. 우리 경제의 국제경쟁력 강화를 위해서는 이러한 중소기업 보호, 육성책의 폐지가 불가피합니다.

—박운서 김영삼 정부 통상산업부 차관(최원룡,《중소기업 죽이기》)

대한민국은 자유시장경제 국가이며, 이는 시장에서의 자유경쟁을 기본으로 한다. 더구나 WTO의 출범으로 세계는 하나의 경제권으로 묶이고 국경 없는 무한경쟁시대가 되었다. 중소기업이라고 무조건 보호해주던 시대는 지났다. …… 경쟁을 통해서 시장을 확보하라.

—김영삼 정부의 주장(최원룡,《중소기업 죽이기》)

우리나라 재벌들은 국가가, 즉 국민이 보호로 키웠다. 그런데 이제부터 경쟁하잔다. 그리고 경쟁력을 향상시키기 위해서는 보호막을 걷어야 한다는 황당한 괴담을 유포시킨다. 자신들은 영양제 먹고, 남들이 먹으려고 하니까 마약이라며 발로 걷어차는 것이다.

이미 말했듯이 전라도는 서울과 경쟁할 수 없다. 도시 서민도 강남부자와 경쟁할 수 없다. 한국영화도 헐리웃 영화와 경쟁할 수 없다. 중소기업도 재벌과 경쟁할 수 없다. 그런데 경쟁할 수 있단다. 한미FTA를 통해 이 나라를 완전한 자유경쟁의 정글로 재편해야 한단다.

노무현 정부의 관료들은 이렇게 주장했다.

정부가 어느 분야를 막아주고 규제하고 보조금을 퍼붓고 하는 시대는 지나갔다. 이제는 자유경쟁을 통해서만 우리가 발전할 수 있다.
—한덕수 한미FTA체결지원위원장(《민중의 소리》 2007년 3월 27일)

경쟁을 하지 않고 경쟁력을 키울 수만 있다면, 보호막이 쳐진 상태에서 경쟁력을 키울 수만 있다면 얼마나 좋겠습니까, 근데, 지금까지 인류가 개발해낸 어떠한 학문이나 기술도 보호하면서 경쟁력을 키울 방법은 없습니다. 그래서 우리가 경쟁력을 키우려면 경쟁을 할 수밖에 없고, 경쟁을 하는 속에서 경쟁력을 키워야 합니다.
—김종훈 한미FTA 협상 한국 측 수석대표, 2006년 TV토론에서

이런 기조로 3대 정권, 15년이 흘렀다. 지난 15년을 대표하는 말은 이거다.

양극화 민생파탄

이것이 자율경쟁의 결과다. 이명박 정부는 지난 정부들의 자율경쟁조차도 부족하다며 더욱 강한 자율, 더욱 강한 경쟁, 그것을 위한 더욱 작은 정부를 외치고 있다.

가장 자율적인 사회는 언제였을까? 봉건사회가 그랬다. 그중에서도 춘추전국시대나 후한 말 황건적의 난이 터지고 난 뒤가 아주 자율적인

공간이었다. 누구라도 힘만 있으면 자율적으로 남을 밟고 올라가 군림할 수 있었다. 국가의 규제는 없었다.

민주공화국은 강한 국가의 강력한 규제가 근간인 체제다. 모든 국민이 평등한 권리를 갖고 있다는 것 자체가 현실에서는 있을 수 없는 부자유스런 상태다. 세상에는 남들보다 강한 자가 항상 있기 때문이다. 민주공화국은 그들의 영향력을 규제하면서 성립한 체제다. 공화국은 강자들이 군림할 자유를 몰수한다. 그러나 강자들은 규제를 풀고 자유를 회복하려 호시탐탐 노리고 있다. 그래서 민주공화국은 언제나 위기에 빠져 있다. 자유는 공화국을 향해 겨눠진 부자들의 창이다.

단지 참정권의 평등뿐 아니라 경제적으로도 인간답게 살 권리가 지켜지기 위해서는 국가가 강해야 하고 충분히 커야 한다. 이런 국가를 일컬어 복지국가라고 한다. 복지국가는 강자가 약자를 정복하는 걸 금지하고, 강자의 부로부터 일부를 떼어 약자에게 나누어준다. 당연히 강자들은 이런 체제를 싫어한다. 왜? 그런 건 너무 인간적이니까.

자율성을 강화하니 아니나 다를까 1990년대 이후 양극화가 심화됐다. 이렇게 말하면 일각에서는 '그건 우리나라뿐 아니라 세계적인 추세'라고 할 것이다. 한국개발연구원의 2007년 보고서에 따르면 지난 10년간 소득격차가 선진국은 1퍼센트 확대되었으나, 우리나라는 4퍼센트 확대되었다. 우리나라가 4배 더 악질적인 변화를 겪은 것이다. 그런데 이명박 정부는 더 악질적인 사회로 가자고 한다. 왜냐하면 그런 사회가 보다 비인간적인 사회이기 때문이다.

김영삼 정부의 자율화정책은 세계화·개방정책으로 나타났다. 국가 내부적으로도 탈규제 자유경쟁체제로 가야 하고 외국과도 탈규제 자유경쟁해야 한다는 말이다. 전 세계적으로 이러한 정책을 주도하는 세력은 미국과 IMF다. IMF는 외환위기 이후 한국의 경제주권을 접수했다.

그들은 김대중 정부에게 김영삼 정부의 정책기조를 더 강하게 실행할 것을 요구했다. 그 결과 김대중 정부 초기에 한국인은 6.25 이래 최악의 고통을 겪었다(예를 들어 김영삼 정부 때 실현하려다 못한 노동유연화(비정규직화)를 김대중 정부 때 결국 실행했음. 민영화도 김대중 정부 때 추진됨). 그리고 김영삼 정부 때 제기된 탈규제·개방·자유화의 꽃인 한미FTA는 노무현 정부가 감행했다.

> 한미자유무역협정을 추진할 때다. 무언가 획기적인 전기를 마련할 수 있는 발상의 전환이 있어야 한다.
> ―강경식 전 경제부총리(《국산품 애용식으론 나라가 망한다》)

이명박 정부는 한미FTA를 완결지으려 미국산 쇠고기 전면수입을 추진했다가 거대한 역풍을 맞았다. 이명박 정부의 등장으로 이제 우린 외부적으로도 내부적으로도 보다 더 자유로운 전면경쟁체제로 진입하게 생겼다. 그런데 자유경쟁체제의 원조인 IMF마저도 최근에 세계화를 비판했다.

세계화 선봉 IMF '세계화로 빈부격차 심화'

> 국제통화기금IMF이 "세계화가 전 세계의 빈부격차를 심화시키고 있다"며 이례적으로 '세계화'를 비판했다.
> ―《경향신문》(2007년 10월 11일)

세계화가 빈부격차를 심화시키는 이유는 간단하다. 자유경쟁은 결국 강자가 약자를 수탈할 '자유'를 의미하기 때문이다. 강자와 약자에게 동시에 자유를 주면 반드시 약자는 강자의 노예가 된다. 이 때문에 세계화는 전 지구적인 차원에서 양극화를 심화시킨다. 내부 세계화라고 할 수 있는 국내 자유화(자율과 경쟁) 역시 내부에서 양극화를 심화시킨다.

한국의 강자들은 이런 비인간적인, 즉 야수 같은 세상을 원한다. 모두가 자유롭게 경쟁하는 정글 말이다. 약육강식, 승자독식. 먹히는 놈은 자기가 약해서 그리 된 것이니 남을 원망해선 안 된다. 먹는 놈은 강해서 그리 한 것이니 규제해선 안 된다.

처음부터 경쟁조건에 차이가 있다는 건 무시한다. 대기업과 중소기업 간 경쟁? 서울과 지방의 경쟁? 서울지역 일류대와 지방대의 자유경쟁? 부잣집 자식과 가난뱅이 자식의 경쟁? 우리에게 진정으로 필요한 건 규제와 보호 아닌가? 아니란다. 자율과 경쟁이란다. 개방자유화가 우리의 나아갈 길이란다. 왜?

어른이니까!

이것이 김영삼 신한국의 비전이다. 그리고 이명박 정부가 더욱 강하고 분명한 형태로 다시 보여주고 있다. 김영삼 신한국 유령이 청기와 너머에서 웃고 있다. 이렇게 '판타스틱'한 세상 구경하게 해주신 이명박 대통령님, **고맙습니다.**

삼성차의 공포를
되살리는 영구놀이,
고·맙·습·니·다

●◆ 삼성재벌께서 자동차 산업에 진출하시겠다는데.

◐◗ 어? 그건 곤란한데. 우리나라엔 지금 현대, 기아, 대우, 쌍용, 이렇게 자동차 회사가 네 개나 있다구. 여기서 더 붙으면 다 망해.

●◆ 아니 이 사람들이! 정신상태가 완전 캐안습이구만. 요즘 친기업이 대세인 걸 모르나? 기업이 하겠다는데 왜 규제할 생각부터 하나? 기업이 하고 싶은 대로 내버려두면 다 잘 될 거야. 당신 머릿속의 규제 마인드를 버려!

◐◗ 아! 그게 그렇게 되나?

●◆ 그렇지, 이젠 관치시대 종식, 자유시장 천국의 도래야!

◐◗ 꺄호호호호호. 그렇지 그래, 허허허허허. 이젠 규제 읍~다~

●◆ 탈규제 만세! 자유화 만세! 친기업 만세! 띠리리리리리~ 규제 읍~다~

영구들… -_-;;;

 # 삼성자동차

　　　　　삼성의 승용차 산업 진출은 지역이기주의, 거기에 영합하는 정치인의 포퓰리즘, 기업의 무책임한 이익 추구, 탈규제 자유화가 모든 문제를 해결해줄 거라는 자유화 교조주의가 뒤범벅돼 벌어진 '망국의 사태'였다.

> (삼성자동차) 반대 이유는 명백했습니다. 기술자가 모자라는 상황에서 과열 스카우트는 불을 보듯 뻔했고, 좁은 시장에서 벌어질 과당경쟁 역시 당연했지요. 삼성이 승용차 사업을 시작하면 국내 기업 간 과잉 경쟁 끝에 국내 메이커 중 어떤 회사도 세계 일류 자동차사가 될 수 없다는 판단이었습니다.
>
> ─김철수(당시 상공부장관,《대통령과 아들 실록 청와대─문민정부 5년》)

상공부의 판단대로 삼성자동차 등장 이후 국내 자동차 산업은 붕괴 지경에 처했다. 기아, 대우, 쌍용 등이 모두 무너졌다. 그나마 기아자동차는 현대자동차에 인수됐지만 대우자동차는 미국에 매각돼 남의 나라 알짜기업으로 전락했다. 쌍용자동차는 중국에 매각돼 한국 자동차기술이 중국으로 넘어가는 통로가 된 것 아니냐는 의혹이 제기되었다. 현대자동차만이라도 건재한 건 천우신조다.

이는 자동차산업만의 문제가 아니다. 기아사태가 불거진 이후 한국경제의 건전성이 본격적으로 의심받기 시작했다. 기아사태 진행 과정에서 보인 정부의 무책임한 태도와 대기업 몰락으로 인한 은행의 동반 부실화 때문이다. 한국경제에 문제가 있다는 판단이 생기자 외국인들은 한국에 있던 자본을 회수하기 시작했다. 그 결과는 외환위기였다. 1994년 11월 초까지만 해도 김철수 상공부장관은 삼성자동차 불가입장을 기자들 앞에서 확인했다. 그러나 결정적인 것은 세계화의 공습이었다.

 ## 아! 통한의 세계화

세계화는 아픈 얘기다. 많은 사람들이 그 때문에 고통을 겪었다. 세계화의 문제의식을 간단히 정리하면 이렇다.

이젠 국경 없는 무한경쟁시대다. 그러니 한국경제도 국가의 보호에 안주하지 말고 무한경쟁으로 경쟁력을 길러야 한다. 국가의 규제, 조정 등 시장개입을 철폐하고 경제주체들의 자유영업, 자유경쟁을 보장한다. 우물 안 개구리가 되지 않기 위해 국가를 전면 개방해 전 세계와 경쟁한다. 소비자의 선택권을 보장해 시장질서가 잘 작동하도록 한다. 이렇게 하면 한국은 선진국이 될 수 있다!

이것이 세계화의 사고방식이다. 이런 생각이 김영삼 정부 때부터 한국 사회를 지배하기 시작해 김대중, 노무현 정부까지 이어졌다. 이명박 정부는 세계화, 즉 자유화를 완결시키기 위해 탄생한 정부다. 그리하여 자본시장 자유화의 빅뱅인 자본시장통합법, 언론시장 자유화의 빅뱅인 언론방송개혁을 추진했다. 당연히 그랜드서클이 그 수혜자다.

'세계화'는 1994년 11월, 아시아태평양경제협력체APEC 제2차 정상회담 기간 중 탄생한 구호다. 이것이 이후 한국역사를 결정짓게 된다. 그리고 우리나라는 OECD에 가입해 금융자유화와 개방을 감행했다. 세계화는 무소불위의 주문이 되어 한국 사회를 전면적으로 재편했다. 그리고 개발독재에 넌덜머리를 내던 국민들에게 변화, 자유화, 선진화라는 꿈을 제공했다. 국민들은 정말로 세계화를 통해 우리에게 자유와 경쟁력이 생길 줄 알았다. 그러나 국민들은 자유라는 것이 결국엔 강자만을 위한다는 것을 몰랐다. 경쟁력도 기존의 강자들에게만 생긴다는 것을 몰랐다. 반면 강자들은 세계화로 자신들에게 가해지던 규제가 풀리게 되었으므로 대환영했다.

🔊 여기서 잠깐 …

강자들이 탈규제 자유화를 좋아하는 이유.

할아버지 왕 깡패가 있다. 한 지역에서 강한 세력이 부흥한다. 그들은 팽창하고 싶어 한다. 그러나 할아버지 왕 깡패가 구역 전쟁을 규제하고 있다. 강한 세력은 미칠 지경이 된다. 탈규제 자유화를 외친다. 할아버지 왕 깡패의 관치는 강한 세력이 다른 구역 식구들을 죽이는 걸 막는다.

할아버지 왕 깡패가 죽어 탈규제 자유화 공간이 열리면 즉시 살육이 시작된다. 중소단위들은 강한 세력의 공격 앞에 속수무책으로 무너진다. 마음 독하게 먹고 덤비다 죽거나 아니면 충성을 맹세하고 예속된다.

이렇게 현실 속에서의 자유화는 강자에겐 왕이 될 자유로, 약자에겐 노예가 되거나 죽을 자유로 작동한다. 그 살육과 예속의 과정을 일컬어 '경쟁'이라고 한다. 규제는 강자의 살육을 막음으로써 '약자의 자유'를 보장한다. 자유화는 강자가 '깽판' 칠 자유를 보장함으로써 약자가 숨 쉴 자유를 말살한다.

약자의 자유는 할아버지 왕 깡패의 적극적인 규제 속에서만 유지될 수 있다. '부자-강자'들은 본능적으로 알고 있다. 할아버지 왕 깡패가 사라져 줘야 자신들이 '깽판' 칠 수 있다는 것을. 그래서 그들은 국가의 퇴각, 관치 종식, 작은 정부를 희구하며 탈규제 자유화를 외친다.

1994년 11월19일, 김영삼 대통령이 호주 시드니에서 국정지표로 세계화를 제시한 뒤 귀국하는 비행기 안의 풍경이다.

김영삼 대통령―국경 없는 세계화 시대 아니오? 국가경쟁력 강화에 도움이 된다면 삼성의 자동차사업을 허용하는 것도 괜찮을 것 같은데, 한 수석 생각은 어떻소?
한 수석―그렇습니다, 각하. 세계화를 하려면 외국 기업이 한국에서 공장을 짓겠다고 할 때 환영하고 도와줘야 합니다. 그런데 우리 기업이 공장을 짓겠다고 하는 것을 막아서야 되겠습니까.

삼성승용차는 이렇게 탄생했다(대화 출처 : 〈YS 문민정부 1800일의 비화〉, 동아일보 특별 취재팀, 1999).
외국 기업이든 우리 기업이든 기업이 영업하는 것에 국가가 규제해선 안 된다는 이 갸륵한 친기업 탈규제 자유화 정신. 김영삼 정부 때는 이 자유가 제한적으로 주어졌지만 이명박 정부의 기조대로 나가면 전면 자유화로 갈 수 있다. 한미FTA가 그 징조다. 한미FTA는 투자자유화와 소비자선택권 확대를 위한 개방 정책이다. 즉 김영삼 대통령의 세계화 구호의 완결판이라고 할 수 있다. 한미FTA로 미국 투자자의 자유영업이 보호되면 국내 규제에 대한 역차별 논리가 나올 수밖에 없다.

세계화를 하려면 외국 기업이 한국에서 공장을 짓겠다고 할 때 환영하고 도와줘야 합니다. 그런데 우리 기업이 공장을 짓겠다고 하는 것을 막아서야 되겠습니까.

삼성자동차를 가능케 한 이 말은 한미FTA 이후 한국 부자기업들의

18번이 될 것이다. '역차별하지 마라. 우리에게도 투자자유화의 정신을 적용해달라. 감히 우리들 가는 길을 막지 말라. 규제는 어림도 없다! 국가는 저리 꺼져!'

그럼 기업의 '깽판'은 누가 규제한단 말인가? 소비자가 한다. 시장에서 행사되는 소비자의 평가권과 선택권을 통해서 말이다. 그렇게 해서 좋은 기업은 자연스럽게 살아남고 나쁜 기업은 자연스럽게 죽어 아름다운 우리나라가 될 거라는 게 이명박 정부의 꿈이다. 그러므로 쇠고기 수입 문제도 국가가 규제할 것이 아니라 민간이 자율적으로 실행하고(=학교자율화), 월령표시 등 정보 공개만 잘 한 다음(=학교정보공개), 소비자들이 알아서 잘 선택하는 방식(=학교선택제)으로 풀어야 한다는 것이다. '30개월 이상 미국산 쇠고기가 나쁜 상품이라면 소비자들이 선택을 안 할 것이 아닌가? 도대체 촛불집회는 왜 하나?'

한국 소비자들은 이런 주장에 코웃음을 쳤다. 하지만 소비자들이 언제나 이렇게 합리적 판단을 내리는 것은 아니다. 소비자들은 선택권을 탐하는 경향이 있다. 촛불집회를 하던 운동권마저도 지역 교육감 선택권이 주어지자 앞뒤 안 가리고 달려들었다. 선택권 자체를 거부했던 쇠고기촛불집회는 이례적인 경우고, 대체로 소비자들은 선택권에 열광한다. 그래서 학교선택제, 영화선택제(스크린쿼터 폐지)가 소비자들의 환호 속에 감행되는 것이다.

대기업, 재벌이 하청 중소기업과 노동자를 착취해 저렴한 제품을 내놓으면 소비자가 싫어할까 좋아할까? 소비자의 선택권엔 눈이 없다. 싸고 품질 좋으면 그만이다. 소비자가 저렴하고 품질 좋은 외국 제품을 선택해서 한국 기업이 망하면 누구한테 좋은 일일까? 중남미나 아프리카 소비자들은 이런 식으로 자유롭게 선택권을 행사한다. 소비자가 자기들 가려운 데 살살 긁어주는 대기업 제품만 선택해서 중견기업들이 망하면 누구에게 좋은 일일까? 한국인 중에 대기업 종사자는 극히 소수다. 따라서 그 소수를 제외한 나머지는 다 죽는다. 소비자에게는 공멸의 길을 선택하려는 속성이 있다.

유통업의 경우, 개방 자유화 이후 소비자가 재벌 유통회사만 선택하는 바람에 지역 자영업이 고사했다. 중소기업도 가격경쟁의 피해를 봤다. 이마트 등 몇몇 대형 유통재벌만 살찌고 있는 것이다. 이들은 비정규직을 고용해 국민의 소득을 줄였다. 이들에게 치인 지역 자영업 종사자들은 바로 서민이다. 엄마들이 대형마트에 나가 푼돈벌이를 하는 동안 재벌만 살이 쪘다(재벌 대형마트는 현재 슈퍼마켓 시장까지 진출하고 있음).

이렇게 국가가 규제하지 않으면 모든 부문에서 대기업 독점이 일어나고 국민은 가난해진다. 이것이 소비자 선택의 자연스런 결과다. 국가규제를 소비자선택으로 치환하는 기획은 위험천만하다. 삼성자동차를 자유화한 역차별 논리는 한미FTA 추진 당시 사학재단들에게도 차용되었다.

한미FTA로 외국 사람들에게 자유를 주려는 판에 사학개혁을 왜 한단 말인가! 한국 사학에게도 자유를 달라!

이 주장에 이명박 정부는 이렇게 대답하고 있는 셈이다.

네네, 그렇죠. 지당하신 말씀입니다. 사학재단들 자사고로 만들어드리고 학교자율화로 자유 드리겠습니다. 마음껏 깽판쳐주세요.

삼성차는 재벌, 즉 강자에게 자유를 줬을 때 어떤 일이 벌어지는지 알려주는 상징이다. 그 때문에 국민경제에 공황이 찾아왔다. 그 결과 부자들과 최고 재벌들만 더더욱 부자가 되고 고통은 나머지 국민들에게 전가됐다. 1980년 이래 꾸준히 양극화가 줄어들던 한국경제는 세계화가 감행된 1995년을 기점으로 급격히 격차가 벌어지기 시작했다. 외환위기와 민생파탄, 양극화라는 생소한 단어들은 이제 일상어가 됐다.

김영삼 대통령은 세계화 구상을 발표하고 난 뒤인 1994년 11월 30일, 제31회 무역의 날 기념식에서 이렇게 말했다.

우리의 산업 정책도 국내의 좁은 시각에서 벗어나 세계 시장에 도전하고 세계 시장을 경영하는 한 단계 높은 차원으로 발상을 전환해야 합니다. 이를 위해 정부는 국내에서부터 자유롭고 공정한 경쟁을 최대한 촉진할 것입니다.

이것은 시장에 대한 규제를 풀고 자유경쟁을 촉진하겠다는 말로서 기존 산업정책, 즉 한국의 시장개입역사에 종지부를 찍는 선언이었다. 아울러 구체적으로는 삼성의 승용차 산업 진출을 더 이상 막지 않겠다는 국가의 퇴각 선언이기도 했다. 이때 이후 한국 사회에는 파멸의 자유화 질주가 시작된다. 뒤이어 김철수 상공부장관의 항복선언이 이어졌다. 이것은 마치 김대중, 노무현 정부의 기조를 예고한 것과 같았다.

(삼성차 허용이) 장기적으로는 경쟁을 통해 도움을 줄 것으로 기대합니다. 앞으로 민간 투자는 기업과 시장 기능에 맡겨야 합니다. …… 정부의 기능은 기술 발전과 지역 균형 발전, 환경 보호 등에 국한할 것입니다.

그동안 이렇게 흘러왔다. 이명박 정부는 경쟁을 조장하는 것이 신성한 사명이라도 되는 듯 온 국민에게 경쟁을 강요하고 있다. 자유로운 시장경쟁을 가로막는 규제를 없애기 위해 공공부문 민영화, 고교평준화 해체, 방송자유화 등을 추진하고 있는 것이다. 한 마디로 자유경쟁 천국이다.

자유롭게 시장에서 경쟁하는 것을 더 이상 막지 않겠다는 사고방식의 독주. 규제완화로 한국에서 외환위기가 이미 터졌고, 미국에서는 경제위기가 심각한 상태에 다다랐는데도 여전히 그 사고방식을 고수하는 이명박 정부. 자유화에 반대하면 법질서로 엄히 다스려주시겠다는 이명박 정부. **고맙습니다.**

section **4**

경쟁지옥,

고·맙·습·니·다

경쟁아귀지옥歌

(〈개그야〉 '파라요 '에서 박준형이 노래하는 분위기로)

제1절 : 학생은 학생끼리 학급동무 학교동무 안가리고 경쟁경쟁 경쟁하다 디진다~

제2절 : 부모는 부모끼리 우리자식 교육투자 누가누가 많이하나 경쟁하다 디진다~

제3절 : 학교는 학교끼리 니네학교 우리학교 어디애들 점수높나 경쟁하다 디진다~

제4절 : 교사는 교사끼리 점수실패 평가추락 그럼망신 점수평가 경쟁하다 디진다~

제5절 : 지역은 지역끼리 경쟁지면 지역빈다 슬럼된다 지역성적 경쟁하다 디진다~

제6절 : 아무리 경쟁해도 돈없는놈 지게된다 그럴수록 사교육비 벌어대다 디진다~

국민 모두 '디지도록' 경쟁지옥 아귀지옥

대통령님 너무 **고맙습니다.**

 # 40년 전으로의 복고댄스

지금까지 그랜드서클 중심의 신분사회화와 김영삼 정부 이래로 이미 파탄이 난 자유화 기조의 문제점을 지적했다. 신분사회화와 자유화는 교육에서 만난다. 교육자유화는 한국 사회를 신분사회로 만든다. 이것도 김영삼 정부가 시작했다. 경제사회부문 자유화가 개발독재 시절의 재벌중심, 수도권중심의 폐해를 더욱 심화시키는 것처럼 교육자유화는 개발독재 시절의 일류대체제의 폐해를 더욱 심화시킨다.

앞에서도 지적했듯이 교육부문을 단지 아이들에게 입시교육을 적게 시키고, 체벌을 없애는 수준의 특정부문 이슈로 생각하면 절대로 안 된다. 이것은 국가의 성격을 결정하는 핵심이며 우리 국가경쟁력, 경제활성화와도 중대한 관련이 있는 보편 이슈다. 이제부터 교육에 대해 살펴보자.

인수위가 구성되고 나서 이명박 대통령 당선인이 인수위에 처음 당부한 것이 교육부문이었다. 현 정부는 그만큼 교육개혁을 중시한다(2009년 신년연설에서도 이명박 대통령은 규제개혁, 공기업 선진화와 함께 교육개혁을 '어떤 어려움이 있어도 반드시 이루어낼' 과제로 꼽았음). 교육개혁의 핵심 기조가 경쟁과 자율이다. 여기서는 일단 경쟁만 살펴보자.

학교 간 학생선발경쟁이 없는 체제 : 평준화
→ 학교 간 학생선발경쟁체제 : 서열화
학생 간 학교선택경쟁이 없는 체제 : 평준화
→ 학생 간 학교선택경쟁체제 : 서열화

오른쪽이 이명박 정부의 교육정책이다. 경쟁강화를 통해 평준화를 깨고 서열체제를 확립하는 것. 거꾸로 말할 수도 있다. 서열체제 확립을 통해 경쟁강화를 획책하는 것. 이렇게 말해도 되고 저렇게 말해도 되는 이유는 경쟁과 서열이 동전의 앞뒷면과 같기 때문이다. 경쟁하면 서열이 생기고 서열을 만들면 경쟁이 생긴다. 이명박 정부는 이 두 가지를 만들어가고 있는 것이다.

중·고교 평준화는 학교 간 학생선발경쟁의 자유를 원천적으로 부정한다. 수요자 간 학교선택경쟁의 자유도 국가가 몰수한 것이다. 박정희 대통령 시절 벌어진 일이다. 그전에 무즙파동, 창칼파동이란 것이 있었다. 수요자들 간에 중학교 선택 경쟁이 격화돼 입시문제로 학부모들이 난동을 벌였던 사건이다. 이것은 당시 큰 사회문제로 비화됐는데, 국가의 해결책은 '중학입시경쟁 폐지, 고교입시경쟁 폐지', 즉 평준화였다. 그 후로 파동은 사라졌다.

입시경쟁 폐지는 입시시장 폐쇄를 의미한다. 학교와 학생 간에 상호선택(선발)이 이루어지는 시장을 국가가 폐쇄한 것이다.

학교1 학교2 학교3 학교4 학교5 학교6 학교7 학교8
상호 간 자유경쟁 자유선택 = 시장
학생1 학생2 학생3 학생4 학생5 학생6 학생7 학생8

이런 시장이 열려있으면 학생은 반드시 일류학교를 선택하려 한다. 모든 학생이 다 선택할 수 있는 것이 아니기 때문에 당연히 경쟁이 촉발된다. 바로 입시경쟁이다. 학교 역시 일류학생을 선발하고 싶어 한다. 일류학교의 선택을 받는 학생은 일류인생이 되고, 일류학생의 선택을 받는 학교는 일류학교가 되어 귀족의 성채를 이룩한다. 그리고 대다

수 국민은 이 성채로부터 배제된다.

자유로운 입시시장 속에서 한국인은 아무도 자식교육을 염려하지 않는다. 일류학교 진학에만 안달할 뿐이다. 지구상에서 교육열이 가장 낮은 나라일 것이다. 대신에 입시열은 거의 정신병 수준이다. 모든 교육주체, 학자, 관료, 언론까지 입시에 미쳐 있다. 이것이 개방된 입시경쟁시장, 즉 교육시장화의 마력이다. 국가가 직접 통제하고 명령하지 않아도 아주 손쉽게 모든 학교, 학생, 학부모, 교사들을 입시경쟁의 지옥 속에 몰아넣을 수 있다. '자율'적으로 말이다.

1968년 7월 15일, 당시 권오병 문교부장관은 중학평준화를 발표하며 이렇게 말했다.

국민학교 어린이에게 과한 과외공부 등으로 체력 저하, 기억력 감쇠, 신경쇠약 등을 가져다주는 것을 방지하기 위해 중학입시제도를 폐지한다.

이 시장폐쇄 경쟁금지 발표에 국민들은 '7.15해방'이라며 반겼다고 한다. 곧이어 고교입시시장도 문제를 일으켜서 그 시장도 닫아버렸다. 그러자 중고교입시경쟁과 사교육이 사라졌다. 그것은 지금으로 치면 대학을 평준화한 것과 비슷한 효과를 낳았다. 그때는 고등학교가 지금의 대학교 이상으로 귀했으니까.

MB공화국—40년 전 건국시절 교육체제로 되돌아가자. 우리 아이들에게 체력 저하, 기억력 감퇴, 신경쇠약 등을 가져다주기 위해 중등과정 입시경쟁제도를 부활시키자.

박정희가 부잣집 자식과 없는 집 자식을 강제로 똑같은 학교에 수용시키자 전 국민이 대한민국이라는 나라에서 일체감을 가지고 일하게 됐다. 양극화가 아닌 국민통합이 일어났던 것이다. 수천만이 똘똘 뭉친 공동체를 세계는 당해낼 수 없었다. 결국 대한민국은 인류역사상 그 유래가 없는 경제성장의 금자탑을 쌓았다. 김영삼 정부 이래 평준화가 사라지기 시작하고 대학입시경쟁이 격화되면서 사교육비가 폭등하고 학교서열체제가 심화되자, 대한민국이라는 놀라운 공동체는 해체되기 시작했다. 애국심이 약화되고 조기유학 등 국민의 국외탈출 소동이 벌어졌다. 이명박 정부는 이 기조대로 가자는 것이다.

 ## 고교평준화 해체 사기극

흔히 평준화 때문에 획일적인 하향평준화가 됐다고 한다. 그러나 새빨간 거짓말이다. 다음 표를 보자.

주요 대도시 지역이 평준화 지역이고 나머지는 비평준화 지역이다. 수로 따지면 우리나라 고교생 중 약 90만 명이 획일화된 하향평준화(?) 교육을 받고 있고, 약 30만 명이 '다양한' 비평준화 교육을 받고 있다. 서울은 평준화 실시 시기로 보나(평준화 최초 실시) 학생 수로 보나 획일적인 하향평준화의 총본산이다.

평준화 해체론자들의 말이 맞다면 지금 한국에서는 하향평준화 지역인 대도시로부터의 탈출 바람이 일어났어야 한다. 우스운 건 평준화를 공격하는 부유층일수록 자식들을 하향평준화 지역인 대도시에서 키우려 한다는 거다. 농촌에서는 단지 땅만 산다. 획일화도 그렇다. 위 표에 나온 평준화 지역과 비평준화 지역 사이에 교육내용이 다른가? 평준화

■ 평준화 실시 지역 분포 지도

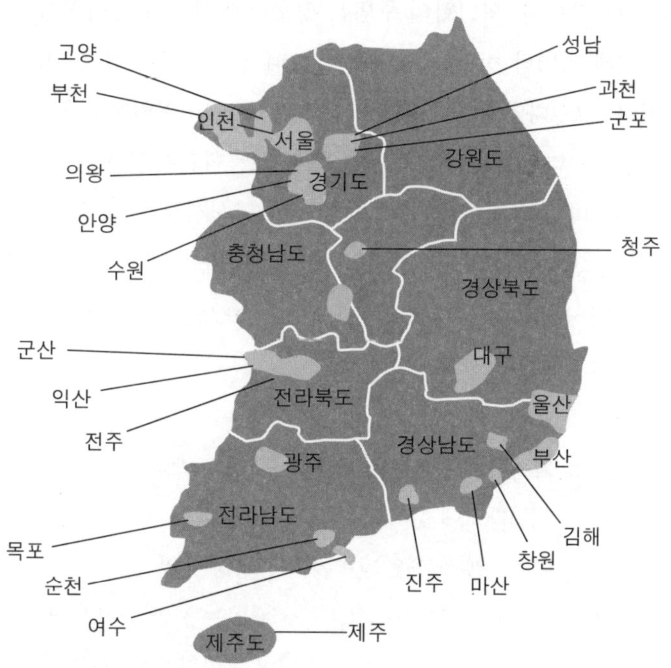

■ 고교평준화 실시 현황

구분	평준화 지역			비평준화 지역		
	학교	학생	교원	학교	학생	교원
수	839	933,205	57,501	562	334,583	22,689
비율	59.8%	73.6%	71.7%	40.1%	26.4%	28.3%

• 〈국정브리핑〉(2007년 3월 12일)

를 하건 안 하건 입시시장이 존재하는 한 모두 똑같이 입시공부를 하고 입시경쟁에 참여한다. 그러므로 평준화 때문에 획일화되었다는 건 새빨간 거짓말이다. 획일화의 주범은 평준화가 아니라 입시경쟁이다.

그런데 이명박 정부는 입시시장을 더 열어 획일성을 심화시키려 하고 있다. 고교다양화는 고교입시를 통한 중학교획일화를 불러온다. 그리고 중학교다양화는 중학입시를 통한 초등학교획일화를 불러온다. 즉 한국인은 바보가 된다. 하지만 한국인은 입시시장이 그저 좋단다. 현재 서울시민 전체에게 8학군 학교 선택권을 준다는 명목으로 광역학군제, 즉 고교입시시장 개방이 추진되고 있다. 1960년대로의 회귀다. 강북시민들이 여기에 열광하고 있다.

학군을 넓혀 소비자 선택권을 넓힐 경우
- 선호하는 학교에 선택이 중복됨
- 제비뽑기로 뽑을 경우 탈락자가 승복하지 않음
- 결국 운이 아닌 공정한 기준으로 뽑자는 선발 압력 발생
- 여럿이 지원해서 소수만 뽑게 되면 고입경쟁이 생기는 것
- 이것이 고입경쟁, 고입사교육비폭등을 부른다는 것은 모르고 사람들은 강남학교 선택권이 주어진다는 사탕발림에만 혹함
- 입시경쟁에 승리한 상위인재가 강남으로 빠져나가게 되면 강북은 슬럼가로 퇴락. 마치 대학입시 상위인재가 서울로 빠져나가 점차 퇴락하는 지방처럼 강북도 똑같은 운명에 처함. 강북민에게 강남 8학군 선택권을 준다는 감언이설로 강북을 공격하는 악랄한 책략

생각해보라. 강북, 지방 할 것 없이 이 땅의 모든 국민에게는 서울지

역 일류대 선택권이 있다. 대학은 전국통합 초광역학군이다. 그래서 누가 이익을 얻었는가? 결국 강남부자들이다. 이 속에서 벌어지는 일류대 선택경쟁으로 사교육비가 뛰어 일반 국민은 허리가 휠 뿐이다. 학교선택경쟁은 국민을 고통으로 몰아넣고 강남부잣집 자식들을 귀족으로 만들려는 술수에 불과하다. 또 이것은 국민교육을 말살하려는 계략이다.

선택경쟁은 반드시 학교를 입시학원으로 만들 것이다. 이러면 교육은 말살된다. 교육이 말살되면 국민이 무지해지고, 그에 따라 국가경쟁력이 하락하고, 공화국이 위태로워진다. 그러나 귀족들에겐 좋은 일이다. 그들은 사교육비 실탄이 풍부해서 학교선택경쟁에서 무조건 승리할 수 있기 때문이다. 국민의 퇴락은 알 바 아니다. 평준화된 국민 공교육이 귀족사회를 혁파한 시민혁명 이후에 형성된 것을 상기하면, 귀족들이 왜 국민 공교육을 증오하는지 알 수 있다. 국민 공교육이 사라져야 신분사회가 부활하고 그들이 옛날처럼 무지한 국민 위에 군림할 수 있기 때문이다. 공화국 이전 시대로의 회귀다. 이래서 교육부문이 결코 특정부문에 국한된 이슈가 아니라고 한 것이다. 이것은 대한민국의 국체와 연관된 이슈다. 입시시장-선택경쟁은 구체적으로 학교현장에서 이런 일들을 초래한다.

입시교육과 교육은 서로 대립적 관계
정상적 교육으로 입시성적 저하 → 학교명예 실추 ↗ 학교의 저
그러므로 교육은 학교의 적이 되어 학교에서 추방당함
성적을 못 올리는 학생도 학교의 적, 누가 성적을 못 올리는가
- 사교육 선행학습을 덜 받은 학생, 가난한 집 학생
- 따라서 사교육 덜 받은 학생, 가난한 집 학생도 학교의 적
- 1차적으로 학교 안에서 차별당하고, 궁극적으로는 학교의 기피

행동으로 학교로부터 배제당하기 시작함

- 그런 학생을 가장 효율적으로 배제하는 데 성공한 학교 → 평균 성적이 올라 명문학교로 등극, 선택경쟁의 승리자가 됨
- 결국 교육과 서민대중의 자식을 적으로 아는 학교가 일류학교가 됨(일류대들이 특목고를 위한 우대책을 고수하는 것을 보라)

그럼 도대체 어떻게 하면 좋다는 말인가? 간단하다. 박정희가 했던 것처럼 하면 된다. 박정희는 초등학교 교육이 황폐화되자 중학교입시시장을 닫아버렸다. 그리고 중학교 교육이 황폐화되자 고등학교입시시장을 닫아버렸다. 문제가 되는 곳의 상위 부문을 쳐야 한다. 그러나 이명박 정부는 이렇게 말한다.

상위학교 입시시장 때문에 하위부문이 고사하고 있으니, 그 하위부문도 입시시장을 열어 더욱 더 말려 죽입시다.

경쟁과 서열화가 아래로 내려갈수록 한국은 지옥이 된다. 우리가 지금 해야 할 일은 평준화를 위로 올리는 것이다. 박정희는 고등학교까지 했다. 이젠 대학서열체제를 타격해야 한다. 그 다음엔 사회구조를 건드려야 한다. 서열화를 아래로 내리면 조선 말기나 남미식의 양극화 빈민사회가 되고, 평준화를 위로 올리면 북유럽식의 복지사회가 된다.

그러나 한국인은 평준화를 위로 올리는 것을 두려워한다. 한국인 각자가 평준화에 대한 두려움에서 해방되지 않으면 한국인에게 예정된 것은 빈곤일 뿐이다. MB공화국이 벌이는 평준화 해체 사기극에서는 전 국민이 공범이다. 대학입시시장을 닫으면 나라가 망한다고? 웃기는 소리다.

 # 한국인을 어렸을 때부터 경쟁의 노예로

　　　　　　1995년 김영삼 정부의 세계화 교육정책인 '5.31교육개혁안'에서부터 역사는 거꾸로 흐르기 시작한다. 이때 '평준화 해체-자유화'안이 나왔다. 그것을 김대중, 노무현 정부는 충실히 이행했다. 자사고, 특목고 등의 평준화 해체와 대입자율화로 국민을 사교육비 지옥에 빠뜨린 것이다. '김대중-노무현'이 빨갱이 정권이라는 말은 새빨간 거짓말이었다.

　　(김대중 정부 때) 전형방식을 대학 자율로 맡겼다. '2002학년도 대학입학제도 개선안'이 발표됐다. "한 가지만 잘해도 대학에 갈 수 있다" "전원 무시험 전형" 등 말의 성찬이 벌어졌다. 하지만 속을 들여다보면 문민정부의 '5.31교육개혁안'을 구체화하고 다양화를 강조하는 수준이었다. 　　　　　　　　　　　─〈국정브리핑〉(2007년 9월 14일)

　　(김영삼 정부) 이명현 전 교육부장관의 말이다. "이해찬 씨가 'DJ 대통령께서 5.31교육개혁 다 좋다고 하십니다'라고 했다. …… 이해찬 씨는 장관이 되고 나서도 '(국민의 정부 교육정책은) 5.31교육개혁하고 똑같다'고 그랬다." 　　　　　　　　　　　　─《대한민국 교육 40년》

　　(참여정부의) 2008 대입제도의 대 원칙은 고교교육정상화와 대학의 자율화·다양화다. 이는 문민정부의 교육개혁위원회가 마련한 5.31교육개혁안 이후 대입제도의 근간이 된 정신이다.

　　　　　　　　　　　　　　　─〈국정브리핑〉(2007년 9월 14일)

　　교육정책에 관해서라면 두 정부는 문민정부를 계승했습니다.
…… 정파와 철학이 다른 3대(김영삼, 김대중, 노무현) 정부에 걸쳐 일
관되게 진행된 흐름입니다. 　　　　　　　　　　　─《대한민국 교육 40년》

　　정파와 철학이 다른 건 그 사람들 사정이니 국민이 알 바 아니고, 국
민이 몸으로 당한 현실에서 이 세 정권은 한 흐름이었다. 이명박 정부
는 김영삼 문민정부를 완성한다. 다만 노무현 정부는 자사고, 특목고의
파탄상이 너무 노골적으로 드러나자 이 두 개의 카드를 버리려 했다.
대신에 자유화 경쟁화의 기조를 계속 이어갈 새로운 카드를 마련했는
데 그것이 '개방형 자율학교'다. '자율'이란 말은 이명박 정부 들어서
아예 정권의 종교가 되었다.
　　'MB공화국'의 평준화 해체는 사교육비 폭등과 학교탈출사태를 초
래했다. 탈출한 이들은 대안학교나 홈스쿨링, 혹은 외국으로 갔다.

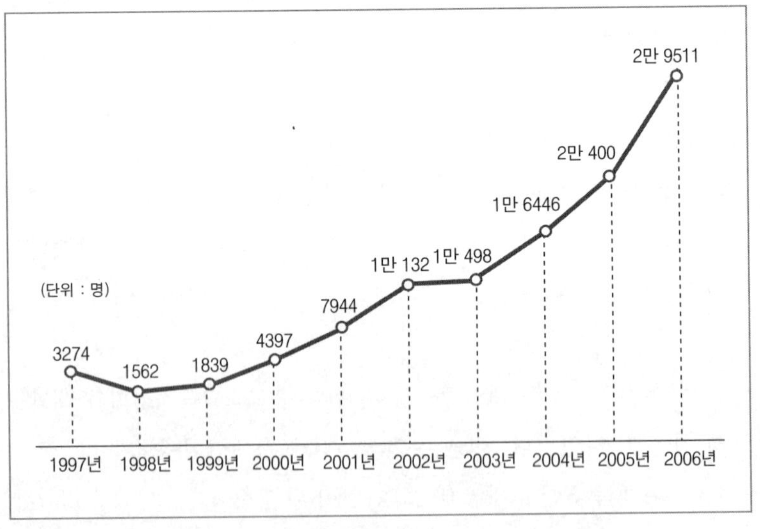

• 초 · 중 · 고 조기유학생 연도별 추이(《국정브리핑》 2007년 11월 1일)

'MB공화국'이 시작된 이후 외국에서 학위를 딴 이공계 박사들이 귀국하는 비율이 날로 줄어들고 있는데 그 주요 이유 중의 하나가 바로 자녀들의 교육문제다. 한국에서 자기 자녀들을 교육시킬 수 없다는 것이다. 우리나라 학교는 점점 더 사람이 다닐 수 없는 곳이 되어가고 있다. 따라서 인재유출과 귀국 거부로 국가경쟁력도 하락할 수밖에 없다.

정부는 왜 이렇게 '미친 짓'을 할까? 왜 대통령이 국가의 안전과 국민의 행복을 공격할까? 왜 아무 짝에도 쓸모없는 공부를 시키려 할까? 왜 아이들을 바보로 만들어 국가경쟁력을 말아먹으려 할까? 이유는 하나다. 경쟁해야 한다는 것이다. 그렇지 않아도 대입경쟁에 시달리는 우리 고등학생들은 약 24퍼센트가 자살충동을 느끼며 약 5퍼센트는 실제로 자살기도를 하며 지옥을 헤쳐나가고 있다. 그러나 대통령은 이렇게 말한다.

중등부문 입시시장까지 열어줄 테니 미친 듯이 경쟁하라. 죽을 때까지 경쟁하라. 학부모들도 한번 같이 죽어봐라. 학교와 교사도 모두 다 경쟁의 노예가 되어라.

도대체 경쟁이 뭐기에 사람까지 잡아가며 대통령이 칼춤을 춰야 할까? 이 의문은 조금 있다 풀자. 어쨌든 마음껏 죽을 때까지 경쟁하게 해주시니 **고맙습니다.**

section 5

교육파탄 학교말살,

고·맙·습·니·다

●◑ 대통령님 큰일 났습니다. 사교육비가 너무 많이 듭니다.

◑● 그래? 한 집당 한 수십억씩 드나?

●◑ 예? 아니 그 정도까지는 아직…… 끽해야 한 달에 수십에서 수백만 원 정도?

◑● 아니 그게 돈이야? 이 사람들 소심하기는. 사나이가 야망을 가져야지. 옛날에 나를 소재로 한 드라마 제목이 〈야망의 세월〉이었던 거 모르나? 사교육비 사나이답게 뻥 튀겨. 고액, 초고액 학교 만들어서 입시경쟁으로 들어가라고 해.

●◑ 또 문제가 있습니다. 요즘 애들이 시험지옥에 시달리느라 정신병까지 걸린답니다.

◑● 그래? 큰일이군. 시험 더 보라고 해~

●◑ 또 문젭니다! 획일적인 학력경쟁으로 지식경쟁력이 떨어지고 있습니다.

◑● 그래? 큰일이군. 입시경쟁으로 내몰아서 더 화끈하게 획일화하라고 해~

●◑ 근데 저기…… 국가가 이런 정책을 추진하면 국민이 반발하지 않을까요?

◑● 어 그거? 자율화 분권화로 알아서들 하라고 해~ 국가는 책임 없어. 책임 읍~다.

●◑ 아놔~ >_<

 영어 강화

　　　　도대체 왜 국민을 경쟁지옥으로 몰아붙이는지는 다음 장에서 따지자. 여기에서는 일단 교육정책을 살펴보겠다. 영어 얘기부터 하자. 영어광풍은 'MB공화국'의 특징이다. 특목고는 영어광풍의 기폭제가 됐다. 그리고 이명박 정부 출범 이후 영어는 공포가 된다.

　최근 세계경제위기로 일본과 한국이 대비됐다. 일본의 엔화는 폭등하고 한국의 원화는 폭락했다. 일본이 한국에 비해 얼마나 국가경쟁력이 강한지 극명하게 나타난 사건이었다. 우리가 지난 십여 년간 영어광풍에 빠졌을 때 일본인은 그렇지 않았다. TV를 보면 일본인들이 영어로 질문하는 리포터를 피해 달아나는 장면이 나온다. 이명박 정부 인수위는 '오렌지'를 '어린지'라고 발음해야 한다며 국민을 두려움에 떨게 했다. 그러나 〈미녀들의 수다〉에 출연한 일본인은 '핫도그'를 '호또도꾸'라고 당당히 말했다. 그런데도 세계 최고 국가경쟁력엔 아무런 지장이 없었다.

　우리나라가 숭배하는 영어는 정확히 말해 '미국어'다. 미국식 발음이 아니면 쳐다보지도 않는다. 우리는 학문도 오로지 미국만을 추종한다. 미국박사, 미국경제학만 판을 친다. 일본은 우리보다 미국 대학 박사 비율이 훨씬 낮고, 교수 임용에서도 국내파를 많이 중용한다. 국민에게 영어를 강요하는 일 따위는 하지 않고, 영어 번역 인력을 양성해 국민이 일본어로 세계 최신 지식을 접하도록 배려한다. 대신 일본인은 각자의 전문 분야에서 세계 최고의 기술력을 기른다. 한 마디로 '렉서스'를 만들 수 있다면 영어는 몰라도 되는 것이다. 이것이 영리한 국가

발전전략이다.

그러나 이명박 정부는 막무가내로 국민을 영어집착증 환자로 만들고 있다. 전문지식을 향상시킬 생각은 하지 말고 입시공부와 영어에만 매달리란다. 도대체 왜? 간단하다. 입시는 돈이 많이 드는데 그중에서도 영어는 더 많이 들기 때문이다. 결정적으로 '오렌지'를 '어린지'라고 하기 위해서는, 즉 말하기와 듣기에 능통하기 위해서는 미국에 다녀와야 한다. 그러므로 정부가 본토발음 영어를 해야 사람 구실할 수 있다고 강조하는 것은 미국에 다녀온 부잣집 자식들만 사람 구실하는 나라를 만들겠다는 선언이다. 서민의 자식들한테 '돈 없는 너희들은 핫바지 노릇이나 하라'고 하는 것과 같다.

이것은 국민을 미국파, 고액유치원파, 국제중파, 외국인학교파 집단과 그외 '떨거지들'로 정확히 양분한다. 세계경제위기라는 국난을 맞아 온 국민이 똘똘 뭉쳐 돌파해도 모자랄 판에 귀족놀음으로 내분을 조장하는 것이다. 영어가 의미하는 것은 바로 이것이다.

영어 = 돈 = 미국 → 국민 분리 → 귀족 형성 → 내분 조장 → 망국

한국에서 영어는 이미 신분이다. 한국인에게 영어는 외국어 기술 따위가 아니다. 어렸을 때부터 '어린지'에 주눅들도록 철저히 세뇌하는 것이 한국 교육의 목적이다. 이렇게 자란 한국인은 '어린지' 집단, 즉 미국파 부잣집 자식들과 미국인들에게 주눅든 노예로 구분된다. 영어를 신분 표지라고 생각하기 때문에 외국인만 만나면 입이 얼어버리는 '바보'가 되어 그 막대한 영어교육비용은 모두 쓰레기가 된다.

영어광풍을 없애기 위해 복잡한 정책이 필요한 건 아니다. 아주 간단한 일만 하면 된다. 외국어 특목고, 국제중을 없애고 외국인학교 규제

완화를 취소하고, 제반 입시, 입사, 승진 시험에서 영어 비중을 줄이면 된다. 대신 각자의 전문 기술력을 기준으로 평가받는 사회를 만들면 한국은 제조업이 붕괴돼 위기에 처한 미국처럼 되지 않고, 지금의 위기를 돌파할 경쟁력을 키울 수 있게 된다.

싱가포르에서는 국가가 중국어를 쓰겠다는 대학을 폐교시킬 정도로 영어를 강권했다. 왜 그랬을까? 싱가포르에서는 중국계가 주류다. 대학에서 중국어를 쓰면 잘 사는 중국계는 귀족이 된다. 그러나 여타 민족이 기회를 박탈당한다. 그렇게 국가가 분열되는 사태를 막으려고 영어라는 제3의 언어를 쓰도록 한 것이다. 여기서 영어는 국가통합의 장치로 작동한다.

이미 설명했듯이 한국에서 영어는 국가분열 기제다. 국어는 한국인이니까 한국에서 할 수 있다. 우리 입시현실에서 수학은 참고서 달달 외우면 빈부귀천 없이 엇비슷한 성적이 나올 수 있다. 그러므로 영어야말로 부자와 일반 국민을 확실히 구분시켜줄 장치다. 그래서 부자들은 나라가 망하건 말건 영어에 광분한다. 조선 사대부가 중국 한자에 광분했던 이유와 같다. 누구나 쉽게 쓰는 한글로는 귀족과 천민이 구분되지 않으니까. 즉 영어는 조선시대 신분질서를 21세기 대한민국에 실현시켜줄 무기다. 모든 국민이 맹목적으로 영어의 노예가 돼야, 모든 국민을 미국에 다녀온 중상층 자녀의 노예로 만들 수 있는 것이다.

같은 영어라도 싱가포르에서는 사회 안정화에 기여했지만 'MB공화국'에서는 사회 내부 불안을 증폭시킬 수밖에 없다. 치솟는 사교육비와 양극화는 국민 다수를 천민화해 폭동을 부른다. 대기업노조는 자식을 미국에 보내기 위해 파업을 하고, 일반 노동자들은 영어학원비 때문에 시내에 모여 악에 받친 시위를 하게 된다. 또 농어민은 걸핏하면 상경투쟁을 하게 된다. 한국 사회의 경쟁력은 떨어지고, 영어능력만 기이하게 비대화된 한국인은 전문경쟁력이 약화된다. 경제위기에 우리는 이런 짓을 하고 있는 것이다.

'에듀스파'와 '스파랑'의 조사에 따르면 직장인 중 업무 특성상 필요해서 영어공부를 하는 사람은 4.2퍼센트밖에 안 된다. 나머지는 아무 이유 없이 영어에 매달리고 있다. 신분이 갈리니까. 이러니 국가경쟁력이 하락할 수밖에 없다.

 ## 수요자 중심체제

수요자 중심체제가 이명박 교육정책의 기조다. 앞에서 김영삼 정부 시절부터 소비자(수요자) 중심체제가 시작됐다고 말했다. 소비자의 자유로운 평가·선택이 이루어지도록 시장에 국가가 개입하지 않겠다는 사고방식이다. 국가의 퇴각이다. 교육에서도 똑같이 작동한다.

> 경제운영에 대한 선택권을 …… 수요자가 선택하는 데 따를 수밖에 없는 경제
> 경제운영에 대한 실질적인 권한이 소비자로 이전된 체제
> 전화든 전기든 또 우편이든 정부에서 독점할 이유가 없다.
> ─강경식(김영삼 정부 경제부총리),《국산품 애용식으론 나라가 망한다》

미국식 관념이다. 미국은 '선택의 자유'를 극단적으로 중시하는데 이 소비자 선택의 자유 때문에 툭하면 총기사고가 일어난다.

> ◀)) 여기서 잠깐 …
>
> 한국은 소비자의 선택권을 제한하여 인류역사상 유래 없는 경제성장을 이뤘다. 국산품 애용 없이 오늘날의 한국경제가 가능했을까? 이미 설명했듯이 중고교평준화도 교육 소비자 선택권을 몰수한 것이다. 진보파들은 디워 사태 때 국산품 선택을 비난하며 상품평가에 따른 시장선택을 주장해 'MB공화국'에 부역했다.

수요자 중심주의는 결국 상품 다양화로 귀결되고, 교육에서 그것은 평준화 해체, 학교 다양화가 된다. 국민은 자유로운 수요자로서 가난뱅이는 미국산 쇠고기를, 부자는 최고급 한우를 선택하는 데 제한이 있어서는 안 되는 것처럼 가난뱅이는 '후진 학교'를, 부자는 '고급 학교'를 선택하는 데 제한이 있어서는 안 된다. 천민은 천민학교를 귀족은 귀족학교를 자유롭게 선택해야 하며 점점 커지는 부자 수요자들의 요구에 부응하기 위해 정부는 비싼 학교를 공급해야 한다. 이런 것이 수요자 중심주의다.

김영삼 정부 교육정책은 《소비자 주권의 교육대개혁론》에서 출발한다. 소비자 중심체제로 가자는 거다. 바로 이 책에 이명박 교육의 기획자인 이주호 수석이 참여했다. 이 책의 주 저자는 박세일이다. 김영삼 정부의 정책기획수석과 한나라당 선거대책위원장, 국회의원 등을 역임했다. 이 책의 머리말에는 이런 구절이 등장한다.

규제에서 자율로! 공급자 중심에서 수요자 중심으로!

주 저자인 박세일은 이렇게 교육개혁의 원칙을 제시한다.

　　탈규제와 소비자 주권의 원칙으로
　　첫째, 교육 자유의 확대―교육자율화, 기업가적 교육가 양성
　　둘째, 소비자 주권 확대―선택의 폭 확대, 경쟁 촉진

그리고 이 원칙에 의거한 중등교육개혁은 이렇게 제시됐다.

　　경쟁 원리의 도입과 교육 정보 확대
　　첫째, 평준화 해체, 자유 선택, 자유 선발
　　둘째, 학교설립 자유화
　　셋째, 학교자율화, 학교운영의 자율화
　　넷째, 학비 결정 자유화

　자유, 자율, 자유, 자율. 정확히 이명박 정부의 정책이다. 이미 말했듯이 이명박 정부의 교육정책은 새로운 발명품이 아니다. 15년째 면면히 이어진 것이다. 우리는 폐품재활용 정부를 보고 있다. 그간 특목고, 자사고가 바로 수요자를 위해 만들어졌고, 노무현 정부는 수요자를 위해 교원평가를 추진했다. 요즘에는 국제중이 수요자를 위해 만들어지고 있다. 경영자(CEO, 교장, 교육감)에게 모든 권한을 넘기고, 수요자(소비자)가 평가권을 행사하도록 해서 그 사이에 낀 노조를 압박하는 체제다. 이것은 이미 한국 사회에 민생파탄을 초래했다. 민주화세력은 수요자중심주의를 민주화로 착각하는 희대의 헛발질을 했고 지금도 하고 있다. 이명박 대통령만 욕할 일이 아니다. 국민의식 대개조가 필요하다.
　이명박 정부를 일컬어 독재정권이라고 비판하기도 한다. 세상에 어

느 독재정권이 국민에게 자유를 주려하고, 수요자들을 위하려 할까? 그
모순은 이 대목을 보면 풀린다.

> 앞으로 강화되어야 할 교육 규제는 교육 소비자 보호를 위한 규제
> 들이다. '소비자 선택의 확대' '소비자 피해의 구제' '소비자 정보의
> 확대'를 위한 교육 규제나 정부의 개입은 필요하다.   —박세일

소비자 선택을 제한하는 규제는 풀되, 소비자 선택을 확대하는 개입
은 하란 소리다. 이렇기 때문에 국민의 쇠고기 선택권을 확대해주기 위
해서 국가가 독주했던 것이다. 소비자 선택권 확대는 시장에서의 상품
선택권 확대, 즉 국가시장화다. 이런 시장화를 촉진하는 방향으로의 국
가개입은 권장된다. 예컨대 고가 의료상품 선택권을 보장하기 위해 영
리병원화를 단행할 수 있다. 공공적 규제를 국가권력이 국민들의 뜻을
무시하고 일방적으로 풀어버리는 것이다. 이것이 자유화 정부이며 동
시에 독재정권처럼 보이는 이유다. 이런 식이다.

> 국민 : 우리의 쇠고기 선택권을 몰수해달라.
> 정부 : 아니에요. 자유를 드리겠습니다. 싫으면 전경한테 맞으세
> 　　　요. 자유냐 구타냐 선택하세요.

독재적 국가폭력으로 선택의 자유가 강요되는 구조다. 이런 흐름이
시작됐던 김영삼 정부 이후 한국 교육이 어떤 상황이 됐는지는 다음 표
를 보면 알 수 있다.

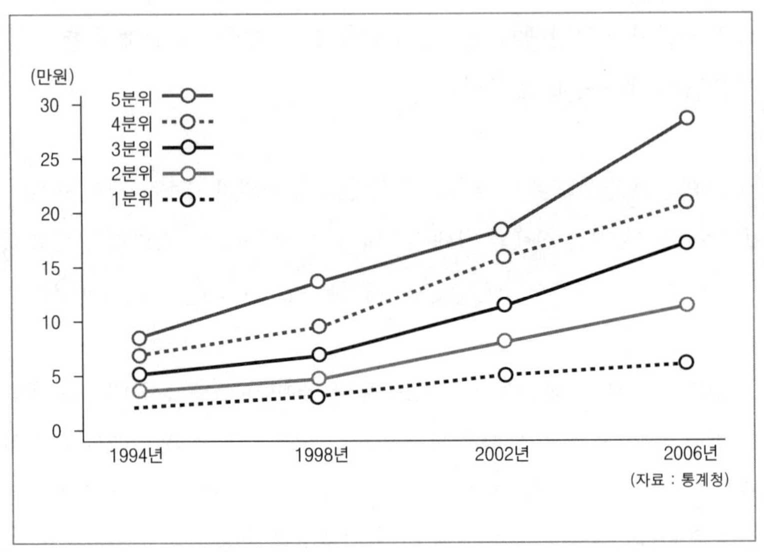

• 소득별 사교육비 현황(《한겨레》 2007년 3월 21일)

위 표는 소득분위별 사교육비 현황(보충교육비 + 교재비)이다. 개혁이 시작된 이후 차등 양상이 부챗살처럼 펴지고 있다. 못 사는 1분위가 거북이걸음으로 쫓아가면 5분위는 날개를 펼치고 비상한다. 수요자를 위해 다양한 학교가 생겨 입시경쟁이 격화되고, 입시경쟁을 원하는 수요자들을 위해 학교가 입시체제로 재편될수록 사교육비는 늘어간다. 수요자로서의 한국인이 시민으로서의 한국인을 공격하는 것이다. 수요자 중심주의는 국민을 가해자로 만드는 절묘한 책략이다.

외국인학교를 통해 한국의 중등교육은 진정으로 다양(?)해지며, 수요자의 모든 요구가 충족된다. 외국인학교는 외국인에게 외국 교육을 하는 곳이다. 그러나 규제완화를 통해 한국인이 더 자유롭게 그곳을 선택해 외국 교육을 받고 한국 학력을 인정받게 된다. 수요자는 마침내 한국교육을 무시할 자유까지 누리게 된다. 못 사는 집 아이들이 세계 최악의 한국 학교를 다닐 때 부잣집 자식들은 우아하게 외국 학교를 다니며 학력 인정은 똑같이 받는 것이다. 이야말로 완벽한 신분분리라고 할 수 있다. 국가의 완전한 퇴각이다. 공교육 해체, 즉 공화국의 해체다.

그뿐 아니라 외국교육기관은 과실송금도 할 수 있게 된다. 즉 학교가 장사하는 영리법인이 되는 것이다. 외국교육기관이 이런 영업을 하기 시작하면 국내 학교들도 마치 김영삼 정부 시절 국내자본에 대한 역차별은 안 된다며 삼성승용차 자유영업을 요구한 것처럼, 역차별 불가론을 내세우며 자율경영을 요구할 것이다. 이미 학교자율화가 추진되고 있고, 또 한미FTA로 미국투자자의 자유영업이 보장되면 이 흐름을 되돌릴 수 없게 된다. 교육이 돈벌이판이 되는, 그리하여 명품백화점과 할인마트처럼 귀족 소비자와 평민 소비자가 정확히 분리되는 학교시장판이 형성되는 것이다. 지금까지의 공교육 붕괴는 농담 수준이 된다.

 ## 학교자율화

가장 이명박 정부스러운 교육정책은 학교자율화다. 쇠고기촛불집회 때 '미친 소 미친 교육'이라는 구호가 나왔었다. 거기서 '미친 교육'이라 함은 이명박 교육정책 전체를 가리키지만 좁게는 바로 이 '학교자율화'를 가리키는 말이었다. 그때 사람들은 이명박 정부가 0교시 수업과 방과 후 야자 능을 부활시키려 한다며 시대착오적인 구시대적 정부라고 비난했다. 그런데 촛불세력이 틀렸다. 이명박 정부는 그런 구태의연한 정부가 아니다. 인용문을 보라.

0교시를 부활시키고 우열반을 편성하며 영리기관이 방과 후 교육을 하라는 것이 아니다. 이런 문제를 지금까지는 중앙정부가 결정해

왔지만 이제는 (학교자율화로) 학교와 교육청이 지역과 학교 실정에
맞게 판단하라는 것이다.　　　　　　　　　—〈국정브리핑〉(2008년 6월 19일)

'니들 맘대로 하세요'다. 알아서 하라는 소리다. 단지 구체제를 해체
하고 자유를 줄 뿐이다. 이것을 국민 의견수렴을 거치지 않고 독단적으
로 행하므로 일종의 '자유파쇼'라고 할 수 있겠다. 학교자율화는 'MB
공화국'의 자유파쇼시대를 상징하는 정책이다.

우리 교육의 행위주체들에게 자율을 주면 어떻게 될까? 교육이 죽고
아이가 죽는다. 대학평준화가 아닌 대학서열체제 아래에서 각 교육주
체들이 원하는 건 입시경쟁이다. 자율화는 반드시 입시경쟁격화로 귀
결된다. 정부가 그렇게 하라고 시킨 적은 없는데 저절로 입시지옥이 찾
아오고 학교가 죽는다. 이것이 이명박 자유화의 마법이다.

학교자율화는 분권화와 수요자 중심주의가 결합된 정책이다. 일단
각 교육감과 학교장에게 모든 권한을 위탁하고 국가는 퇴각한다. 각 지
역의 수요자들은 교육감을 직접 뽑아 권력을 행사하고, 학교선택권으
로 학교장을 압박한다. 이는 교육감과 학교장이 교사와 학생을 잡아 족
치며 교육을 말살하는 구조다. 이로써 국민주권의 총합인 국가권력이
교육에서 사라지는, 즉 민주주의적 압력이 교육에서 사라지는 사태가
발생하고, 각 분권화된 단위에서 영주가 자율통치하는 봉건적 자유의
세계가 열리게 된다. 노무현 정부와 이명박 정부의 합작품이다.

구체적인 규제 지침들이 폐지됨으로써 일선 학교의 운영 방식에
큰 변화가 예고되고 있긴 하지만 포괄적 장학지도권의 폐지는 우리
교육사에 유례없는 역사적 대사건이라고 봐야 한다.
　　　　　　　　　　　　　　—《연합뉴스》(2008년 4월 15일)

혁명이다. 혁명은 혁명인데 반혁명이다. 공화국은 봉건적 자유를 국민주권 원리로 몰수한 체제다. 이명박 정부는 국가권력의 퇴장을 기도한다. 공화국의 퇴장이다. 그러므로 반혁명인데, 그 내용이 혁명적 자유화다. 무작정 관치철폐만을 이상향으로 생각하는 빗나간 민주화가 이런 코미디를 가능케 했다.

학교자율화의 끝은 단위학교 자율경영이다. 자율경영하는 주체는 시장평가를 받도록 한다. 기업과 같아진다. 그러기 위해 정보공시가 중요해진다. 교육을 주식시장처럼 시장판으로 만들기 위해서는 각 기업의 경영이 공개되어야 하는 것이다. 그래서 학교정보공개(성적공개)가 추진된다. 수요자들은 이 정보를 통해 학교를 평가하며 '선택경쟁'을 하게 된다. 결국 명백하고 투명한 학교서열체제가 형성돼 일류학교 입시경쟁이 강화된다. 명백한 일류학교를 나온 부잣집 자식들은 투명하게 귀족이 되지만 나머지 국민의 자식들은 명백한 천민이 된다.

한국 사회는 그동안 봉건적 자유화의 길을 걸으면서 분권화된 단위의 자율성이 커졌다. 대표적인 것이 노동유연화다. 각 기업이 마음대로 경영을 할 수 있게 되자 노동자를 향한 칼질이 시작됐다. 즉 국민을 향한 칼질이 감행됐던 것이다. 이 칼질의 주체는 CEO와 기업 오너다. 경제적 봉건화, 즉 분권화는 오너패권, CEO 전횡을 초래했다. 은행도 이렇게 마음대로 경영하며 국익을 갉아먹었고 결국 경제위기를 초래했다. 이명박 정부는 마치 노무현 정부가 대학이 제멋대로라며 푸념했던 것처럼 경제위기가 터지자 은행이 제멋대로라며 푸념하고 있다. 그동안 그만큼 분권화된 것이다. 학교자율화도 마찬가지다. 교육감은 영주가 되고, 학교장이나 사학재단은 CEO·오너가 되어 칼질을 개시한다. 교사는 구조조정의 대상이 된다. 전교조는 무력해진다.

미국경제가 이런 구조여서 노조가 무력화되고 제조업경쟁력이 하락했다. 소유권자나 CEO의 권력만 극단화된 것이다. 한미FTA의 '투자자–소비자' 중심체제도 이런 구조다. 경제와 교육 모든 부문에서 오너·경영자 전횡이 벌어지고 노동은 죽는다.

이때 동원되는 것이 교원평가와 성과급차등지급이다. 평가에 따른 경쟁과 성과에 따른 유연한 노무관리, 이것은 노노경쟁을 유발해 교사들의 단결력을 파괴한다. 전국적으로 단결된 교사집단이 사라지면 전 국민에게 공통된 공교육도 사라진다. 공통된 교육을 받은 단일한 국민, 시민도 사라진다. 원래 봉건사회 때는 귀족과 천민이 있을 뿐 국민이나 시민은 없었다.

대중의 교사에 대한 불신처럼 인간의 무지와 탐욕을 적나라하게 보여주는 게 또 없다. 사람들은 생각한다.

'이게 다 선생 때문이다. 선생이 잘 가르치면 될 거야. 왜 학교선생이 학원선생보다 못한 거야!'

교원평가와 선택권, 구조조정을 통해 모든 교사의 실력이 9만 배 상승했다고 치자. 우리 교육에 어떤 변화가 올까? 아무 변화도 오지 않는다. 이미 설명했듯이 한국 교육은 승자독식 구조다. 승자가 몇 명인가? 4000만 명이 모두 승자가 될 수 있는가?

모든 교사의 능력이 9만 배 상승해도 모두가 승자가 되는 일은 벌어지지 않는다. 승자는 반드시 소수다. 소수가 되기 위해서는 모두가 다 받는 교육이 아닌 나만의 특별교육을 받아야 한다. 그러므로 교사 능력과 상관없이 사교육은 영원하다. 어차피 승자는 사교육비 경쟁 때문에 있는 집 자식들이 독식하게 된다. 이 과정에서 교사는 아무런 역할도 하지 않는다. 구조 자체가 그렇게 굴러가는 것이다.

그런데 무지와 탐욕으로 점철된 수요자들의 압력은 교사를 향한다. 자기 자식을 승자로 만들고픈 탐욕 때문에 눈이 멀어버렸다. 탐욕에 가득 찬 사람은 자유를 준다면 좋아한다. 마약중독자가 원하는 건 마약할 자유고 도박중독자가 원하는 건 도박할 자유다. 입시중독자가 원하는 건 입시경쟁할 자유다.

탐욕이 이명박 대통령을 만들었고, 탐욕이 뉴타운 국회의원을 뽑았다. 학교자율화는 이런 수요자의 탐욕에 기대는 정책이다. 교사와 전교조에 대한 대중의 증오심을 양분으로 교육영주들이 구조조정의 칼질을 감행하는 나라가 된다.

자율경영하는 학교는 반드시 학생들을 차별하게 된다. 수요자들이 교원평가로 교사들을 분류해 차별하고 싶어 미치는 것처럼, 학교도 학생을 평가로 분류해 차별하고 싶어 한다. 이것이 이익극대화에 따른 시장의 원리다. 자신들의 이익을 극대화해 줄 높은 성적의 아이들만 우대하고 싶은 거다. 그런데 높은 성적의 아이란 비싼 사교육을 받은 아이들이므로 일반 서민의 아이들은 학교자율화 환경에서 천덕꾸러기로 전락한다. 이미 학교선택제에 대비해 높은 성적의 아이들에게만 온갖 특혜를 주고 배식순서에 차등을 두는 것은 물론, 심지어는 좋은 쌀과 나쁜 쌀로 밥의 질까지 차별하는 학교들이 나타나 물의를 빚었다. 자율화는 이보다 더한 짓까지 가능하게 할 것이다.

입시자유화, 대학자유화

입시자유화는 간단히 이해할 수 있다. 김대중–노무현 정부 때 실행된 것이 입시자유화다. 노무현 정부는 대학과 5년 내내 싸웠다. 대학에 자율성을 부여했기 때문이다. 대학이 국가와 동급이 된 것이다. 노무현 정부는 대학과 말싸움만 했다. 자유화를 금과옥조처럼 여기는 정부였기 때문이다. 그런데 이명박 정부는 그 '말싸움'이 빨갱이 짓이었다며 말싸움조차 안 하겠다고 한다. 그것이 이명박 정부 입시자유화다.

교육부 관계자 '입시개혁 대학 비협조로 실패'

교육부 관계자는 14일 "여러 차례 서울대와 연·고대 등에 학생부(내신) 반영 비율을 높일 것을 부탁했지만 결국 수용되지 않았다"며 "참여정부가 2004년 야심차게 사교육 문제 해결을 천명했고, 국민 기대도 컸지만 결국은 실패했다고 봐야 할 것 …… 정부로서는 도리가 없다"고 말했다. —《경향신문》(2007년 3월 15일)

국가는 다만 부탁을 할 뿐 서울대와 연·고대가 '깽판'을 치면 어쩔 도리가 없다는 참여정부 관료의 고백이다. 이미 노무현 정부 때부터 국가권력, 즉 민주주의보다 일류대 권력의 자율성이 우위를 점했던 분권화 콩가루 체제였다. 자율적인 대학이 국가와 '맞짱'을 떠 이겼다. 그런데 이명박 정부는 그들에게 완전한 자율성을 진상하겠다고 나섰다. 완전한 콩가루 나라를 만들겠다는 것이다. 강자 패거리의 자율성이 국민주권이 결집된 공화국의 자율성을 뛰어넘는 나라로.

(노무현 정부의 내신강화 실패로) 대학의 자율성은 대통령조차 어떤 영향력도 행사할 수 없을 정도로 확대됐고 보장받고 있다는 사실을 역설적으로 입증했다.   —〈국정브리핑〉(2007년 9월 14일)

(노무현 정부) 2008 대입제도의 대 원칙은 고교교육정상화와 대학의 자율화·다양화다. 이는 문민정부의 교육개혁위원회가 마련한 5.31교육개혁안 이후 대입제도의 근간이 된 정신이다.

    —〈국정브리핑〉(2007년 9월 14일)

이렇게 자율화가 대원칙이었는데도 정부가 엄청나게 규제하는 것 같은 '쇼'를 펼쳤다. 자율성을 주고, 결정권을 위탁하고, 분권화했기 때문에 이런 쇼가 가능했다. 국민은 철저히 속았다. 이명박 정부가 노무현 정부의 정책을 뒤집는다고 모든 언론이 일제히 보도했다. 그런데 노무현, 이명박 정부는 똑같이 자율선발제도인 '입학사정관제'를 추진했다. 언론까지 이렇게 단체로 헤매니 'MB공화국'이 승승장구하는 것이다.

◀))) 여기서 잠깐 …

대학평준화기 싫다면 대학입시정책을 어떻게 해야 조금이라두 사교육비 문제를 해결할 수 있을까? 간단하다. 국가주도의 교과서 암기식 학력고사체제로 되돌아가면 된다.

야만적인 승자독식 대학서열체제 아래에서는 입시도 야만적으로 치러야 한다. 이 구조적 야만성을 그대로 두고 중등과정에만 창의성, 다양성, 자율성을 도입하면 결국 사교육비 많이 들이고 정보력 뛰어난 부자들만 유리하다. 민주화 정권이 그동안 이 짓을 했다. 차라리 단순 학력고사입시가 훨씬 가난한 집 자식들에게 득이 된다. 교과서 달달 외운 순으로 대학

대학자유화는 노무현 정부 때 추진했던 국립대법인화의 정신을 보다 넓고 강하게 계승하는 것이다. 여기에 외국교육기관 유치와 한미 FTA가 조합되면 대학영리법인화로 발전한다. 아래는 노무현 정부 당시의 《조선일보》 기사다.

[국립대 개혁 칼 뽑다] 법인화되면 대학도 스스로 살 길 찾아야

법인화는 그동안 국가의 보호 · 관리를 받던 국립대를 민간기업과 같은 효율적인 경쟁체제로 바꾸겠다는 것이다. …… 법인화가 되는 순간 홀로서기를 통해 스스로 살 길을 찾아나서야 한다.

—《조선일보》(2005년 5월 6일)

대학이 민간기업처럼 자유경쟁을 하게 되면 당연히 등록금은 폭등하고 국가규제는 무의미해진다. 한국 대학의 탐욕을 막을 수 없게 된다. 한국 대학의 탐욕이란 잘 사는 집 공부 잘 하는 아이들을 독식해 귀족대학이 되려는 욕심을 말한다. 등록금, 영리사업, 기부금 등으로 외형을 키우려는 욕심도 포함된다. 하지만 일반대는 이런 욕심을 채울 수 없다.

경제자유화가 재벌이익독식으로 귀결되는 것처럼 대학자유화도 반

드시 수도권 일류대이익독식으로 끝난다. 지방대가 무슨 재주로 수도권 일류대를 이긴단 말인가? 결국 기존 일류대만 귀족대학으로 발전해 간다. 지방대 고사는 인재유출로 인한 지방 고사로 이어져 지방경제를 더욱 황폐화할 것이다.

지방대가 더 황폐화하고 기존 일류대의 지위가 더욱 공고해지면 어떤 일이 벌어질까? 지금까지 지방대 나온 사람들의 사회적 지위가 일제히 하락한다. 한국은 학벌사회이기 때문이다. 대신 지금까지 일류대 나온 사람들의 지위는 더욱 튼튼해진다. 극소수 사람들의 사회적 지위를 올려주고, 부잣집 자식들을 일류대 귀족으로 만들기 위해 경제위기국면에서조차 이런 정책이 추진되는 것이다. 다시 반복하지만 이건 단순한 교육부문 정책이 아니다. 사회개조정책이며 망국으로 가는 리더십이다.

 ## 일제고사

이명박 정부는 초등학교에서도 국가 단위 일제고사를 계획했다. 아이들 때부터 성적경쟁에 내모는 것이다. 이것이 발명품일까? 아니다. 수입품이다. 지난 2001년 부시 미 대통령은 "No Child Left Behind, NCLB", 즉 한 명의 아이라도 남기지 않겠다는 정책을 추진했다. 그 방법이 바로 시험으로 경쟁을 부추기는 것이었다. 이걸 수입했다. 미제라면 양잿물이라도 마실 기세다.

미국 주의회 협의회는 2005년에 NCLB가 문제를 일으키고 있다며 법개정을 촉구했다(현재 오바마도 NCLB의 문제를 지적하고 있음). 한국은 시험지옥, 경쟁지옥이므로 미국과는 비교도 할 수 없는 부작용이 발생할 것

이다. 일제고사 따윈 보지 않는 핀란드의 학업능력이 세계 1위지만 이
명박 정부에게 그런 건 고려사항이 아니다. 'MB공화국'에서는 '경쟁'해
야 한다. 그래야 사교육비가 필요하고 학력을 기준으로 부잣집 자식과
없는 집 자식의 신분이 갈리니까.

초중등 일제고사에 국민의 50퍼센트 이상이 찬성했다. 이명박 정부
가 노리는 것은 바로 이런 국민의 '우매함'이다. 시험 치르면 좋은 줄 알
고, 경쟁 시키면 좋은 줄 아는 우매함. 이것을 버리지 않는 한 'MB공화
국'은 정권이 바뀌어도 영원히 살아남을 것이다.

 ## 사교육비 없애는 게 더 무섭다

지금까지 이명박 정부의 교육정책을 살펴
봤다. 결국 재산별 맞춤 학교, 재산별 맞춤 교육, 완벽하고 깔끔한 세습
서비스 제공이 목표로 보인다. 그리고 그것을 위해 교육비부담 상승을
집요하게 추진한다.

없는 놈은 가라. 있는 놈끼리 공부한다.

패자들이 자기들끼리 개별경쟁에 몰두해 불만을 가질 틈이 없도록
만들고 있다. 이들은 그 속에서 서로를 적으로 여기며 자멸의 길을 가
게 된다. 교사, 전교조는 이 경쟁의 틈바구니에서 사멸한다. 공멸의 길
로 가는 초입엔 막대한 사교육비 부담으로 비명이 터져 나올 것이다.
그러다 어느 순간 사교육비가 거짓말처럼 사라질 수 있다. 그때가 'MB
공화국'이 완성되는 때다.

봉건사회화가 완료되면 천민은 더 이상 사교육비를 쓰지 않게 된다. 그냥 살던 대로 사는 것이다. 그런데 '6.25-토지개혁-평준화' 등으로 한국인에게 희망이 생겨났다. 대대로 소작농일 것이 뻔할 때는 일하다가, 노름하다가, 술 먹다가 한 평생을 그냥 살지만 나 자신, 혹은 자식이라도 계층상승이 가능하다는 희망이 보이면 그때부터 사람들은 노력하기 시작한다. 사교육비 증대는 한국인이 아직까지는 자식의 미래를 믿는다는 소리다.

이명박 정부가 하는 일은 이 희망을 꺾어버리는 것이다. 일반 국민은 꿈도 꿀 수 없는 사교육비, 등록금 부담을 만들어가는 건 그런 이유에서다. 그러면 '호부호형'도 못하고 '왕후장상의 씨가 따로 있는' 시대였던 조선시대처럼 일반 백성은 사교육비지출을 아예 포기한다. 한강의 기적을 창출했던 국가의 역동성도 사라진다.

시장화가 고도로 진행된 미국에서도 이런 현상이 나타난다. 흑인이나 빈민은 아예 미래에 대한 희망을 잃고 교육경쟁 자체를 포기한다. 대신 마약이나 총기를 만지다 민영화된 감옥에 간다. 미국의 경쟁력이 유지되는 부문은 소수의 인재와 외국에서 유입된 인재들이 이끌어가는 하이테크 산업과 금융서비스부문뿐이다. 이렇기 때문에 미국의 경제는 매우 취약하다. 상당수의 전문가들이 미국경제의 붕괴를 이미 예측하고 있었다. 소수영재가 국가를 먹여 살린다는 미국의 철학은 이미 무너졌지만 'MB공화국'은 그 길로 우직하게 가고 있다.

한국에서 그 소수의 길은 황금으로 쳐바른 황금길이다. 황금이 없는 사람은 싸구려 사교육으로 들러리나 서다 몰락한다. 그러다 어느 순간 황금길을 사람들이 분명히 인식하게 되면 더 이상 교육경쟁이나 사교육비경쟁에 뛰어들기를 포기한다.

바로 농어민, 노동자, 지방민, 도시서민, 비정규직, 영세자영업자 등이 더 이상 강남부자와 사교육비 경쟁하기를 포기하는 그날, 일 년에 등록금 수천만 원 하는 귀족학교에 자기 자식 보낼 생각 자체를 아예 접는 그날, 일반 국민들은 붕괴지경인 일반 공립학교에나 아이들을 보내는 것에 만족하고 그 이상의 욕망을 아예 포기해버리는 세상, 기회가 거세된 그리하여 희망을 잃어버린 '좀비' 같은 국민들이 배회하는 나라, 그리하여 비정규직 노동자의 자식으로 태어난 임꺽정은 여전히 도적이 되어야 하고 농어민이 자기 자식의 지나친 향학열을 비웃는 그런 날이 오게 되는 것이다.

교육이 결국 '돈지랄'인 세상에서 '돈지랄'할 수 없는 사람들은 값싸고 질 좋은 미국산 쇠고기 분쇄육을 안주로 하릴없이 소주나 먹게 된다. 아니면 어어부밴드의 노래처럼 '염산을 마시거나'.

여기까지 가면 최악인데, 여기까지 안 가더라도 입시경쟁 격화에 따른 출산기피, 두뇌유출, 획일화, 교육비로 인한 민생파탄 등으로 나라가 망하는 데는 별 무리가 없어 보인다. 즉 국가통합은 무너지고, 배제된 사람들이 미국이나 남미처럼 범죄를 저지르거나 폭동, 데모를 일삼는 '콩가루' 나라가 되는 것이다.

교육파탄은 기본이고 국가파탄에까지 이를 망국의 교육, **고맙습니다**.

군림과 복종의 나라,

고·맙·습·니·다

왜 그런지 모르겠다. 어째서 그런 건지도 모르겠다. 어떻게 그렇게 됐는지도 모르겠다. 아무튼.

어딘가에 한 나라가 있다고 치자. 여긴 소수의 부자들이 무슨 이유에서인지 부와 권세를 독차지하고 있다. 그리고 그것을 자식들에게 세습하려고 한다.

이 얘길 바꿔 말하면 일반 국민은 부와 권세로부터 배제당하고 있으며, 그런 처지를 자기 자식들에게 물려줘야 한다는 소리가 된다.

어느 날 누군가 물었다.

왜 그래야 하지?

●◆ 어헉! 무엄하다. 어딜 개기는 게냐. 신분이 다르잖아 신분이.

↪ 여긴 민주공화국인데 신분이 어딨어? 왜 누구는 잘 먹고 잘 살다가 자식도 그렇게 되고, 누구는 자식들까지 지지리궁상이어야 하냐고! 아, 나 막 화나려고 해.

●◆ (아! 여긴 신분이 없구나. 왜 없을까 그 좋은 게. OK 그렇다면 차선이다)

●◆ 화내지 말고 내 말 들어봐. 니 말대로 여긴 민주공화국 자유시장경제야. 자유경쟁을 한다고. 왜 누군가는 잘 먹고 잘 살며 자식도 잘 되는데 누군가는 못 그럴까? 간단하지.
경쟁에 졌으니까!

↪ 아. 그렇구나. 자업자득이구나. 화낼 일이 아니구나. 남 탓할 시간 있으면 내 경쟁력이나 올려야겠구나.

 ## 경쟁은 군림과 복종의 지배질서를 만든다

앞에서 왜 국민을 죽일 듯이 몰아세우며 경쟁을 강요하는지 그 의문을 나중에 풀자고 했다. 이 장에서는 그것을 말하고자 한다.

김영삼 정부 때부터 경쟁굿이 벌어지고 있다. 경쟁강도를 더 높이지 않으면 큰일이라도 날 것처럼 공포분위기가 조성되었다. 도대체 왜? 앞에서 경쟁과 서열은 동전의 앞뒷면이라고 했다. 경쟁이 강화되면 서열체제도 강화된다. 그리하여 지배체제가 강화되고 승자독식사회가 된다.

경쟁강화 → 승자독식강화 → 서열강화 → 지배질서강화

경쟁약화 → 승자독식와해 → 서열와해 → 지배질서붕괴

조선시대 때는 소수가 모든 것을 갖는 체제가 정당화됐었다. 그땐 노비가 '왜?'라고 묻지 않았다. 노비가 왜 양반 자식만 영의정을 하고 내 자식은 영의정을 하지 못하는가라고 묻지 않았다는 뜻이다. '왜?'라고 묻는 노비는 대역죄로 참수당했다. 그래서 조선시대는 소수독식사회였다. 그런데 대한민국은 민주공화국이다. 민주공화국은 '왜?'라고 물으면서 시작된 제세나.

왜 누구는 나면서부터 귀족이고 누구는 나면서부터 노비여야 하지?

왜 부와 권세를 소수가 대물림하면서 독식하고 나머지는 그 밑에 있어야 하지?

왜 내 자식과 그들의 자식이 가는 인생행로가 달라야 하지?

소수독식사회는 이 물음에 답을 해야 했다. 그래서 소수독식사회의 현대판 신버전이 태어났다. 바로 승자독식사회다.

'승자'라는 말은 '경쟁'을 전제로 한다. 일단 겨루는 과정이 있어야 이기든 지든 결판이 날 것 아닌가. 조선시대는 겨루는 과정이 필요 없었다. 태어나면서부터 모든 게 결정됐기 때문이다. 홍길동은 태어나는 순간 호부호형을 할 수 없는 운명이 결정됐다. 엄마가 종이었으니까. 왜? 묻지 마라. 그냥 그런 거다. 그게 지엄한 법도다. 노비가 양반에게 경쟁하자고 하면 곤장을 맞는다. 조선은 그런 나라였다. 동양 신분제 사회 민란의 대표적인 구호는 이것이었다.

왕후장상의 씨가 따로 있으랴!

이 구호를 외친 민란주모자들은 참살당했다. 당시는 씨가 따로 있는 사회였으니까. 그래서 씨가 다른 사람들은 서로 다른 교육을 받으면서 서로 다른 트랙의 인생을 살았다. 소수는 명문 사립교육기관(서원)에 갔고 다수는 동네 서당에 가거나 아예 안 가기도 했다.

민주공화국의 시민에게 이런 걸 강요했다가는 당장 '왜?'라고 묻는 민란이 일어날 것이다. 이것이 '왕후장상의 씨'가 따로 없는 사회의 혼란상이다. 이 사회에서는 소수의 부와 권세가 안전하지 않다. 귀족트랙도 안전하지 않다. 이런 혼란을 잠재우는 마법의 주문이 바로 '경쟁'이다. 부와 권세를 갖고 싶다고? 왕후장상이 되고 싶다고? 자기 자식이 비참하게 사는 게 싫다고? 그렇다면 한국인들이여 경쟁하라!

그래서 한국인은 경쟁한다. 경주마가 되어 평생 달린다. 한참동안 달리다보면 알게 된다. 누군가는 특별한 트랙에 올라타 별개의 인생을 살고 있다는 걸. 우리 사회는 승자독식사회라는 걸 말이다. 그래도 사람들은 불만을 갖지 않는다. 왜냐하면 자기들은 패자니까. 경쟁했는데 졌을 뿐이니까. 사람들은 받아들인다.

비록 왕후장상의 씨는 따로 없지만 승자의 영광과 패자의 비참함이 엇갈리는 건 당연하지.

그렇게 한국인은 자발적으로 자기와 자기 자식의 비참한 삶을 받아들인다. 이것이 '경쟁'의 마법이다.

 ## 경쟁이 이룩한 나라

외환위기 이후 한국 사회는 전면경쟁체제로 재편됐다. 김영삼 정부 때부터 경쟁강화굿이 펼쳐졌다는 건 이미 설명했다. 그후 우리 사회는 어떻게 됐을까? 이명박 정부의 미래를 힘들게 예측할 필요는 없다. 지나온 15년을 돌아보면 이명박 정부의 미래도 보이기 때문이다.

우리가 그동안 겪은 일은 간단하게 표현할 수 있다. 양극화, 중산층 붕괴다. 경쟁으로 승패가 결정되어 승자독식체제가 강화된 것이다. 상하위 20퍼센트 소득격차도 2003년 통계작성 이래 언제나 최고 기록을 깨고 있다. 2006년 메릴린치 조사에 따르면 한국은 부자 증가율 세계 1위다.

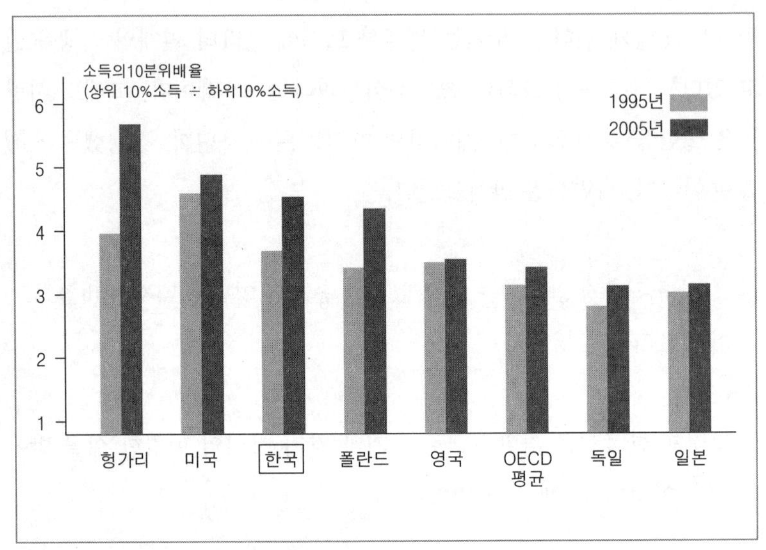

• OECD 각국의 상용직 임금생활자 소득격차(《한겨레》 2007년 6월 21일)

위 그림의 임금격차를 보면 우리가 동구권, 미국과 한 세트란 걸 알 수 있다. 2005년 기준으로 격차율이 OECD 3위다. 반면에 노르웨이, 스웨덴, 핀란드는 격차가 가장 적은 3국이다. 우리나라는 1995년 이후 임금격차가 벌어진 폭으로도 헝가리, 폴란드에 이어 3위를 기록했다. 'MB공화국'은 동구권 수준인 것이다.

경쟁강화 → 격차확대
격차확대 → 경쟁강화

이명박 정부는 경쟁강화와 격차확대를 동시에 추진하고 있다. 그것이 바로 학교다양화다. 경쟁은 격차를 부르고 격차는 다시 경쟁을 부른다. 격차가 적으면 경쟁도 줄어든다. 북유럽이 그렇다. 어떻게 공부하든 평준화된 학교에 가서 비슷한 수준의 삶을 살기 때문에 죽음을 불사하며 경쟁할 이유가 없다.

임금격차는 애교다. 자산격차가 본격적이다. 이명박 정부가 '고임금' 정부가 아닌 '강부자(강남 땅부자)' 정부라고 불리는 것만 봐도 자산격차 문제가 더 심각하다는 걸 알 수 있다. 일반 국민은 임금 몇 푼에 벌벌 떨지만 승자그룹에 있는 사람들은 넘치는 자산, 즉 부동산과 주식을 주체하지 못한다.

2006년 기준으로 상하위 20퍼센트 소득격차가 7.6배일 때 자산격차는 171.5배였다. 소득격차에 비해 자산격차의 불평등 정도가 22.4배 더 높다(《한국일보》 2007년 12월 2일). 또 보건사회연구원 자료에 따르면 1999년부터 2006년 사이에 상위 1퍼센트의 자산점유율이 9.7퍼센트에서 16.7퍼센트로 뛰었다. 이 지경인데도 국가는 무작정 경쟁만 하란다. 없는 사람이 부자와 어떻게 경쟁을 하나? 지금 진행되는 경제위기 후에 다시 자산확보 경쟁이 시작되면 이 자산격차는 더 벌어질 것이다. 왜냐하면 자산을 구입해 늘려나갈 돈이 일반국민에겐 없기 때문이다(이명박 정부는 현재 경제를 살린다며 부동산 자산가들을 위한 정책을 쏟아내고 있음). 예로부터 동양왕조는 자산격차로 망했다. 소수가 토지자산을 독점해 땅을 잃은 농민들이 유랑을 시작하는 순간 나라가 절단났던 것이다. 우리나라가 지금 그렇게 되어가고 있다.

2006년에만 집값 급등 불로소득이 238조 원이었다. 2007년까지 참여정부 4년간 전국 땅값 상승액은 1365조 원에 달했다(《한국일보》 2007년 12월 2일). 그런데 우리나라 63.6퍼센트의 가구는 단 한 평의 땅도 없다. 상위 10퍼센트가 전체 땅의 80.2퍼센트를 차지하고 있다(《내일신문》 2007년 4월 16일). 집값, 땅값 상승은 소수에게 이익을 안긴다. 이것으로 이명박 정부가 왜 부동산 개발과 땅값 상승에 집착하는지 알 수 있다.

양극화로 한국인이 고통 받을 때 자산을 가진 부자들은 대규모의 잔치를 만끽했던 것이다. 그래놓고 잃어버린 10년이란다. 아래는 부동산 소득까지 합산한 양극화 추이다. 임금양극화추이보다 더 극적인 변화다. 7년 동안 2.4배나 심해졌다.

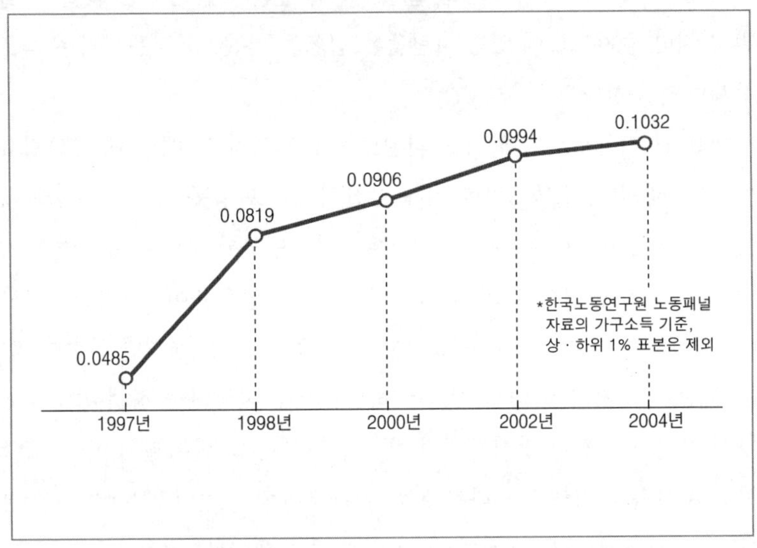

• 외환위기 이후 양극화 지수 추이(《한겨레》 2007년 6월 11일)

　이제까지 본 것처럼 이른바 자유시장경쟁시대로 돌입한 이래 임금·자산격차가 폭증했다. 그뿐인가? 노동자의 반 이상이 비정규직이 됐다. 그런데 살기 위해 부담해야 할 돈은 더 늘어났다. 집값과 교육비 때문에 노후를 보장할 돈이 없다. 그래서 사람들은 죽는다. 노인 자살률이 1995년에서 2005년 사이에 3배가량 급증한 것이다. 노인뿐이 아니다. 한국은 자살률 세계 1위 국가다. 자살자 수가 1992년 3533명에서 2006년 1만 688명으로 증가했다. 또 서울 강남이 호황을 누릴 때 지방은 황폐화됐다. 농촌에 사는 총각들은 우리나라 여성과 결혼을 할 수 없는 지경에까지 이르렀다. 이명박 정부의 답은 이거다.

양극화 심화, 탈규제, 교육자유화로 경쟁촉진 정책 강행

—소득이 더 줄도록 노동유연화, 구조조정을 실시하겠다.

—집값이 더 올라가도록 부동산 개발로 지가 상승을 이끌겠다.

—교육비가 더 들어가도록 자사고, 국립대법인화 등으로 등록금
　을 올리겠다.

—사교육비가 더 들어가도록 입시경쟁을 심화시키겠다.

—영어사교육비가 더 들어가도록 영어몰입교육을 하겠다.

—생활비가 더 들어가도록 민영화 등으로 공공서비스 요금을 상
　승시키겠다.

—의료비가 더 들어가도록 의료보험을 약화시키겠다.

—세금을 줄여 복지혜택을 줄이겠다.

—지방이 더 황폐화되도록 수도권규제 풀겠다.

그러니 잘 살려면 자유경쟁에서 승리하라

물론 잘 해주려는 것도 있다. 이런 거다.

쇠고기값이 덜 들도록 값 싸고 질 좋은 미제 쇠고기를 공급하겠습
니다. 많이 먹고 열심히 뛰세요.

사람들은 왜 저항하지 않을까? 왜 분노하시 않을까? 미제 쇠고기 성
도엔 화를 내지만 더 근본적인 자유화, 경쟁강화, 시장화에는 저항의
강도가 약하다. 그것 때문에 자살까지 불사할 정도로 고통을 겪으면서
도 말이다.

두 개의 삼각형

한국 사회는 두 개의 삼각형으로 이루어져 있다. 하나는 부와 권세의 삼각형, 또 하나는 학벌 삼각형이다. 둘 다 꼭 지점이 뾰족하다. 즉 승자독식구조다. 경쟁체제가 강화되면 한국인은 자기 하나만은 꼭지점 안에 들어가겠다는 탐욕에 불타 전쟁을 벌인다. 왜 사회가 승자 독식구조인지를 묻지 않고 나 하나만은 그 소수가 되겠다는 탐욕에 눈이 머는 것이다.

당대에 부와 권세의 삼각형 꼭지점에 들어가기 위해 한국인은 자기 계발 및 재테크 경쟁에 돌입한다. 일단 자기계발을 시작하면 정치에 대해 관심을 가질 틈이 없어 정치적 '천치'가 된다. 그래서 엉뚱한 투표를 한다. 재테크 경쟁에 돌입한 후론 자산가격폭등을 오히려 바라게 된다. 자기가 가진 알량한 자산가치가 오를 거라 좋아하는 것이다. 하지만 한국에서 자산의 대부분을 소유한 사람은 땅부자들이거나, 주식의 경우엔 '내국인 부자＋외국인'이다. 주가폭등, 집값폭등은 그들의 배만 불릴 뿐이다. 재테크 경쟁에 빠져든 한국인은 탐욕에 눈이 멀어 그들의 부가 늘어나는 걸 자신의 부가 늘어나는 걸로 착각한다. 그렇게 자산버블을 만들어 경제위기가 닥치면 제일 먼저 빈털터리가 된다.

집값 올려주겠다는 정당을 찍고, 주식 등락에 울고 웃는다. 자산가의 이해에 일반 국민이 예속된 것이다. 그러나 아무리 자기계발을 하고 재테크를 해도 일반인이 꼭지점의 일원이 되는 사태는 일어나지 않는다. 그저 지금 있는 자리에서 떨려나지만 않아도 감지덕지인 처지다. 당대에 자신이 꼭지점 안에 들어가는 게 사실상 불가능하다는 걸 사람들은 알고 있다. 여기까지였으면 '경쟁'이란 주문의 효력이 약할 수도 있었다. 사람들이 묻기 시작할 테니까. '왜 난 아무리 노력해도 가난해야 하지?' 일단 묻기 시작하면 분노하고 저항하는 건 시간문제다. 여기서 두 번째 삼각형이 필요해진다. '왜?'라는 질문을 봉쇄할 삼각형. 바로 학벌 삼각형이다.

아 난 이미 끝장이야. 어쩔 수 없어. 내 인생은 돌이킬 수 없어. 그렇다면 희망을 걸 것은 오직 내 자식뿐이다. 너라도 꼭지점 안에 들어가 편안하게 살아다오. 경쟁하고 경쟁하고 또 경쟁해라. 실탄인 사교육비는 내 노후를 희생해서 마련해주마. 맞벌이로 아빠, 엄마의 인생을 모두 희생할 테니 너 하나만은 경쟁의 승자가 되어다오.

분노와 저항의 에너지가 더욱 거대한 탐욕에 먹혀버린다. 자기 자식을 일류 학벌 집단의 일원으로 만들겠다는 탐욕. 이 학벌경쟁이 입시경쟁이다. 그래서 입시경쟁이 중요하다. 입시경쟁은 한국 사회의 차별구조를 가능케 하는 핵심 장치다. 그러므로 귀족들은 입시경쟁 강화를 원한다. 국민들을 경쟁지옥 속에 묶어두겠다는 것이다. 이런 경쟁을 가능케 하는 구조가 학교서열체제와 자유로운 선발경쟁, 선택경쟁이다.

경쟁의 판이 커지면 커질수록 거기에 들어가는 비용도 커진다. 비용이 커질수록 두 개의 삼각형은 서로 안전하게 겹치게 된다. 즉 부와 권세의 꼭지점 집단의 자식들이 학벌 삼각형 꼭지점에 들어가 다시 부와 권세의 꼭지점을 형성한다. 한편 삼각형 바닥권의 자식들은 학벌 삼각형 바닥에 들어가 다시 바닥권을 형성한다.

조선시대 같은 '묻지마' 세습이 사라진 대신 학벌 삼각형과 입시경쟁이 교묘한 세습의 고리가 되는 것이다. 이 고리를 더욱 튼튼히 하기 위해 이명박 정부는 영어교육강화를 추진한다. 영어는 돈 들인 만큼 점수가 나오는 과목이다. 영어가 특화될수록 교육비가 뻥튀기되고 두 개의 삼각형은 안전하게 겹쳐진다. 이런 구조에서 부모는 자식들을 세뇌시킨다.

너만은 입시경쟁의 승자가 되어 상위 꼭지점에 들어가다오. 그래서 남들 위에서 군림하며 편안한 인생을 살아다오.

그런데 입시경쟁의 승자는 극소수다. 'MB공화국'의 정책은 이 소수를 부잣집 자식들로만 채우려는 기획이다. 이명박 정부는 학력경쟁을 심화시키는데, 어차피 아이들의 학력은 이렇게 결정 된다.

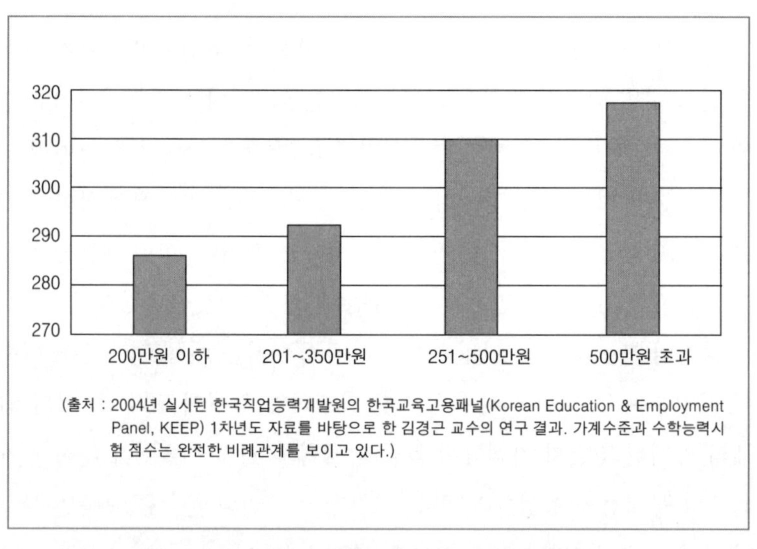

• 가계소득수준에 따른 수학능력시험 점수(언어, 수리, 외국어 영역)

이 도표가 말해주는 건 학력은 곧 돈이라는 사실이다. 그래서 사실상 한국인은 자기 자식에게 이런 세뇌를 시키는 셈이다.

입시경쟁의 승자, 즉 부잣집 자식들이 너희들 위에서 군림하며 편하게 사는 것은 당연한 일이다.

부모가 자기 자식들에게 '눈깔아'라고 복종심을 주입하는 것이다. 그렇게 국민들은 자기 자식들을 세뇌하며 이 구조를 자발적으로 재생산해나간다. 어렸을 때부터 경쟁의 패자는 멸시받아 마땅하다고 세뇌당했기 때문에 한국인은 평등주의적 정책에 저항한다. '우리는 천민이니까 밟히는 게 당연해요!' 강자에겐 복종하고 패자인 약자에겐 대단히 냉혹하다. 2007년 기준으로 일반세의 사회보장부문 사용비율은 OECD 평균이 43퍼센트인 반면 한국은 3퍼센트다. 이걸 조금만 늘려도 빨갱이 세상이 온다고 난리가 난다. 정말 냉혹한 사회다.

경쟁체제는 이기고 진 것을 자업자득으로 만들기 때문에 패자에 대한 관대함이 있을 수 없다. 'MB공화국'은 입시경쟁 강화, 노동유연화, 성과평가체제 강화, 상시적 구조조정 등으로 개인별 경쟁체제를 극대화하려 한다. 당연히 자업자득식 사고방식이 만연하게 될 것이다. 군림하는 것도 자업자득이니 노블리스 오블리주 따위는 필요 없고, 가난한 것도 자업자득이니 복지서비스도 필요 없다. 자유경쟁구조에서 지방이 무너지고 수도권이 잘 사는 것도 자업자득이다. 노조는 투쟁할 시간에 경쟁을 해야 하며, 저임금 노동자가 투쟁하는 건 경쟁패배를 인정하지 않는 도덕적 해이로 질타당한다. 이렇게 국민은 스스로 가난해진다.

이런 구조에서 불안에 빠진 국민들은 강박적으로 자식의 입시경쟁에 매몰되며 또 한편으론 그 스트레스를 약자와 타자에 대한 증오로 풀게 된다. 이렇게 개인별 경쟁체제는 나 하나 남을 밟고 올라서 잘 되면 그만이라는 이기적 인간을 만든다. 이런 사회가 되면 상위 1퍼센트, 상위 5퍼센트의 이기심이 정당화된다. 누가 그들에게 돌을 던지겠는가.

모두가 이기적인데.

앞에서 경쟁과 서열은 동전의 앞뒷면이라고 했다. 서열은 경쟁을 낳고, 경쟁은 서열을 정당화한다. 그리하여 그랜드서클 중심의 서열사회, 신귀족사회가 반석 위에 서게 된다. 이것이 경쟁이 강조되는 이유다.

 ## 20대의 헛발질

대학생의 보수화는 자유화 세상의 큰 특징이다. 21세기에 접어든 후 우파를 지지하는 대학생이 점점 늘었다. 극심한 경쟁이 모두를 위협하자 대학생들은 나 하나 잘 먹고 잘 살기 위해 개인별 경쟁에 매몰됐다. 그리고 국가공동체의 정의나 약자의 행복에는 점점 관심을 잃고 있다. 중요한 건 성공, 출세, 취직이다. 그래서 '돈'을 약속하는 정치집단에 지지를 보내는 것이다. 그런데 이는 착각이다.

김영삼 정부 이후 지금까지 중소기업이 고용을 늘릴 때 대기업은 고용을 큰 폭으로 줄였다. 이명박 정부는 여전히 친재벌, 친대기업 정책을 고집한다. 1990년대 이래 대기업이 아무리 번창했어도 일자리는 늘어나지 않았다. 지금과 같은 구조에서 친대기업 정책은 20대에게 아무런 도움도 안 된다. 대기업 주식을 대량으로 보유한 그랜드서클 및 1퍼센트의 부자들과 외국자본에게만 좋은 일일 뿐이다. 20대 입장에선 자신들을 고용할 중소기업이 잘 되는 것이 가장 좋은 일이다. 하지만 엉뚱하게도 그들은 친재벌, 친대기업 집단에 지지를 보냈다. 우리 대학생들이 바보가 된 것이다.

경쟁밖에 모르는 대학생들은 과거엔 상상도 할 수 없었던 이기심을 보인다. 한 대학에선 학생들이 학교 앞 노점상들을 철거해달라고 요구하기도 했다. 그 이유는 학교 앞이 지저분해 학교이미지가 훼손된다는 것이었다. 1980년대 대학생들이었으면 상상도 못할 일이다. 그들은 노점을 철거하려는 공권력에 맞서 싸웠을 것이다. 당시 대학생들은 자신들이 당연히 사회적 약자의 이익을 위해 싸워야 하는 존재라고 생각했고, 불이익을 감수했다. 그때 노점이 거리 이미지를 훼손한다며 올림픽에 맞춰 거리청소를 단행한 이는 전두환 전 대통령이었다. 경쟁기조는 우리 대학생들을 바보도 모자라 괴물로 만들고 있다. 국민복지엔 관심이 없고 학내복지에만 열중하며, '좌빨데모꾼'을 증오하는 거대 대학생 집단이 출현한 시대다. 이 시대는 곧 민생파탄 시대와 겹친다.

노무현 정부가 한미FTA 반대 행사를 원천봉쇄하는 바람에 한 대학 운동장에서 행사를 하려 한 적이 있다. 그런데 그 대학 총학생회 학생들이 교문 앞으로 나와 손을 잡고 시위대의 진입을 막았다. 그때 그 학생들이 한 말은 이것이었다.

우리들의 학습권을 지켜주세요.

이건 이런 말과 같다.

우리 이대로 성생하게 해주세요.

나 하나 잘 먹고 잘 살기 위해 경쟁에 매진하는 데 방해되는 건 모조리 치워버려야 할 장애물인 것이다. 공동체의 아픔에 관심을 가지는 건 사치다. 지방대에선 공무원 준비나 편입준비 등 학벌세탁 경쟁을, 서울지역 대학에선 고소득 보장 직종으로의 진출 경쟁에 여념이 없다.

요즘 대학가는 '부자학 삼매경'   —《한겨레》(2007년 10월 12일)

서울지역 명문대 학생들이 부자학 동아리를 만들어 활동하고 있다는 기사다. 1980년대였다면 어림도 없었을 세태다. 명문대 학생은 예비지도층이다. 그런데 이들은 사회에 대한 공적인 책무감이 아닌 자기 하나 잘 먹고 잘 사는 길을 모색하는 데 여념이 없다. 지도층이 이렇게 이기적일 때 나라가 망하지 않는다면 그게 오히려 이상한 일이다.

1980년대엔 사회모순을 고민하고 경쟁의 패자인 민중의 삶을 염려하는 대학생 모임이 활발했다. 이제 한국의 대학생들은 자기 자신을 염려하느라 남을 염려할 여유가 없다. 사회과학 동아리는 사라지고 경제동아리, 재테크동아리가 창궐한다. 저항 대신 경쟁에 몰두하는 것이다. '모두를 위한 저항'이 아닌 '나 하나만을 위한 경쟁' 말이다.

얼간이 같은 짓이다. 2008년 기준으로 전체 개인투자 중 0.4퍼센트가 52.9퍼센트의 주식을 독점하고 있다. 부자들이 독식하고 남은 것 가지고 재테크해봐야 잘 하면 푼돈 벌고 못하면 패가망신이다. 모두가 자산투기에 골몰하면 경제불안전성이 증대돼 결국 지금과 같은 경제위기가 터진다. 경제위기가 터지기 전에도 자산투기경제는 민생파탄경제일 뿐이다. 그런데도 자기 하나 잘 하면 잘 살 줄 알고 개인별 경쟁에 매몰된 우리의 지성인(대학생)들! 'MB공화국'은 이런 풍조를 고취한다.

입시경쟁 강화 → 어렸을 때부터 개인별 경쟁심리 세뇌
사회구조조정, 노동유연화, 양극화, 승자독식체제
　→ 꼭지점에 들어가기 위한 경쟁 강화
노조억압, 노동소득하락 → 재테크로 자산투기필요성 증대

과연 이렇게 경쟁해서 대학생들이 만나게 될 세상이란 어떤 곳일까?

올 대졸자 두 명 중 한 명 '88만원 세대' 또는 무직

—《중앙일보》(2007년 11월 17일)

4년대 졸업자의 정규직 취업 비율이 48.7퍼센트라는 기사다. 아무리 경쟁해도 반 이상은 백수거나 비정규직 신세다. 정규직에 들어간 사람들은 어떨까? 이명박 정부가 답을 주고 있다. 한국 사회에서 가장 안정된 직종이 공공부문이다. 그런데 이명박 정부는 공공부문을 구조조정하려 한다. 이 나라에서 안정된 직종의 씨를 말리려는 것이다. 정규직의 미래에 이명박 정부가 안겨주려는 건 바로 이것이다. '불안'

정규직은 지금도 충분히 불안하다. 정규직의 불안감 정도는 2008년에 53.2퍼센트였다. 그리고 이 수치는 해마다 증가하고 있다. 2006년 OECD조사에 따르면 주관적 고용불안정도 부문에서 한국이 1위였다. 알량한 정규직이 돼도 고통스러운 삶이 기다리고 있는 것이다. 이명박 정부가 약속하는 건 이 불안감의 비약적 증대다. 정말 한 마디 안 할 수 없다. **고맙습니다.**

소득이 일정 정도 이상이 되어도 어차피 교육비로 모두 몰수당한다. 연 소득 1억 원 이내라면 영어, 조기유학 등으로 가처분소득을 모두 토해내야 한다. 기러기가족이 되면 삶의 질도 박탈당한다. 기러기행각이 가능한 소수 중에서도 또 소수에 해당하는 사람들. 즉 자산가나 대기업 고위직, 변호사, 의사 등에 해당하는 사람들이 자식교육비와 집값을 다 감당하고도 노후의 안전이 보장되는 특별신분에 해당된다. 이것이 한국 사회다. 대학생들은 아무리 경쟁해도 이 안에 낄 수 없다. 특히 비명문대생의 미래는 이미 정해져 있는 상황이다.

　조금만 깊이 생각해보면 누구나 알 수 있는 일이다. 극소수를 제외한 한국인에게 주어지는 건 빈곤이거나 불안일 뿐이다. 그런데 지성인이라는 대학생이 이런 사회구조에 저항할 생각은 안 하고 자기 하나 잘 먹고 잘 살겠다는 탐욕에 눈이 멀어 헛된 경쟁에 몰두하고 있다. '무지'와 '이기심'의 악조합이다. 아래 표를 보자.

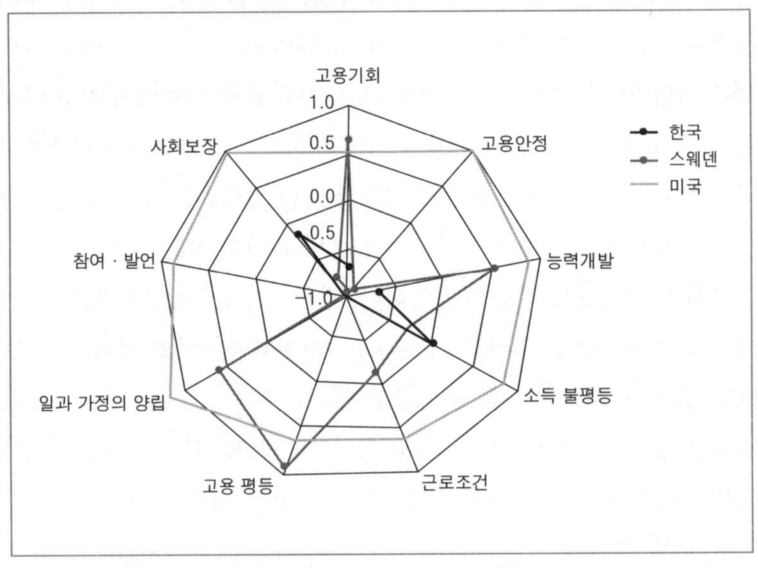

• 고용의질 국제비교(새로운사회를여는연구원, 이상동 연구원, 2008년)

　새로운사회를여는연구원에서 나온 고용의질 국제비교표다. 한국은 극단적으로 열악하다. 자본주의 선진국 중에서 가장 양극화가 심하다. 반노동적인 미국보다도 한국 대학생들의 미래는 암울하다. 그럼에도 불구하고 이런 고통으로부터 나 하나 탈출하겠다는 아비규환의 상호경쟁이 벌어지고 있다. 그렇게 경쟁에 몰두할수록 승자독식의 삼각형구조만 더 심화될 뿐인데도 말이다.

군림과 복종의 나라, 고맙습니다

1980년대 대학생 : 모두가 잘 살기 위해선 사회구조를 변화시켜야

2000년대 대학생 : 나 하나 잘 살기 위해선 사회구조를 잊어야

1980년대 대학생들은 전체가 하나로 뭉쳐 사회구조를 바꾸기 위해 싸웠다. 개인별 경쟁으로 분열하지 않았다. 그 결과 386은 아주 강력한 세대가 됐다. 대학 다닐 때 지금처럼 취업공부에 열 올리지 않아도 취직하는 데 별 문제가 없었다. 그러나 현재 대학생들은 취업경쟁에 목숨을 걸고 있음에도 고용의 질은 OECD 국가 중 최악이다.

중요한 건 연대의 정신과 단결된 힘이다. 자유경쟁을 통해 일신의 안락을 쟁취할 수 있다는 신화는 한국에서는 거짓이다. MB공화국은 이런 신화에 기반해 그랜드서클이 지배하는 승자독식 삼각형 체제를 정당화한다. 단결 저항해야 할 사람들이 서로를 적으로 여기며 경쟁하도록 탈규제 자유화 무한경쟁체제를 조성하는 것이다.

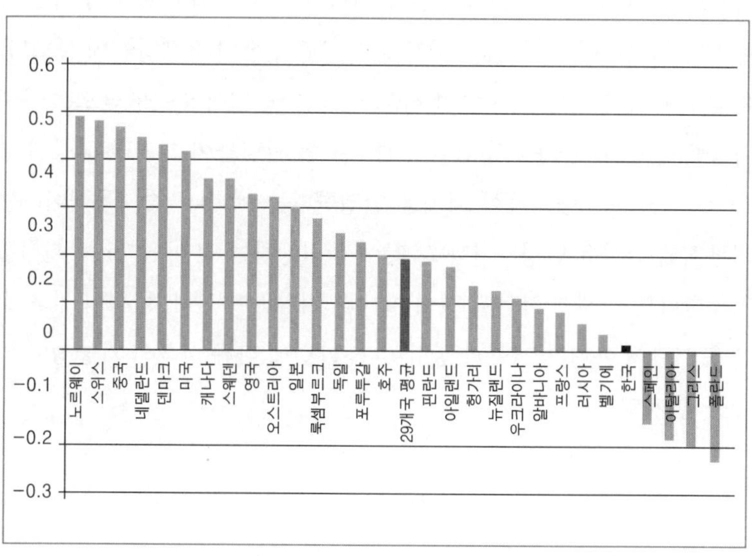

• 고용기회 국제비교(새로운사회를여는연구원, 이상동 연구원, 2008년)

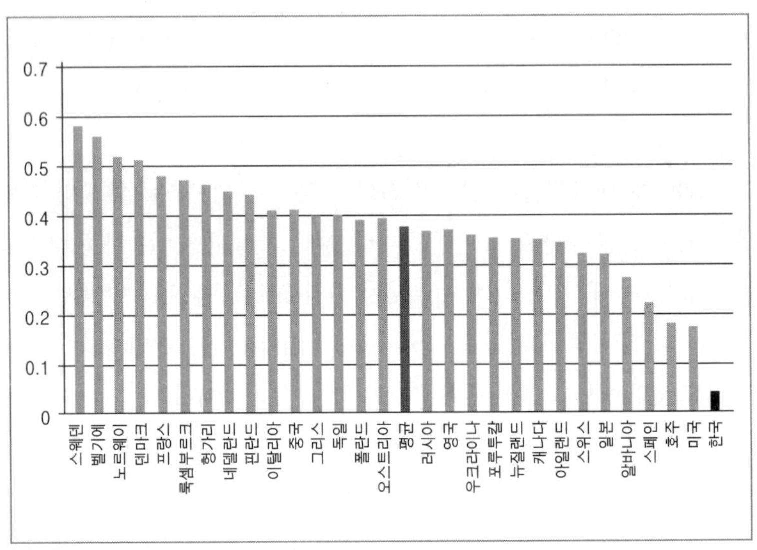

• 고용안정 국제비교(새로운사회를여는연구원, 이상동 연구원, 2008년)

위 도표는 새로운사회를여는연구원에서 나온 고용기회, 고용안정
국제비교표다. 한국은 위대할 만큼 처참하다. 이런 구조를 바꾸지 않는
한 개인별 경쟁은 아무런 의미가 없다. '파이'론이 유행하는데 왜 고용
의 파이를 성장시킬 생각을 안 하고 알량한 한 덩어리 분배받으려 아귀
다툼을 벌일까? 승자독식 삼각형 중하부의 사람들이 개인별 경쟁에 열
을 올리는 것은 승자독식 체제를 인정한다는 얘기다. 승자독식이라는
기본적인 질서를 인정하니까 그 안에서 경쟁하는 것 아닌가? 이 질서를
거부한다면 경쟁에 가담할 것이 아니라 저항해야 한다. 학생이 있을 곳
은 도서관이 아니라 저항의 광장이다. 그런데 다른 사회의 가능성이 있
기는 한 것일까?

〈한국식 승자독식 경쟁 모델〉
무한경쟁→패자와 승자 갈림→패자는 지옥으로 승자는 천국으로

〈북부 유럽식 제한경쟁 모델(협력－연대형 사회)〉
제한된 경쟁→패자와 승자의 구분 모호→패자도 승자도 존엄한 사람이다

북유럽식으로 가면 모두의 미래가 한 방에 보장된다. 당장 무상교육부터 실행할 수 있다. 등록금 몇 푼에 쩔쩔매지 않아도 된다. 복지강화를 통해 젊은이들이 앞으로 겪어야 할 육아, 주거, 의료, 노후의 고통이 경감된다. 입시폐지 대학평준화를 통해 자녀교육에 대한 걱정이 사라진다. 사회적 일자리의 확충을 통해 실업의 고통으로부터 해방된다. 국가의 적극적 노동시장 정책을 통해 모든 국민이 북유럽과 같은 고부가가치 인력이 되어 고소득을 보장받는다. 연대 소득 정책을 통해 양극화의 공포가 사라진다. 이 부분에 대해선 이 책 후반부에서 자세히 살펴보겠다.

그런데 이명박 정부는 입시경쟁을 강화함으로써 어렸을 때부터 개인별 무한경쟁 이외의 가능성을 생각할 상상력을 말살하려 하고 있다. 그리고 성인이 되어서도 모두가 모두에 대한 무한경쟁에 매달리게 만든다. 이것이 노동유연화, 성과급제 강화의 본질이다.

이명박 : 너흰 서로 원수지간이거든? 너흰 뭉치면 안 되거든? 너희가 경생을 안 하셨다면 내가 져버릴 거거는?(구조조정·유연화 협박, 일제고사 강요)

경쟁에 찌든 사람들은 승패양극화, 승자독식에 의문을 품지 못하고 결국 부자들의 특권을 추인하게 된다. 그들이 자신을 지배하는 것에 자발적으로 동의하는 거다. 동의는 했지만 너무나 고통스럽기 때문에 그

원망을 풀기 위해 노조나 약자를 증오하거나 자살한다. 20대의 사망원인 1위가 자살이다. 승자들은 당연히 '군림'한다. 자신들의 '군림'에 의혹을 갖지 않는다. 자신들은 '승자'니까. 고통은 '패자'의 몫일 뿐 '승자'는 향유를 약속 받은 특권층이니까. 그리하여 군림과 복종의 나라가 된다.

바로 이것이 국민들이 지금보다 더 자살할 확률이 높음에도 불구하고 이명박 정부가 입시경쟁과 사회경쟁체제를 강화하는 이유였다. 그랜드서클과 1퍼센트와 5퍼센트의 안전한 대물림을 위하여, 그들의 천세만세를 위하여, 국민은 복종심을 알아야 한다.

이명박 대통령님, 복종하게 해주서서 **고맙습니다.**

불안에 떠는
유령직장인의 나라,
고·맙·습·니·다

❧ 우리나라 직장인들이 불안에 시달리느라 고통을 겪고 있답니다.

❧ 응? 그래? 당연한 거 아냐?

❧ 아, 그런가요. 그런데 공공부문은 아직까지 안정돼 있다고 합니다.

❧ 뭐? 아직도 안정된 삶을 사는 사람들이 있어? 몽땅 구조조정해! 다 잘라!

❧ 그럼 국민들의 삶이 너무 황폐해지지 않을까요?

❧ 누가 부자로 태어나지 말랬나? 부자들만 편히 살면 돼. 나머진 뺑뺑이 돌려.

❧ 아, 예…… **넌 누구냐!**

 서로 경쟁하라

지금까지 1990년대부터 시작된 경쟁강화 기조가 학교와 사회를 동시에 황폐하게 만들었다는 얘기를 했다. 또 날로 심해지는 양극화의 고통으로 자살까지 하면서도 거의 저항하지 않도록 하는 마법이 바로 경쟁이라고 지적했다. 그런데 아이들뿐 아니라 직장인들도 경쟁으로 인해 고통에 빠져 있다. 이번 장에서는 직장인의 고통을 살펴보자.

자유화 개혁이 목표로 하는 것은 자유시장이다. '시장에서 낱낱의 소비자와 낱낱의 판매자가 자유롭게 상호선택, 상호경쟁하는 것처럼 사회도 모든 개체들이 개별적으로 찢어져 상호경쟁해야 한다.' 이것이 노동시장 유연화다. 모든 개인이 모든 개인에 대해 경쟁하는 체제. 경쟁 뒤에는 냉혹한 시장평가와 선택이 도사리고 있다. 시장에서 맛이 없는 가게는 망하고 맛있는 가게는 번창한다. 양극화 수준이 아니다. 하나는 사멸하고 하나는 대박을 친다. 사회가 시장화되면 전 국민이 이런 일을 겪어야 한다. 노동유연화, 성과급, 연봉제, 경쟁인 것이다. 그 결과 한국인은 이젠 죽을 때까지 '퇴출'의 공포에 시달리며 달려야 한다. 일하라, 자기계발하라, 이직자리 알아보랴, 자식 경쟁 뒷바라지하랴, 눈 돌릴 틈이 없다.

이명박 정부식의 논리에 따르면 이런 경쟁을 통해 모두의 경쟁력이 향상돼 각자의 삶이 나아짐은 물론 기업 경쟁력, 국가경쟁력도 향상되어야 한다. 과연 그럴까? 그렇다면 왜 경제위기를 또다시 겪게 됐을까? 경쟁 좋아했던 미국인들은 오히려 경쟁력이 퇴락한 가운데 소비를 즐기고 버블을 키우다 위기를 맞았다. 미국 산업은 정부보조금을 구걸하고 있다. 우리도 경쟁력이 없어 경상수지가 악화되고 빚만 지다가 위기를 맞았다. 경쟁으로 경쟁력이 향상된다고 해서 목숨까지 버려가며 경쟁했는데 왜 경쟁력이 향상되지 못했단 말인가? 대신 우리가 얻은 건 고통뿐이다. 아래는 외환위기 이후 노동소득 분배율 변화를 보여주는 표다.

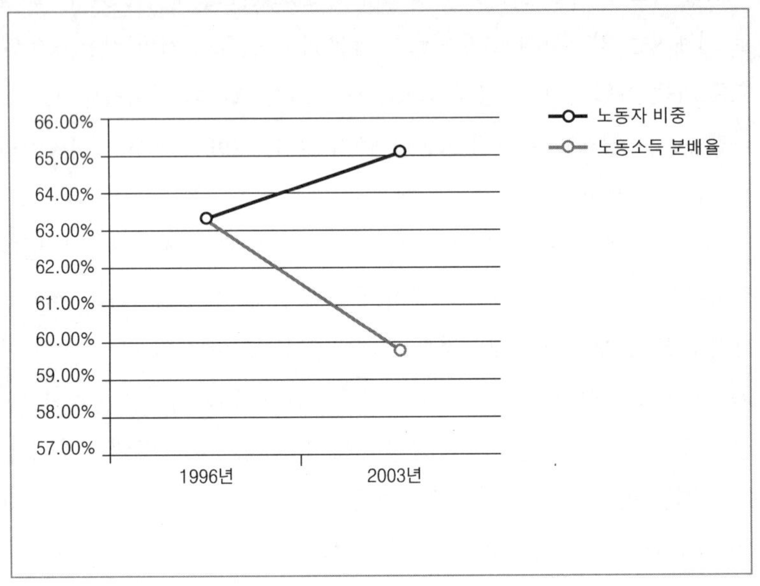

• 노동소득 분배율 변화 추이(《데일리서프라이즈》)

1996년 이후 노동자 비중은 더 커졌는데 노동소득 분배율은 더 낮아졌다. 각 개인별 경쟁이라는 아비규환 속에서 노동자의 몫이 점점 작아진 것이다. 노동자들이 가져가는 몫이 작아졌다는 건 부자들이 가져가는 몫은 더 커졌다는 얘기다. 이것이 유연화의 마법이다. 이것으로 이명박 정부가 유연하지 않은 부문, 즉 공공부문과 교사들에 대해 왜 그렇게 적대적인지 알 수 있다.

유연화, 연봉제, 성과주의 → 전체 노동자의 몫 하락, 부자의 몫 상승 : 개인들은 자기들끼리 경쟁하느라 정신이 팔림. 전체 파이를 먼저 키울 생각은 안 하고 자기몫 분배 카니발을 벌이다 모두 가난해지는 구조

외환위기 이후 한국 사회에 비약적으로 증대된 부문이 있다. 자영업이다. 각 기업이 그랜드서클 및 금융자산가(주주)들의 이익을 챙겨주느라 구조조정을 단행하자 떨려난 사람들이 가게 하나씩을 차렸다. 그래서 자영업자들이 기형적으로 많은 나라가 됐다. 떨려난 사람들이 차린 영세 자영업 가게에서 소비할 사람들은 일반 노동자들이다. 하지만 노동자의 몫은 줄었다. 부자가 된 소수는 영세 자영업주에게 가는 게 아니라 강남에 가서 외제 명품을 소비한다. 아니면 아예 외국으로 나가 소비한다. 이래서 노동자에 이어 자영업자들까지 연쇄적으로 가난해졌다. 내수파탄과 자영업붕괴는 우리 경제위기의 이유 중 하나다.

이명박 대통령은 명품 소비에 눈이 뒤집힌 부자들을 위해 명품학교, 명품병원을 만들어주려고 한다. 명분은 부자들이 외국에 나가 소비하는 걸 줄이겠다는 거다. 그래봤자 공화국만 해체될 뿐이다. 국내서비스가 어떻게 변해도 나갈 사람은 나간다.

유연화 억제로 소득양극화를 줄이는 것이 정답이다. 그러나 이 정부에선 그럴 생각이 없는 것 같다. 유연화 억제는 사유화 억제가 되는데, 자유화가 억제되면 부자들의 이익이 줄어들기 때문이다. 대신 노동자들을 매우 친다. '경쟁-평가-성과-보상'이 경마장 속에 노동자들을 가둬 놓고 죽을 때까지 앞만 보고 달리게 한다. 마치 우리 어린 학생들이 학교에서 당하는 것처럼 어른들도 똑같은 구조 속에서 모두 죽는 길로 가는 것이다.

 유령직장인의 나라

　　　'사람인'의 2007년 조사에 따르면 직장인
의 88.1퍼센트가 성과주의에 따른 피로감을 느끼고 있다. 이 피로감으
로 인해 이직까지 생각해본 직장인은 84.8퍼센트였다. 그러면서도 차등
연봉제에 대해서는 70퍼센트가 긍정적으로 생각한다고 답했다. 바로
이것이 MB공화국이 전복되지 않고 굴러가는 이유다.

　경쟁체제에 고통을 겪고 있으면서도 경쟁체제를 선호하는 국민의
무지와 탐욕. 이것이 한국에서 입시경쟁이 사라지지 않는 이유이기도
하다. '내 자식만은 일류대에 들어갈 수 있다'고 생각하는 무지와 '내
자식만은 일류대에 보내야 한다'는 탐욕 그리고 '나 하나만은 고액연봉
을 받을 수 있다'는 환상이 그랜드서클의 경쟁지상주의 지배전략을 가
능케 한다.

　전 세계가 그 엄청난 경쟁력에 경악하는 도요타 자동차 공장의 임금
체계는 여전히 연공서열형 구조라고 한다. 물론 모두 다 일률적으로 똑
같이 받는 건 현실적으로 불가능하다. 외환위기 전 우리나라가 일류 역
사상 유례없는 경제기적을 창출할 당시, 평생직장 연공서열 구조가 기
본일 때도 개인차는 분명히 존재했다. 사회의 기풍을 말하는 거다. 그
러나 외환위기 이후에는 개인별 경쟁만 폭주하고 있다. 다음 그림은
2005년과 2006년의 성과관리제도 도입 현황이다. 1년 사이에도 성과급
체제는 심화됐다.

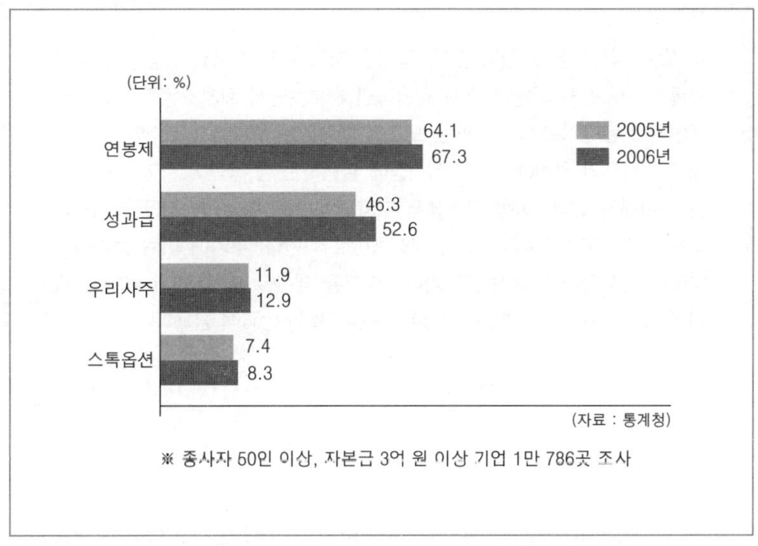

• 국내기업 성과보상관리제도 도입 현황(《한겨레》 2007년 11월 7일)

바로 이것이 2000년대 들어 우리가 겪은 민생파탄의 정체였다. 경쟁 강도가 사람이 감당할 수 있는 한계를 넘어서려 하고 있다. 그 결과 소득증감과 상관없이 심리적 삶의 질이 황폐해지고 이 나라를 아예 뜨려는 사람들이 늘어나고 있다.

◁◈)) 여기서 잠깐 …

위 표를 보면 성과주의 노무관리와 스톡옵션이 동시에 강화됐다. 스톡옵션은 사람들을 노동소득이 아닌 자산(주식)소득에 열광하게 하면서 현실의 모순을 잊게 하는 마약이다. 그렇게 사람들이 노동을 저버리고 자산재테크 시장에 돈을 퍼부으면 자산시장 중심 경제가 되고 주식버블이 형성돼 부자들의 소득이 올라간다. 동시에 국민경제는 언제라도 위기가 닥칠 수 있는 불안정한 체질이 된다. 국민은 자기와 자기 동료가 받는 현실의 고통은 아랑곳하지 않고 주가 상승에만 환호하면서 회사소유주의 이해를 대변하게 된다. 독재 정권 때는 노조와 대립하는 구사대가 소수였지만, 재테크 자산투기 사회에서는 주식시장에 열광하는 전 국민이 자본가를 지키는 구사대가 된다. 이런 구조에서 부자들의 소득은 늘어나지만 산업경쟁력은 올라가지 않는다. 오히려 경쟁력이 하락한다. 투기에 미쳐 돌아가는 나라의 경쟁력이 어떻게 올라가나? 부자들 재산만 늘 뿐이다. 나라건 뭐건 아랑곳하지 않고 제 곳간만 챙기는 부자들의 망국적 탐욕이다.

미국계 글로벌 컨설팅업체인 타워스 페린이 2007년에 18개국에서 직장 몰입도를 조사했다. 그 결과 한국 직장인 중에 회사에 높은 몰입도를 갖고 있는 사람은 8퍼센트로 나왔다. 반면 전체 평균은 21퍼센트였다. 다른 나라보다 우리나라 직장인들이 현저히 일에 대한 집중력이 떨어지는 것이다. 부분적으로나 심지어는 전적으로 몰입도를 갖고 있지 않은 직장인은 47퍼센트로 약 절반에 달했다. 시내에서 바쁜 걸음으로 오가는 직장인들 중 절반이 마음을 다른 데 둔 채 몸만 회사에 묶어두고 있다는 얘기다.

경쟁체제로 사회가 점점 모래알처럼 흩어져가고 있다. 전심전력으로 협력할 의사가 없는 사람들로 구성된 집단이 경쟁력을 가질 수 있을까? 도요타 회장은 '노동자를 자르려거든 사장이 먼저 할복하라'면서 직원의 소중함을 설파한 바 있다(일본의 성과주의에 대해선 이 책 후반부에서 설명).

우리나라는 직원을 자르고 비정규직을 늘리는 대신 경영진은 천문학적인 스톡옵션을 받는 미국식 경영문화가 점점 퍼져가고 있다. 경영자의 스톡옵션 가치가 상승하려면 노동자를 보다 많이 잘라야 하고 보다 더 쥐어짜야 한다. 이때 노동자의 일부에게 주어지는 당근이 고액연봉이다. 경영진은 노동자에게 그 연봉을 서로 따먹으려는 경쟁을 시키면서 의식을 마비시키고 있다. 강제노역장에서 노예들에게 성과 싸움을 시키는 것과 같은 원리다.

스톡옵션 수익이 커지려면 회사의 수익성을 좋게 만들어야 한다. 즉 주식시장에서의 회사가치를 올려야 한다. 수익성이 나쁜 회사는 주주들이 좋아하지 않는다. 수익성을 올리는 방법은 지출을 줄이고 이익을 늘리는 것이다. 경영자가 주식시장의 향배에만 관심을 쏟게 되면 점점 더 지출을 통제하게 되는데, 가장 손쉽게 줄일 수 있는 부분이 인건비와 장기투자다.

노동자에게 갈 몫을 줄일수록 회사의 수익성이 좋아지면서 주식시장에서의 회사가치가 상승하고 경영자는 높이 평가받게 된다. 그렇게 이룩된 주가상승으로 그랜드서클 및 금융자산가들은 떼돈을 번다. 하지만 그럴수록 노동자는 점점 더 회사로부터 분리되어 마음이 떠나게 된다. 이것이 자유화의 역사다. 모험적 투자와 장기투자도 기피하게 돼 경쟁력이 하락한다.

🔊 여기서 잠깐 …

이것은 미국 제조산업이 붕괴한 이유이기도 하다. 주주만을 위한 경영 풍토는 수익성을 극대화했지만 장기적으로 경쟁력을 갉아먹고 노동자들의 능력을 저하시켰다. 이 때문에 경상수지 적자가 누적돼 오늘날 미국 경제 위기의 토대가 형성됐다. 여기에 금융자유화가 불을 당긴 것이다. 한국도 산업경쟁력 약화와 금융자유화가 함께 가며 자산 버블(폭등)과 위기(폭락)가

유연화로 회사가 노동자들에게 '난 너희들을 언제라도 자를 수 있
어'라는 메시지를 보내자 직원들은 '아, 여긴 내가 평생 있을 곳이 아니
구나. 월급 받는 동안만 정해진 시간만큼 때우기만 하는 곳이구나'라고
생각하게 됐다. 과거 한국인에게 직장은 일종의 가족과 같은 곳이었는
데 그 관념이 깨진 것이다. 그러자 마음을 다른 데 둔 채 몸만 회사에 다
니는 '유령 직장인' 사회가 등장했다.

타워스 페린은 한국의 경우 특히 '사회적 책임을 다하는 기업'이라
는 명성이 직장인의 몰입도를 높이는 중요한 요인이라고 밝혔다. 불행
히도 한국의 기업 중에 '사회적 책임을 다하는 기업'이라는 자부심을
직원에게 줄 만한 회사는 거의 없다. 주주에 대한 책임만을 중시할 뿐
이다.

결국 한국의 직장인들은 '사회적 책임'조차 다하지 않는 회사가 자기
를 언제든지 쓰다 버릴 수 있는 일개 부속품처럼 취급하자 회사에 대한
충성심, 일에 대한 몰입도를 버린 셈이다. 과거 상상을 초월하는 충성도
와 몰입도로 산업전사라 불렸던 직장인들의 문화가 사라져가고 있다.

사회적 책임을 다한다고 여겨지는 국가와 정권에서 국민은 충실히
일할 자세를 가지고 있다. 그러나 국가는 부자들 편이고 정권은 부자집
단의 대표선수가 장악했다. 아무리 열심히 일해봤자 과실은 주주에게

로, 즉 국내 부자와 외국자본에게로 빠져나간다. 전 국민이 허망해진 상태다. 경쟁력과 효율성을 고취한다던 1990년대 이래 유연화 구조조정이 배신감과 이반된 마음만 가져온 셈이다. 마음이 떠나간 직원들의 회사로 이루어진 경제가 장기적으로 잘 될 리 없다.

대조영의 군대가 마음이 떠난 군인들로 구성됐다면 대조영이 발해를 건국할 수 있었을까? 주몽의 군대가 마음이 떠난 군인들로 구성됐다면 주몽이 고구려를 건국할 수 있었을까? 전라좌수영의 병졸들 중 단지 8퍼센트만 충직했다면 이순신이 왜적을 물리칠 수 있었을까? 드라마 〈대조영〉에서 당나라에 투항한 부기원 일당은 당나라로부터 권력을 위임받는다. 하지만 언제 잘릴지 모르는 부나비 신세다. 그러자 딴 주머니를 찰 궁리를 하기 시작한다. 당나라가 고구려 유민을 압송하라 하자 그 일부를 팔아치우려 한 것이다.

우리도 언제 당나라 조정으로부터 버림을 받게 될지 모르는 신세이옵니다. 미리부터 살 궁리를 해놔야 하지 않겠사옵니까.

유연화 구조조정은 사회의 모든 경제주체에게 이런 식으로 딴 주머니를 찰 궁리를 하게 만든다. 나 하나 잘 살면 그만이라는 생각, 회사나 국가가 날 지켜줄 리 없으므로 내 인생 내가 알아서 개척해야 한다는 생각을 하게 만드는 것이다. 그 결과는 이기심의 창궐이다. 공공부문 구조조정이 바로 그런 이기심을 부채질한다. 국가 공익을 위해 존재하는 공공기관은 비효율적이다. 왜냐하면 이익을 창출하지 않기 때문이다. 효율성을 명목으로 구조조정의 칼날을 휘두르게 되면 점점 더 이기적으로 변해가게 된다. 100명이 근무하던 걸 80명으로 줄이고 그 반은 비정규직화하는 것이다. 또 요금을 올려 이익을 획득하고 저소득층에 대한 지원을 줄인다.

이런 식으로 이기적 경영이 대세가 되면 직원들도 똑같이 이기적인 삶을 추구하게 된다. 회사는 호시탐탐 자기 이익을, 주주도 호시탐탐 자기 이익을, 직원도 호시탐탐 이직할 궁리나 하는, 모두가 딴 주머니를 차는 나라가 되는 것이다. 이러니 노조도 이익극대화를 위해 투쟁한다. 강요된 경쟁이 투쟁으로 발전한 것이다. 모두가 서로에 대해 투쟁하는 '콩가루' 나라의 경쟁력은 추락할 수밖에 없다.

 죽음의 경마장

경주마처럼 경쟁하는 한국 직장인의 비참한 처지를 조금 더 살펴보자. 이런 상황에서조차 경쟁강화기조로 가는 이명박 정부가 위대하게 느껴질 것이다.

취업·경력포털 '스카우트'의 2007년 4월 조사에 따르면 직장인들은 현재의 직장생활을 한마디로 표현하라는 물음에 '지옥, 무료, 스트레스, 필요악, 전쟁터' 등의 단어를 꼽았으며 구직자 역시 앞으로 경험할 직장생활을 '부담, 불편, 정글' 등으로 표현했다. 직장이 공포인 것이다. 목구멍이 포도청이어서 죽지 못해 다니는 형국이다. '에듀스파'와 '잡스터디'가 함께 2008년 1월에 진행한 조사에선 '직장을 한 마디로 표현하면?'이라는 질문에 1위가 '밥줄', 2위가 '스트레스'였다.

모두가 지옥에서의 탈출을 꿈꾼다. 그래서 '개인 스펙' 쌓기에 여념이 없다. 하지만 개인 스펙 아무리 쌓아봐야 전체의 파이가 줄어들기 때문에 탈출구는 없다. 유연화, 경쟁, 성과주의 때문에 어딜 가나 경쟁의 덫을 피할 수 없고, 구조조정의 불안은 영원히 목을 조인다(장기투쟁하는 기륭전자 노동자에게 왜 다른 직장에 가지 않느냐고 묻자, 다른 곳으로 가봐야 또 잘리기 때문에 이직이 아닌 투쟁을 선택할 수밖에 없다고 답했음).

2008년에 삼성경제연구소와 성균관대 서베이리서치센터가 31개국을 대상으로 직장인의 근로관을 조사했다. 여기서 일본은 관계지향형으로 나왔고 프랑스, 스웨덴, 핀란드 등은 보람중시형으로 나왔다. 미국, 영국, 호주 등은 자아실현형이었다. 이에 반해 한국, 러시아, 헝가리, 체코 등은 생계수단형이었다. 직장은 단순히 밥벌이 수단인 것이다. 단순히 밥벌이하러 다니는 직장인들로 어떻게 경쟁력이 향상되나?

한국인이 원래부터 유난히 직장생활에 부정적일까? 그럴 리가 없다. 정말로 그랬다면 한강의 기적을 창출했을 리가 없다. 과거에 한국인은 스스로를 산업전사라고 여기며 일에 헌신했다. 사회가 안정된 중산층의 비전, 평생고용을 보장했기 때문이다. 또 평준화로 자식교육을 고등학교까지 국가가 보장했다. 그것이 기적적인 헌신의 조건이었다. 사회가 유연화로 '안전'을 몰수하고 '경쟁'을 강요하자, 한국인들은 직장을 밥벌이 수단 정도로 여기게 된 것이다.

'코리아리크루트'가 2008년 6월에 '현 직장에 대한 애사심 여부'를 조사했다. 응답자의 약 59퍼센트가 '애사심이 없다'고 답했다. 애사심이 있다는 41퍼센트는 그 이유로 고용 안정성을 가장 많이 꼽았다. 그런데 이명박 대통령은 고용 안전성을 더 떨어뜨리려 하고 있다. 이러한 징책은 애사심은 물론 애국심까지 박약한 나라를 만들 것이다.

같은 조사에서 회사 발전에 애사심이 얼마나 필요한지 묻는 질문에는 98.6퍼센트가 '필요하다'고 답했다. 그러나 자사 임직원 중 애사심을 가진 직원의 비율을 묻는 질문에는 '10퍼센트 미만'이 1위였다. 누구나 애사심이 필요하다고 생각하지만 아무도 애사심을 가지고 있지 않은 것이다. 이것은 유연화 때문에 나타난 현상인데 정부는 유연화 자유경쟁 더 하자고 한다.

'사람인'의 2008년 5월 조사에 따르면 한국 직장인의 77퍼센트는 잘
리지 않을 정도로만 일하고 있다. 또 '잡코리아'의 2008년 5월 조사에
따르면 직장인들 중 68퍼센트가 자기계발을 위해 공부하고 있다. '인크
루트'와 '엠브레인'의 2008년 조사에서는 직장인 7명 중 1명이 2007년
에 이직을 경험했고, 현재 40퍼센트가 이직을 희망하고 있는 것으로 나
타났다. '비즈몬'의 2008년 1월 조사에서도 1년 안에 이직할 계획을 갖
고 있는 직장인이 45퍼센트에 달했다. 이쯤 되면 회사는 사실상 텅 비
어있는 상태라고 봐야 한다. 모두 자기 살 궁리만 하고 있다. 이명박 대
통령이 내세우는 국가경쟁력이라는 구호는 얼마나 공허한가!

'잡코리아'와 '비즈몬'의 2008년 4월 조사에 따르면 직장인의 50퍼
센트가 회사에 가면 우울해진다고 대답했다. 그 원인으로 꼽은 것은 회
사와 본인의 미래의 불확실성이었다. 이명박 정부는 유연화로 경쟁을
조장하면 사람들이 더 열심히 일할 거라고 하지만 불확실한 미래가 가
져다주는 건 빈곤과 우울뿐이다.

이렇게까지 당하면서도 국민들은 여기에 저항하지 않았다. 자기만
큼은 잘났다고 생각하기 때문이다. 평가하는 경영자들이 보면 '웃기고
있다'라고 생각할 것이다. '사람인'의 2008년 3월 조사에서 직장인 중
72퍼센트가 주위에 업무량은 적고 월급은 많은 월급도둑이 있다고 답
했다. 또 '파인드잡'의 2008년 1월 조사에서는 직장인 중 60퍼센트가 자
신은 헤드헌터가 좋아할 인재라고 답했다. 모두들 자기는 잘났고 남들
은 못났다고 생각한다. 그러면서 자기는 남들보다 많은 연봉을 받고 싶
어 하는 그 이기심이 'MB공화국'를 가능케 하는 엔진이다.

이직열풍도 그렇다. 모든 사람들이 이직을 꿈꿀 수 있게 됐다는 것은
경력직 시장이 그만큼 활성화됐다는 뜻이다. 평생고용일 때는 생각도

할 수 없었던 시장이다. 각 기업들도 경력직을 뽑으려 한다. 이는 무엇을 의미할까? 두 가지다. 하나는 이기심이고 또 하나는 청년실업이다.

첫 번째, 이기심을 살펴보자. 기업은 사람을 키울 생각을 하지 않고 어딘가에서 키워준 사람을 속 편하게 뽑아 쓸 생각만 한다. 이런 기업의 이기심은 교육을 탓한다. 학교가 기업에 맞는 인재를 만들어주지 않는다고 말이다. 기업에 맞는 인재는 기업이 만들어야지 왜 학교가 만들어야 하나?

기업이 사회에서 부담하는 책무 중에는 사람을 키우는 것도 있다. 기업이 사람을 채용해 최고 수준의 인재로 키우면 그것이 기업에게도 국가에게도 이익이 된다. 남이 키운 사람 빼올 궁리만 하면 남들도 똑같이 그렇게 한다. 모든 기업이 남의 인재 빼올 생각만 하면 한국에서 인재를 키우는 기업은 사라질 것이다. 이것이 이기심 경쟁의 비극이다. 그 결과 국가경쟁력은 하락한다.

내가 회사를 차렸다고 생각해보라. 누군가에게 투자해 그를 최고 인재로 만들면 다른 대기업으로 이직해버리는 상황이다. 그 사람에게 투자하고 싶겠는가?

두 번째는 청년실업이다. 모두가 사람 키우는 비용을 아끼려고 경력직만 쓰려 하고, 기존 조직조차 경량화, 최소화, 구조조정에 혈안이 돼 있어서 새로 사회에 진입한 청년이 들어갈 일자리가 없다. 정규직으로 늘어가도 회사가 투자를 하지 않기 때문에 젊은 직장인들이 회사에 대한 충성도가 낮다. 이처럼 경력직 위주의 세상이 될수록 청년이 설 땅은 사라진다. 젊은이들이 배제당하는 이상한 사회가 되는 것이다. 청년들이 아무리 도서관에서 날밤을 새우고 자기계발에 눈이 벌게져도 이 구조는 변하지 않는다.

친절한 명박씨

〈친절한 금자씨〉라는 영화가 있었다. 불구대천의 원수에게 '금자씨'가 복수하는 영화다. 이명박 대통령에겐 국민이 불구대천의 원수 같다. 어린이고, 청소년이고, 어른이고 할 것 없이 말이다. 그래서 마치 국민에게 복수라도 하는 듯 정책을 펼친다.

얼마나 국민이 원수 같은지 집권하자마자 벌써 공공부문 인력감축 로드맵이라는 걸 내놨다. 고용확대 로드맵이 나와도 시원찮을 판인데 말이다. 공공부문을 날려버리면 부자들에게 감세를 해줄 수 있게 된다. 정말로 국민은 원수인가?

청와대에서 터진 한 아줌마의 울음

지난 1일 오후 3시께 청와대 기자실에 한 중년여성의 울음소리가 퍼졌다. '뽀글머리'에 주름진 이마, 수더분한 얼굴은 걸레질을 하던 투박한 손바닥에 가려 있었다. "그동안 감사했다"는 한마디는 제대로 끝을 맺지 못했다. 그는 그 한마디를 마지막으로 '직장' 문을 나섰다. 청와대는 이날 각 부서별로 70여명을 대기발령 조치했다. 이들은 주로 청소, 운전, 식당 업무 등을 맡았던 기능직 68명과 6~9급 행정요원 10여명으로 알려졌다.　　　　─《머니투데이》(2008년 5월 2일)

'친절한 명박씨'에겐 심장이 없는 것 같다. 심장이 있다면 이런 일이 벌어지도록 국가를 지휘할 순 없다. 복수를 결심한 후 '친절한 금자씨'는 심장을 버렸다. "너나 잘 하세요." 이 대사는 '금자씨'가 조기출소를 위해 이용한 남자에게 출소 후 안면을 바꾸며 한 말이다. 이 이야기처럼 대선 당시 국민들은 이명박 대통령에게 이용당했다. 그리고 대선이 끝나자마자 공공부문축소라는 복수를 당했다(공공부문축소 민간영역확대 = 국민영역축소 부자영역확대).

지방공무원 올 1만 명 이상 감축　─《서울경제》(2008년 5월 1일)
이 정도 구조조정 건국 이래 처음　─《매일경제》(2008년 2월 14일)

　이런 식으로 국가가 '질 좋은' 일자리를 줄여나가면 국민경제가 어떻게 산단 말인가? 질 좋은 쇠고기만 먹으면 다란 말인가? 지난 10여 년간 유연화의 칼바람 속에서 한국인은 공무원을 선망하게 됐다. 일반 직장은 지옥이니까. 그런데 새 정부 출범 후 9급, 7급 공무원 경쟁률이 떨어졌다. 대통령의 공공부문에 대한 복수 때문이다. 그러나 눈엣가시가 남아 있다. 교직이 여전히 인기인 것이다. 그래서 교원평가, 성과급차등지급, 학교자율화 등의 귀곡성이 울린다. 미구에 '친절한 복수'가 닥칠 것이다. 직장인의 세계는 초토화되고 있다. 모두들 비명을 내지르며 자기 안전만 챙기는 이기적인 유령 직장인이 된다. 불안하다고? 그렇다면 구조조정의 칼날을 받아라! 경쟁력을 올려라!
　국민을 원수로 여기는 '친절한 복수', **고맙습니다.**

기업하기 힘든 나라,

고·맙·습·니·다

●◆ 아우~ 요즘 우리나라 기업하기 너무 힘들어요~

◔◔ 아니 이 사람, 뭘 그리 고민하나? 여기 기업하기 좋은 나라 만들어주는 정부가 있지 않나. 탈규제 해줌세. 자유롭게 기업하게.

●◆ 어? 우리 같은 중소기업은 규제 없애는 게 문제가 아니라 재벌 횡포로부터의 보호라든가 국가의 지원이 필요한데요?

◔◔ 엥? 재벌 아니었어? 재벌 아닌 기업도 있었어? 에이~ 기업이란 말에 낚였네. 난 재벌만 상대해.

●◆ 그럼, 그 기업이란 말이 사실은 재벌이란 뜻이었어? **이런, 뒤질랜드~**

◔◔ 좋아, 그렇다면 내 떼법을 없애 기업하기 좋은 나라를 만들어주지.

●◆ 그래요? 그럼 재벌 등 강자집단의 불법, 탈법을 엄벌에 처해주세요.

◔◔ 엥? 내가 말하는 떼법 없애기는 노동자놈들 때려잡긴데? 부자떼법은 내 관심사가 아냐.

●◆ 뭐야? 그럼 그 떼법 없앤다는 게 사실은 서민 때려잡는다는 소리였어?
이런, 뒤질랜드~

 # 기업가정신 말살

　　　　　지금까지 자유화 경쟁기조가 시작된 김영삼 정부 이야기부터 시작해 아이들과 직장인의 처지까지 살펴봤다. 이 것이 개인단위를 넘어 기업단위로 가면 기업 탈규제정책이 된다. 규제를 없앨 테니 각 기업들은 자유롭게 영업하며 경쟁하고 시장에서 소비자들의 평가를 받으라는 것이다. 이것을 일컬어 '친기업' 정책이라고 한다. 이미 설명했듯이 자유화 친기업 정책은 결국 강자우대책으로 전락해 '친재벌' 정책으로 변질된다. 2003년 기준으로 우리나라 사업체 중 중소기업 비중은 99.4퍼센트에 달한다. 그러므로 재벌에게만 유리한 이명박 정부의 친기업 정책은 친기업 정책이 아니다. 재벌이 발호하면 중소기업은 죽는다. 하청업체는 재벌의 노예가 될 뿐이다. 99퍼센트의 기업을 압박하는 정책을 어떻게 친기업 정책이라고 할 수 있나?

　　자유경쟁 → 서울 지역 일류학교, 강남부자에게 절대적으로 유리
　　→ 반교육 정책
　　자유경쟁 → 재벌, 대기업에게 절대적으로 유리 → 반기업 정책

　　기업은 사본주의의 꽃이다. 기입이 죽으면 국민경제도 죽는다. 그 인에 살고 있는 국민도 죽는다. 그러므로 이명박 정부의 반기업 정책은 결국 국민경제도, 국민도 고사시킬 것이다.
　　자유화 개혁은 국민의 기업가정신부터 말살한다. 기업가정신은 모험을 감수하는 도전정신이다. 현재 우리나라에선 찾아 볼 수 없는 정신이다. 모두들 안전한 '공직-펀드 돈놀이-부동산 투기'에만 혈안이 되

어 있다. 위험을 무릅쓰고 생산에 뛰어드는 모험정신은 사라져버렸다. 경제의 역동성도 사라져간다.

우리나라도 한때 기업가정신이 충만했던 때가 있었다. 바로 박정희 정권 시기였다. 그때 현대의 정주영, 삼성의 이병철 등 신화적인 기업가들이 성장했다. 어떻게 그것이 가능했을까? 설마 그때부터 탈규제 자유화? 천만에! 국가가 그들을 보호해줬기 때문이다. 믿는 구석이 있었기 때문에 그들은 모험을 할 수 있었다. 마치 부모의 따뜻한 사랑을 받고 자란 아이가 진취적이고 적극적인 품성을 갖는 것과 같다.

자유화 개혁은 '계모 국가'를 만든다. 전래동화 속의 나쁜 계모처럼 아이에게 냉혹한 국가다. 나쁜 계모란 별게 아니다. 아이를 따뜻하게 보살피지 않고 자유방임하며, 아이에게 투자하지 않으며, 아이를 사사건건 평가하며, 아이의 잘못이나 실수를 감싸주지 않고 처벌하는 사람이 나쁜 계모다. 자유화 개혁은 딱 이런 기조로 국가를 이끌려는 기획이다.

만약 국가가 1960~1970년대에 삼성, 현대, LG, 포스코 등을 감싸주지 않고 자유방임했다면 어떻게 됐을까? 그들은 결코 오늘날과 같은 성공을 이룰 수 없었을 것이다.

그런데 김영삼 정부 때부터 우리 국가는 국민에 대한 보호를 거두기 시작했다. '어른이니까!' 이미 수십여 년간 보호받은 재벌은 어른이 맞다. 하지만 기업의 99퍼센트를 차지하는 중소기업은 여전히 아이다. 대부분의 국민에게도 국가의 보호가 필요하다. 지방대, 일반고교, 실업계에게도 국가의 보호가 필요하다. 하지만 국가는 이들을 모두 어른이라고 했다. 그리고 자유를 선사했다. 경쟁하라고.

그 귀결은 기업가정신의 실종이다. 이명박 정부가 여기서 굳이 더 죽이지 않아도 한국에서 기업가정신은 멸종지경에 처해 있다. 그에 따라

경제의 역동성이 사라지고 사회는 각자의 안전을 위해 저마다 코앞의 이기심만 챙기려는 각박한 정글이 됐다. 이것이 창업의 사회, 노동의 사회, 생산의 사회에서 재테크의 사회로 전락한 역사다.

직장인의 반 이상이 주식재테크에 발을 담그고 있고, 거의 전 국민이 부동산 재테크에 혈안이 된 나라가 됐다. 2007년엔 급기야 제조업체들의 증권투자액이 설비투자액을 넘어섰다. 미래에 대해 투자하지 않는 나라가 된 것이다.

주식돈놀이를 하는 이유
- 당장의 이익극대화
- 주주는 곧 투자자이고 소유권자
- 자유화 개혁은 투자자, 소유권자의 발언권 강화
- 주주들의 기업지배
- 당장의 이익극대화 요구
- 기업활동이 단기 이익극대화로 고정됨
- 장기모험투자 줄이고 현금흐름 중시
- 주가상승, 배당증가
- 투자자, 소유권자(=부자) 이익 증대
- 다시 주가상승으로 이어짐
- 기업도 늘어난 현금으로 돈놀이에 동참, 버블 형성
- 국민경제 미래 실종, 경제위기 초래

이명박 정부는 민영화로 한국을 소유권자 중심 사회로 재편하려 한다. 공공의 공동소유가 아닌 민간 '소유권자'를 확립하려는 것이다. 소유권자는 자유경영을 하고 사적 이익을 추구할 주체가 된다. 이에 따라

'공동의 이익' 즉 '국익'이 말살되어 국가는 좌초한다.

그랜드서클 등 부자들에겐 제2의 정주영, 제2의 이병철이 가능한 국가경제의 역동성이 필요 없다. 오로지 자신들의 지위를 확고히 하고 그 지위를 자식에게 세습하며 한국 사회에서 자신들이 지배할 수 있는 소유권의 대상을 늘려 이익을 극대화하려고만 할 뿐이다. 자유화 개혁 자유경쟁구조는 바로 이런 강자들에게 절대적으로 유리하다. 모험적 투자가 활발하면 국가가 부강해지지만 당사자는 귀찮다. 안전한 돈놀이(자산투자)로 돈을 벌면 나라는 망해가지만 당사자는 편하다. 고려 말, 조선 말 귀족들이 모두 이러했다.

자산가들의 자산증식은 제2의 정주영, 제2의 이병철을 막는 기득권의 성벽 쌓기다. 국민에게 남겨진 건 재테크할 자유와 경쟁할 자유뿐이다. 그리고 자기 자식을 노예로 만들 자유다. 기득권의 성벽이 완벽히 구축된 사회를 일컬어 참호형 사회라고 한다. 그랜드서클 집안들이 대대손손 참호 속에 웅크리고 부귀를 세습하는 귀족들이다.

기업가형 부자의 자산 비중이 높은 나라일수록 경제성장률이 높고, 상속형 부자의 자산 비중이 높은 나라일수록 경제성장률이 낮으며 연구개발 투자 비율도 낮다고 한다. MB공화국은 대한민국을 '상속자'들이 지배하는 국가로 만들 것이다(상속세도 낮추려 함). 99퍼센트의 기업가들(중소기업)은 죽지 못해 살고 있다. 과연 대한민국에 미래가 있는가?

개인차원에서도 자유화 개혁은 국민의 기업가정신을 말살한다. 교육자유화는 귀족학교를 나오지 못한 다수 국민에게 삼류의 낙인을 찍음으로서 기업가정신을 원천봉쇄한다. 어렸을 때부터 성적경쟁, 영어경쟁으로 사람 신분이 갈린다고 세뇌를 하면 커서 자신의 비참한 인생을 당연하게 여기기 때문에 진취적, 모험적, 도전적인 기업가정신을 가질 수 없다. 또 교육비 부담을 키우면 자식에 매어 도전적인 인생을 살 수 없게 된다.

6.25로 인한 하향평준화와 토지개혁을 통한 지주권력 분쇄, 신분제 타파로 무한한 가능성의 공간이 열린 것이 정주영의 기업가정신을 폭발시켰다(지주권력이 유지된 남미였다면 제2의 정주영은 날품팔이나 하게 될 것). 그런데 이런 가능성을 봉쇄하는 것이 교육자유화다.

기업가정신을 부흥시키기 위해서는 복지안전망의 역할이 대단히 중요하다. 과거에 국가가 재벌에게 제공했던 것 같은 안전망을 전 국민에게 제공한다면 재벌의 진취성을 국민도 갖게 될 것이다.

재벌 안전망 → 대마불사 → 재벌의 모험정신 폭발 → 경제성장

자유화 개혁 정부들이지만 노무현 정부와 이명박 정부는 이 지점에서 갈린다. 노무현 정부는 '자유화 개혁을 하더라도 국민에게 안전망은 만들어주자'는 입장이었던 반면, 이명박 정부는 '오로지 자유, 자유, 자유, 안전망을 강제할 국가개입은 필요 없어! 알아서 살라고들 해!'라는 입장인 듯하다.

복지안전망이 기업가정신에서 왜 중요하냐면, 이것이 재차도전을 가능하게 하기 때문이다. 또 몸을 가볍게 만든다. 자유화 사회에서 실패자는 곧바로 노숙자행이다. 신용불량에 자식들 인생도 거덜난다. 움츠려들 수밖에 없다. 북유럽 수준의 안전망이 있다면 자녀들에 대한 부담이 줄어든다. 왜냐하면 국가가 먹여주고, 교육시켜주고, 키워주기 때문이다. 그 나라들은 대학까지 평준화되어 있어 아무 학교라도 가기만 하면 자기 자녀가 나중에 차별받을 걱정을 안 해도 된다. 실패자들에겐 생활비용과 직업훈련 서비스가 제공된다. 이런 곳에선 아무리 겁쟁이라도 진취적일 것이다. 복지는 국민을 춤추게 만든다. 그러나 자유화는

국민을 움츠러들게 만든다.

내 자식 창업은 NO 공무원·공기업 OK

투자와 경영 의지가 움츠러드는 '야성野性적 충동'의 실종이 문제가 아니다. 기업가 정신과 창업 행렬이 사라지는, 더 큰 위기를 맞을지도 모른다.(전국경제인연합회) ―《중앙일보》(2007년 12월 11일)

전경련이 자기 자녀들이 기업과 관련된 일자리를 가졌으면 하는 국민비율이 12퍼센트에 불과하다며 걱정하고 있다. 제조업으로 먹고 사는 나라에서 생산에 종사하려는 국민이 멸종되고 있는 것이다. 전경련은 위기상황이라고 진단한다. 맞다 위기다. 물론 그들은 이런 위기를 초래한 것이 자기 자신이라는 걸 모르겠지만.

전경련 등 그랜드서클이 1990년대 이후 국가에 자유화를 요구하기 시작했고, 김영삼 정부가 그것을 들어준 결과 시장의 폭주로 IMF 외환위기가 터졌으며, 외환위기 이후로는 미국자본과 국내부자들이 합작해서 자유화를 주도해 오늘날과 같은 기업가정신 실종, 산업정체 위기가 닥쳤다. 국민은 좌파 때문에 이렇게 된 줄 알고 압도적으로 이명박 정부를 지지했다. 반만년 역사상 최대의 코미디, 최대의 사기극이었다.

 ## 탈규제 광풍

탈규제도 역시 김영삼 정부에게서 그 출발점을 찾을 수 있다.

> 정부규제의 개혁은 국내 제도개선의 중심과제 …… 금융, 토지 등 기업활동에 걸림돌로 인식되고 있는 핵심부분에 대한 근본적인 규제완화의 필요성이 강조되고 있다. …… 경제규제의 완화는 그동안 정부가 채택한 산업정책, 기업정책, 재벌정책을 전면적으로 재조정하는 것을 의미하는 동시에 민영화, 대외개방, 경쟁정책 등 경제정책 전반의 궤도를 수정하는 것
>
> —세계화추진위원회(〈세계화의 비전과 전략〉, 1995년)

'기업프렌들리'한 규제완화를 주장하고 있는 것이다. 금융 규제완화를 위해 금융자유화를 한 결과가 외환위기 사태다. 외환위기 이후 금융자유화의 결과는 시중 은행 지분이 50퍼센트 이상 외국에 넘어간 금융종속이었다. 이렇게 개방된 이후 금융부문은 2008년에 다시 경제위기를 초래했다. 금융기관은 외채와 부동산버블을 동시에 키웠다. 1990년대에는 국가가 뒤로 물러나자 재벌은 과잉투자경쟁으로 국가경제를 무너뜨렸고 한보 등은 스스로 무너졌다. 또 중소기업은 사상 최대 부도사태를 맞았다. 중소기업에게 필요한 건 탈규제가 아니라 국가의 강력한 보호였던 것이다. 지금도 마찬가지다.

탈규제 광풍은 21세기에도 이어졌다. 2000년에 산업연구원에서는 《규제개혁의 경제 효과 분석》이라는 책을 발간했다. 구조조정과 규제개혁이 경제개혁의 두 축이라던 김대중 정부의 규제개혁 성과를 보여주는 내용이었다. 이 책에 따르면 김대중 정부는 '기업하기 좋은 나라, 생활하기 편한 나라'를 만들기 위해 현존하는 모든 규제를 '제로베이스'에서 전면 재검토해 반으로 줄인다는 목표를 세웠다. 지금 이명박 정부의 입장과 같다.

당시 외국인 투자 활성화, 기업활동, 국민생활 분야 등과 관련된 총

1만 1125건의 규제 중 48퍼센트인 5430건을 폐지하고, 21.7퍼센트인 2411건을 개선하기로 했다. 그때 이미 전력민영화가 거론되기 시작했다. 이렇게 과감한 탈규제 정책으로 얼마나 기업하기 편한 나라가 됐을까? 재벌하기 좋은 나라, 부자로 살기 좋은 나라가 됐을 뿐이다. 또 외국자본, 투자자들이 지배하는 경제가 됐다. 노무현 정부도 영리병원, 물, 금융시장, 외국인학교의 규제완화 등을 추진하려 했다. 2004년에는 골프장 하나 짓는데 도장이 780개가 필요하다며 골프장 규제완화도 추진했다. 노무현 정부의 마지막 총리인 한덕수 전 총리도 2007년에 기업규제를 과감히 철폐하겠다고 한 바 있다. 그리고 2008년에 등장한 이명박 정부는 '믿~쓰미다 탈규제! 탈규제 분권화 천국!' 이념 광신집단 같다. 규제를 없애 기업들에게 자유를 주면 국민들이 저절로 잘 살게 될 거라는 교리를 전파한다. 탈규제 광풍이다(이명박 대통령은 2009년 신년연설에서 규제개혁이 경제정책의 핵심이라고 확인함).

이명박 정부 국정기획수석은 출범 초기에 규제의 40퍼센트를 전면 재검토하겠다며 '규제개혁'의 의지를 밝혔다. 인수위는 규제 50건당 공무원 인력 1퍼센트를 줄이는 방식의 구조조정을 기획하기도 했다. 아예 국가의 규제능력을 거세하려는 것이다. 국가는 민주주의로 운영된다. 국가능력의 거세는 민주주의의 거세와 같다. 대신 시장영역이 확대된다. 기업이 자유롭게 활동하는 이른바 '민간주도경제'가 된다. 물론 '쌩얼'은 '재벌주도경제'다. 재벌에게 무서운 건 국가뿐이므로, 그 국가에게 족쇄를 채우는 작업이 자유화 탈규제의 본질이다. 그러나 돈 없는 일반 국민·노동자의 저항을 분쇄하고, 여론을 조정할 권력은 오히려 강화된다. 독재적 자유화, '자유파쇼'다.

2008년 3월 10일 기획재정부 업무보고에서는 출총제 폐지, 금산분리 완화 등 친재벌 탈규제 개혁안이 제출됐다. 재벌이 마음대로 할 수 있도록 해 7퍼센트 경제성장을 이룬다는 장쾌한 기획이다. 또 이날 교육, 의료 규제완화안도 나왔다. 이건 재벌을 포함해 상위 10퍼센트를 위한 기획이다.

현대자동차는 수십 년간 범국가적인 지원을 받았다. 다른 재벌들도 마찬가지다. 박정희 정부는 재벌을 지원하기 위해 존재한 정부였다. 그 결과 오늘날 한국의 국가경쟁력이 생겨났다. 지금은 중소기업에게 이런 지원을 시작할 때다. 하지만 친재벌 규제완화는 결국 중소기업이 설 자리를 압박할 것이다. 99퍼센트의 기업이 압박받으므로 국가경쟁력은 퇴화한다. 법제처도 새 정부 업무보고에서 규제완화 신세계에 동참했다.

> 국민생활 · 경제활동에 불편한 법령 대폭 개선
> —대한민국 정책포털(2008년 3월 27일)

불편을 없애주겠단다. 이석연 법제처장은 한 경제지와의 인터뷰에서 '기업 활동 발목 잡는 법·규정을 뿌리 뽑겠다'고 했다. 어떤 불편일까? 법제처 자료에서 사례로 제시된 금융기관 공익성 문제가 재밌다. 말은 재밌다고 했지만 사실은 통탄할 일이다. 내용인즉 이렇다. 금융감독위원장이 금융기관의 공익활동을 평가해 조치를 취할 수 있다는 법률안이 있단다. 이에 대해 '금융기관에게 적극적인 공익적 활동을 강제하는 것은 과도한 규제가 된다'고 말하고 있다.

이 대목에서 '억!' 하고 무너지는 분 안 계신가? 우리나라는 금융회사라는 말 대신 금융기관이라고 한다. 이것은 개발시대의 잔재다. 은행은 사적 이익을 추구하는 회사가 아니라 국가공동체의 이익을 위해 봉사하는 공적기관이라는 생각이 바탕에 깔려 있다.

이미 설명했듯이 김영삼 정부의 한국 금융 자유화 이후, 금융회사들의 이익극대화를 위한 자유영업은 단기외채 과다차입, 과다대출로 이어졌고 외환위기를 불러왔다. 김대중 정부 때 더욱 본격적으로 금융기관이 금융회사로 변신하기 시작한다. 투자자의 사적 이익을 극대화하는 시장행위자가 된 것이다. 그 결과 은행은 수익성 개선을 위해 사람을 자르기 시작했고, 고객을 차별하기 시작했다. 국익엔 보탬이 되지만 은행의 사익엔 위협이 되는 위험한 기업대출을 줄이고, 망국의 길이지만 돈벌이엔 좋은 카드대출, 주택담보가계대출 영업을 전개한 것이다. 이로 인해 경제침체, 카드대란과 주택버블, 천문학적인 가계부채 사태가 터졌다. 이익과 외형을 극대화하기 위해 외국 자금을 끌어다 쓴 것은 제2의 외환위기 위험을 초래했다. 대신 그들은 배당과 스톡옵션 등으로 자신들만의 잔치를 즐겼다. 이런 상황에서 허울만 남은 금융감독원의 공익성 평가권마저 '규제'라고 표현하고 있는 것이다.

은행이 자기 이익만 추구하면 다수 기업은 설 자리가 없어진다. 최근 은행들이 중소기업을 도와주지는 못할망정, 환율과 금융상품에 정통하지 못한 중소기업의 처지를 악용해 키코라는 파생상품을 판매, 이익을 취한다는 게 알려져 물의를 빚었다. 은행에 발목 잡힌 중소기업 사장은 한 인터뷰에서 '차라리 죽고 싶다'고 말했다(이 글을 마무리한 현재 키코로 인해 중소기업 떼도산 위험 발생). 이렇게 은행이 '회사'처럼 굴면 점점 더 기업하기 힘든 나라가 된다. 경제위기로 국가가 은행에 돈을 풀어도 자기 이익만 따지는 은행이 중소기업과 약자들에게 돈을 풀지 않아 민생경기를 얼어붙게 만들고 있다.

독일산업이 숱한 위기를 넘기면서 오늘날 세계 최고의 경쟁력을 갖게 된 것은 독일은행이 일개 회사가 아닌 독일산업의 보호자로서 공공성을 가졌기 때문이다. 우린 김대중 정부 이후 은행이 회사로 변신하면서 경제 활력이 사라지고 저성장, 투자실종, 청년실업 사태가 벌어졌다. 그리고 자산버블이 생겼다. 이명박 정부는 이런 와중에 탄생한 정권이다. 그런데 금융 공공성이 과잉 규제란다.

금융기관의 자유로운 이익추구는 버블형성기엔 마구 자금을 공급해 버블을 더 키우고, 버블붕괴기엔 자금을 마구 회수해 경제를 얼어붙게 만든다. 이런 구조에서는 재벌 이외의 기업들은 버텨낼 재간이 없다. 이런 와중에 노무현·이명박 정부는 자통법을 추진해 한국 금융시장을 미국식으로 재편하려 했다. 은행민영화는 이것을 더욱 재촉할 것이다. 공공성을 잃은 은행은 절대로 돈 안 되는 장기생산투자 분야에 돈을 풀지 않는다. 그렇게 되면 국민경제는 활력을 잃고 경제기적은 사라질 것이다. 미국의 금융은 자국의 제조업 실물경제를 붕괴시키고 카지노식 투기만을 일삼다 경제위기, 도산, 국유화를 자초했다. 우리나라도 지금 미국처럼 파국이 뻔히 보이는 길로 가고 있다. 이러니 금융기관에 공익성을 요구하는 규제를 없애겠다는 정부를 보며 '억' 소리가 날 법하다.

"중소기업 이래야 살아난다"
공장용지, 자금확보 문제 해결이 최우선 과제
　　　　　　　　　　　　　　　　　　　　　—《연합뉴스》(2008년 2월 26일)

중소기업이 규제가 아닌 치솟는 땅값과 자금부족으로 고통받고 있다는 내용의 기사다. 땅값이 너무 올라 자기 공장을 지을 수도 없고, 임대공장을 쓰는 처지로는 장기적인 투자계획을 세울 수도 없다는 얘기다. 또 가시적인 성과가 나타나는 분야에만 지원이 몰리고 기초소재개발쪽에는 자금이 모자란다는 얘기다.

이명박식 규제완화는 개발열풍과 맞물려 땅값을 더 올린다. 이것은 그랜드서클 및 상위 1퍼센트 부동산 자산가들에게는 좋은 소식이지만 국가의 생산적 기풍을 무너뜨린다. 자고 일어나면 자산가치가 오르는데 누가 힘들게 산업생산에 매진하겠나? 재테크와 부동산에 빠지는 도박장 국가가 되는 것이다. 모두가 자산투기에 돈을 퍼부어댈수록 땅값 상승으로 공장용지 부담이 커져 생산투자를 압박한다. 그리고 그러다 버블이 붕괴하면 모두 함께 망한다. 시장화 평가체제강화도 단기수익성 위주 경영풍토를 심화시켜 기초소재개발 중소기업을 압박한다. 99퍼센트 기업에겐 점점 기업하기 힘든 나라가 된다.

이명박 정부에서 부동산 가격이 내릴 가능성이 있다. 이미 지적했듯이 이것은 이명박 정부가 정책을 잘 펴서가 아니라 그간 누적된 부동산 거품이 꺼지면서 나타나는 현상이다. 이렇게 되면 일반 국민이나 중소기업은 더 어려워진다. 부동산 거품이 꺼지면 경기가 안 좋아지기 때문이다. 애초에 이렇게 자산거품에 좌지우지되는 경제구조를 만들지 않는 것이 중요하다. 하지만 한나라당은 과거부터 자산가들의 이익을 대변하며 자유화를 외쳐왔다. 거품경제에 일조한 것이다. 확 올랐다 확 꺼지는 롤러코스터 자산경제에서 국민은 그 스펙터클에 현혹돼 생산경제와 노동의 가치를 잊고 바보가 되어간다. 국민이 자산가치가 뙬 땐 열광하고 하락할 땐 낙담하며 자산시장만 쳐다볼 때, 'MB공화국'은 자산부자들만을 위한 자산투기경제를 민주적으로 추진할 수 있게 된다.

이명박 대통령의 '규제의 전봇대를 뽑아라'라는 선동으로 초래된 탈규제 광풍으로 벌어진 가장 황당한 사건은 학원규제 철폐 사건이다. 이 것은 '학원 24시간 교습' 파문으로 알려졌다. 많은 사람들이 박정희-이 명박 대통령을 혼동하는데 이미 설명했듯이 둘은 전혀 다르다. 박 대통 령이었다면 '24시간 영업하라'고 지시했을 것이다. 그러나 탈규제는 그 런 지시를 하지 않는다. '24시간 영업하든 말든 자율적으로 알아서 하 라'고 할 뿐이다. 훨씬 얄밉다. 이것이 'MB공화국'이 '박정희의 나라'와 다른 이유다.

결과적으로 탈규제 자유화는 재벌들에게만 유리하다. 그래서 겉으 로만 보면 재벌육성정책을 폈던 박정희 정부와 비슷하다. 또 지역차원 에서 보면 수도권에 극히 유리하고 호남에 불리하다. 그래서 수도권 집 중, 호남차별의 시대였던 박정희 정부와 비슷해진다. 하지만 'MB공화 국'의 '쌩얼'은 탈규제, 분권화, 자유화에 있다. 수출주도경제도 박정희 만의 특징이라고 국민들은 알고 있다. 아니다. 한국의 수출의존도는 김 대중-노무현 정부 기간에도 대폭 심화됐다. 수출대기업을 위해 환율을 올리려는 정책도 강만수 장관이 처음 한 것이 아니라 노무현 정부 때 이미 이루어졌던 것이다. 그러므로 수출대기업이 잘 되도 민생파탄이 온다는 것은 노무현 정부 때 증명됐다고 할 수 있다. 국민들은 재벌 주 도의 수출을 하면 박정희 정부 시절의 경제기적이 일어날지도 모른다 는 기대 속에 이명박 정부에게 쉽게 속아 넘어가고 있다.

민간의 자율성 신장과 분권화가 민주화라고 생각했던 우리의 민주 화 시대는 결국 재벌천국 양극화 민생파탄으로 귀결됐다. 자유만을 추 구하다 보니 어느새 부자들만 승천해버린 것이다. 공공성을 책임질 국 가가 사라졌기 때문이다. 그러자 약자들이 버려졌다. 강자들은 '보다 자유화! 보다 자유화!'를 요구한다. MB공화국은 그 요구에 대한 화답으 로 태어난 정부다.

# 떼법천지의 나라

이명박 대통령은 '떼법을 없애면 GDP 1퍼센트가 상승한다'고 했다. 맞는 말이다. 정확히 1퍼센트가 되는지는 아무도 알 수 없지만, 떼법이 사라지면 국가경제는 분명히 좋아질 것이다. 이명박 대통령은 떼법을 없애기 위해 법질서를 잘 지켜야 한다고 했다. 이것도 맞는 말이다.

이명박 대통령의 주장과 같이 법은 매우 중요하다. 왜냐하면 민주공화국에서 법은 모든 시민의 이해를 대변하기 때문이다. 과거 봉건사회에서 법은 지배층인 강자집단의 이해만을 대변했다. 그리고 법의 적용에도 강자와 약자 간에 차등이 있었다. 그러므로 당시엔 법을 지킬 필요가 없었다. 홍길동이나 일지매 같은 범죄자들이 영웅시되는 이유가 이것이다.

공화국에서 법은 모두의 이익을 지키는 모두의 것이므로 반드시 따라야 한다. 일부 강자집단이 힘으로 법질서를 무너뜨리면 공화국의 법은 전복된다. 법이란 공공적 규제인데, 이런 규제를 뛰어넘는 강자들을 '폭군'이라 한다. 그리고 폭군이 떼를 지어 국가를 농단하는 사태가 바로 '떼법 사태'다. 또 강자집단의 이익을 위해 국가가 탈규제 행각을 벌이는 것은 강자들이 아예 국가를 접수한 사태로서 공법 위에 강자법이 군림하는 '떼법천지'가 된다.

조선도 떼법으로 망했다. 공화국에서 법의 기원은 시민이지만 왕국에서 법의 기원은 왕이었다. 그런데 조선은 노론세력이 좌지우지했다. 왕법을 세우려던 정조와 노론은 대립했고 결국 노론이 승리했다. 그리고 조선은 노론 세도가의 떼법천지가 됐다. 공법은 공익원칙이지만 떼법은 사익원칙이다. 강자의 사익에 휘둘린 조선은 극단적 양극화와 중산층 몰락에 의해 자멸했다.

김영삼 정부 등장으로 벌어진 재벌 떼법사태가 외환위기의 원인 중 하나라는 건 이미 설명했다. 한보가 떼법으로 엄청난 돈을 끌어다 쓰고, 삼성은 떼법으로 삼성승용차를 통과시켰다. 그후 사학재단은 떼법으로 사학개혁을 막았다. 일류대학들은 떼법으로 국가 입시정책을 좌지우지했고, 강남 부동산 부자들은 떼법으로 부동산 세제 등 국가정책을 움직인다. 수도권 지역은 떼법으로 수도권 규제를 저지한다. 지금까지 벌어진 떼법사태를 몽땅 모아 심화시키면 그것이 바로 이명박 정부가 된다. 조선으로 치면 정조 승하 후 노론이 정부를 구성한 것과 같다. 그러므로 떼법을 탓하는 이명박 정부는 '누워서 침뱉기 쇼'를 벌이고 있는 셈이다.

한국 사회는 이명박 정부를 구성하고 지지하는 그랜드서클 및 상위 10퍼센트의 떼법 사회다. 그 떼법 사회를 상징하는 말이 '유전무죄 무전유죄'다. 일개 범죄자 입에서 이 말이 나왔을 때 모든 국민이 공감했다. 홍길동처럼 영웅까진 아니지만 국민들은 아직까지 그 말을 한 범죄자를 추억한다. 이 나라에 정상적인 법질서가 작동했다면 사람들은 '왜 자기가 죄를 저질러놓고 법을 탓하냐'며 범죄자를 비웃었을 것이다. 판사에게 석궁이 발사된 사건이 있었다. 그 일이 알려진 후 국민의 반응은 '통쾌하다'였다. 법질서가 무너진 떼법천지의 풍경이다.

아래는 2008년에 법무부가 실시한 법질서에 대한 인식 설문조사 결과다.

설문 내용	그렇다	그렇지 않다	보통 이다
기득권층의 위법이 더 큰 문제다.	92.7	0.3	7.0
법보다 재산권력의 위력이 더 큰 것 같다.	91.0	2.7	6.3
우리나라 법은 너무 무르다.	63.7	5.7	30.7
법은 항상 진실의 편이다.	10.3	68.7	21.0
법대로 산다고 훌륭한 것은 아니다.	68.7	12.0	19.3

(자료 : 법무부)

기득권층의 위법이 문제라는 시각이 92.7퍼센트, 그렇지 않은 쪽이 합쳐서 7.3퍼센트다. 법보다 재산, 권력이 더 세다는 시각이 91퍼센트, 그렇지 않다는 쪽이 합쳐서 9퍼센트다. 이명박 정부는 91 대 9의 대립에서 9에 해당하는 집단을 대표한다. 9에 해당하는 사람들은 국가의 법이 재산, 권력의 자유를 억누르고 있으므로 탈규제하자고 한다.

'한국 엘리트의 3대 조건은 압구정동에 있는 현대아파트에 살면서 소망교회에 다니는 것'이라는 우스갯소리가 있었는데, 소망교회에서 현대 출신 강부자(압구정동) 정권이 나왔다. 이렇게 지배자들이 귀족 사원을 중심으로 뭉쳐 있는 것도 떼법이다. 조선시대 때는 종교를 탄압했기 때문에 잠시 서원이 그 역할을 대신했었다. 이명박 정부 출범 후 법무부 업무보고도 떼법이었다. 위법행위에 대한 회사의 책임을 더 줄이고, 기업에 대한 제재도 약화했다. 반면 약자들에 대해서는 '무관용 원칙Zero Tolerance'을 적용해 파업, 집회 주동자를 끝까지 추적해 검거하겠다고 했다. 강자에겐 따스하고 서민에겐 냉혹하다. 심지어 이명박 정부는 강자의 떼법세상에 대한 약자들의 저항에 '떼법'이라는 딱지를 붙이기도 한다.

지금처럼 떼법이 횡행하는 나라는 '콩가루 나라'가 된다. 국민이 지도층과 지배질서를 믿지 않기 때문에 국가적 리더십이 무너질 수밖에 없다. 2005년 투명사회협약실천협의회 조사에 따르면 우리 국민의 82퍼센트가 사회 지도층을 신뢰하지 않았다. 국민이 사회 지도층에게 '니들이 뭔데 우릴 지도해?'라고 하는 것이다. 어느 군대에서 사병들이 지휘관에게 '니가 뭔데 우리에게 명령해?'라고 하면 그 군대가 과연 전투에서 이길 수 있을까? 국민이 단합하지 않으면 지금과 같은 위기국면을 돌파할 수 없다.

전경련의 2004년 조사에 따르면 67퍼센트의 국민이 부자에 대해 호감을 갖고 있지 않았다. 기업 오너에 대해선 62퍼센트가 그렇게 대답했다. 이런 상황에서 기업활동이 원활할 리가 없다. 같은 조사에서 기업인들 중 67퍼센트는 국민의 반기업정서가 심각한 수준이라고 밝혔다. 이명박 정부나 부자들의 떼법행각이 반부자·반기업정서를 만든다. 반부자정서는 해마다 깊어지고 있다. 이러한 나라에서 경쟁력이 생길 리가 없다.

떼법의 다른 말은 '특권'과 '차별'이다. 이명박 정부는 그 존재 자체가 '특권'을 상징한다. 이명박 정부의 정책은 서민과 지방민을 차별한다. 그리고 부자들만 '이뻐라'한다. 현 정부 출범 이후 일류학벌의 권력 독점이 더 심화됐다.

세종대왕은 모든 국민이 공평히 쓸 수 있는 한글을 만들었다. 그러나 기득권세력은 자기들에게만 유리한 한문을 끝끝내 고집했다. 오늘날 한글은 시민언어다. 그러나 이명박 정부는 국민에게 자꾸 영어를 쓰라고 한다. 미국에 다녀올 수 있는 부자들에게 유리한 언어니까.

지긋지긋한 강자떼법, 힘을 휘두를 자유인 탈규제, 약자가 먹고 살기 힘든 세상 만들어주셔서 **고맙습니다.**

section 9

봉건적 국가관,

고·맙·습·니·다

이명박 정부가 도로를 질주하오.
(대한민국은 막다른 골목에 처박혔다고 함이 적당하오.)

제1의 아해가 감세하자고 그리오.
제2의 아해도 감세하자고 그리오.
제3의 아해도 감세하자고 그리오.

제1의 아해가 작은 정부하자고 그리오.
제2의 아해도 작은 정부하자고 그리오.
제3의 아해도 작은 정부하자고 그리오.

제1의 아해가 민영화하자고 그리오.
제2의 아해도 민영화하자고 그리오.
제3의 아해도 민영화하자고 그리오.

국민은 무섭다고 그리오.
국민은 무섭다고 그리오.
국민은 무섭다고 그리오.

대한민국은 무서운 아해와 무서워하는 국민과 그렇게만 모였소.

이런 정부라면 없는 것이 차라리 나았소.

 이명박 정부의 꽃, 감세

드디어 감세, 작은 정부를 말할 때가 됐다. 이명박 정부의 '활기찬 시장경제' 국정지표의 핵심 국정과제에 감세, 외국인투자, 탈규제 등이 들어 있다. 탈규제에 대해선 이미 설명했다.

◁)) 여기서 잠깐 …

외국인투자에 대하여

한국경제에 외국인투자가 극히 중요해진 것이 외환위기 이후다. 우리 금융과 주요기업 소유권의 상당부분이 외국인 손아귀로 넘어간 초유의 시대가 도래했다. 대한민국이 국제적 투기자본의 천국이 됐다는 한탄까지 나왔다. 그래서 어떻게 됐는가? 민생파탄과 저성장이 왔고 경제활력은 사라졌다. 외국인투자는 국부가 유출되는 '빨대'가 됐다. 삼성의 수익이 외국인에게 상납된다. 홍성국 대우증권 투자분석부장은 2004년 캐피털그룹 이사들의 한국 방문이 일제시기 이토 히로부미의 방문을 연상케 한다고 했다. 한국의 고위인사, 금융, 기업총수들에게 압력을 행사하는 모습이 식민지 지배자 같다는 것이다. 이런 상황에서 노무현 정부를 지지하는 민주화 우파는 '자본엔 국적이 없다'라는 한가한 소리들을 하고 있었다. 이명박 정부가 추진하는 개방 자유화, 민영화도 외국자본친화적이다. 이미 우리 기업은 외국인투자자의 눈치를 보느라 노동자와 중소기업을 착취하는 상황이다. 즉 한국경제가 착취당하고 있다. 은행과 재벌은 그들을 위하여 배당잔치를 벌인다. 개방된 상황에서 외국자본은 집단적으로 들어왔다가 집단적으로 나감으로써 버블과 경제위기를 반복시킨다. 지금 우리가 해야 할 일은 우리 국민경제 체질강화이지 외국인투자자를 모시는 것이 아니다. 과거 칠레와 말레이시아는 외국자본규제를 통해 경제안정화를 이뤘다. 경제가 안정되고 국민경제가 건전화되면 외국인 투자자는 저절로 모여들

감세와 작은 정부는 이명박 정부의 꽃이다. 강자집단이 자기들 이익
을 위해 국가질서를 농단하는 대표적인 사례다.

강자들에게 감세가 중요한 이유 ▷ 세금은 돈을 많이 가진 사람일
수록 많이 낸다. 그러므로 부자들은 언제나 세금을 적게 내고픈 욕망
이 꿈틀댄다.

강자들에게 작은 정부가 필요한 이유 ▷ 거대 조직의 깡패에게 정
부가 필요 없는 이유와 같다. 약자에게 정부는 보호막이지만 강자에
게 정부는 귀찮은 존재다.

강자들에게 민영화가 필요한 이유 ▷ 감세로 생기는 재정결핍을
국가(=국민)가 소유한 재산을 팔아치운 돈으로 임시 보충할 수 있다.
또 사업체를 인수할 수 있는 부자들에게는 먹잇감이 생긴다. 공공부
문이 축소되면 돈벌이할 기회도 많아진다. 예컨대 더 수지맞는 방송
장사, 의료보험장사, 물장사, 병원사업, 교육사업, 금융사업, 에너지
사업 등을 할 수 있게 된다.

이렇게 감세와 작은 정부는 강자들에게만 이익이 된다. 일반 국민은
점점 가난해질 뿐이다.

 감세는 국민에 대한 결별선언

세금이란 무엇일까? 내가 왕이라고 해보자. 세금이 무엇인가? 백성들이 나에게 주는 돈이다. 백성에게 세금은 무엇인가? 왕에게 뺏기는 돈이다. 그러므로 과거 왕조시대, 봉건시대엔 세금이 적으면 적을수록 좋았다. 세금을 많이 걷는 임금은 폭군, 적게 걷는 임금은 성군이었다.

지금 우리는 민주공화국에서 살고 있다. 여기서 '나'는 무엇인가? 나는 민주공화국에서 왕이다. 민주공화국의 시민은 단 한 명의 예외 없이 모두가 왕이다. 왕은 주권자다. 과거엔 왕이 주권을 독점했지만 공화국에서는 시민이 모두 주권자다. 그러므로 모두가 왕인 것이다. 모두가 왕이므로 모두가 평등하다. 그러면 공화국에서 세금은 무엇인가? 세금은 왕에게 내는 돈이다. 그런데 공화국에선 나를 비롯해 모두가 왕이다. 그러므로 공화국에서 세금은 내가 나에게 내는 돈이다. 즉 나를 위해 사용된다.

그런데 이명박 정부는 세금이 나쁘다고 한다. 그래서 국민들에게 세금을 줄여주겠다고 한다. 국민들은 당장 주머니에서 돈이 덜 나가니까 이익인 줄 알고 이명박 대통령을 뽑았다. 그러나 후세가 길이길이 비웃을 자살골이었나. 두 개의 마을을 상상해보사.

'가' 마을에선 돈을 걷어 모든 아이들의 보육, 교육을 함께 책임지고, 전체 마을사람에게 고급 직업교육을 시켜준다. 또 굶거나 추워 죽는 사람이 없게 하고, 마을회관 같은 공공시설물을 확충하고, 마을 경제를 살리기를 위한 품종개량, 고부가가치 일거리 개발 등의 사업을 진행한다.

‘나’ 마을에선 돈을 걷지 않고 각자 알아서 재량껏 살아간다. 누구는 다 쓰러져가는 오막살이에서 소작을 하며 아이들을 방치한다. 누구는 고래등 같은 기와집에서 살며 마을 농지를 독점하고, 고리대금을 마을 사람들에게 꾸어주며, 아이들은 외지로 유학을 보낸다.

어느 마을이 살기 좋을까? 어느 마을의 경쟁력이 더 높을까? 어느 마을의 경제가 더 발전할까?

‘나’ 마을의 모습은 우리에게 익숙하다. 봉건시대 때의 마을 모습이다. 공화국은 ‘가’ 마을과 같아야 한다. 우리의 민주화가 민생파탄으로 결판난 것은 김영삼, 김대중, 노무현 정부 시절 우리나라가 ‘나’ 마을과 점점 비슷해졌기 때문이다. 그나마 노무현 정부는 양극화 대비책으로 ‘증세’의 필요성을 주장하기도 했다. 이명박 정부는 감세와 작은 정부를 약속하며 대권을 잡았다. 상황이 노무현 정부 때보다 더 악화된 것이다.

이명박 정부 청와대 기획수석은 2008년 3월 20일 규제개혁 차관회의를 주재하며 “세금이 벌금형이라면 규제는 자유를 구속하는 구금형과 같다”고 했다. 세금을 국가가 국민에게 물리는 벌금이라고 인식하고 있는 것이다. 봉건적 국가관이다. 세금이 나쁘다는 것은 국민들에게 이런 말을 하는 것과 같다.

이 나라는 봉건국가다.

우리 정권은 공화국의 국익을 위하지 않고 귀족의 이익만을 위하니, 우리가 통치하는 나라에서 세금을 내는 건 미친 짓이다.

이런 생각이 아니고서야 어떻게 국민들에게 세금을 적게 내라고 선동할 수 있을까? 국민이 세금을 적게 내면 공화국이 국민을 돌볼 수 없게 된다. 우리나라는 이미 OECD 국가 중 최저수준의 세금을 내는 나라다.

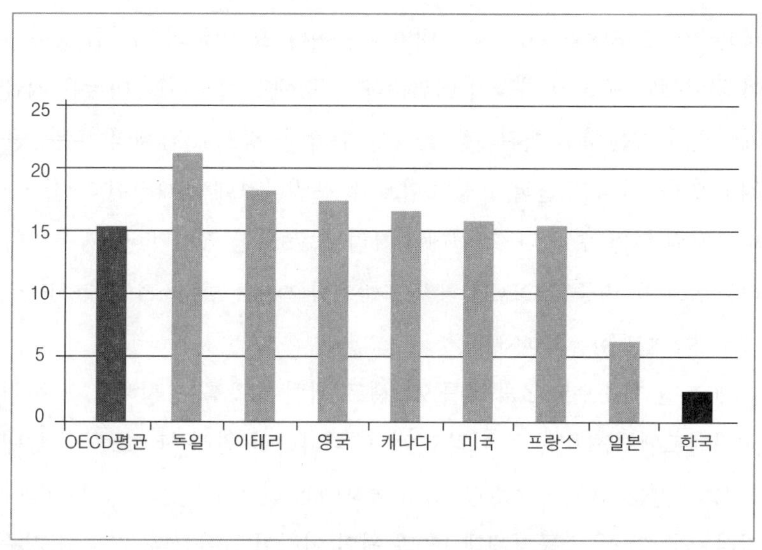

• 국가별 실효세율 비교(OECD, 2005년)

위 표에서 우리나라는 꼴찌다. 2006년에 노동자 1인당 조세부담률이 OECD 30개국 중 29위였다. 대한민국은 도처에서 OECD 평균을 깎아먹는다. 2004년에도 한나라당 주도로 감세가 실행됐다. 소득세와 법인세를 내린 것이다. 이득을 본 건 대기업들과 고소득자들이었다. 그래서 어떻게 됐을까? 소주값이 올랐다! 나라 살림을 하긴 해야겠는데 감세로 세수가 줄어들자 다른 부분에서 그 부족분을 메운 것이다. 시민경제사회연구소에 따르면 2004년 감세로 2005년에 하위 60퍼센트의 후생이 감소했다. 그리고 상위 30퍼센트의 후생은 대폭 승가했다. 국가가 못 사는 사람들의 돈을 부자들에게 퍼준 것과 같다. 감세는 이 짓을 또 하겠다는 얘기다.

미국에서도 감세는 천문학적인 국가재정파탄을 불러왔다. 미국이 그런 상태에서도 버티는 것은 세계최강대국이라는 특수성 때문이다. 미국은 재정 파탄이 나도 절대로 외환위기를 겪지 않는다. 왜냐하면 미국은 스스로 외환(달러)을 찍어내기 때문이다. 또 미국의 적자를 동아시아 국가들과 중동 국가들이 메워준다. 그럼에도 불구하고 미국은 지금 재정적자 때문에 경제위기를 돌파할 수 없을 정도로 감세의 후유증을 겪고 있다. 한국은 전혀 사정이 다르다. 우리나라에서 재정이 파탄나면 미국처럼 버틸 수 없다. 그런데 감세라니, 무모한 짓이다. 이미 우리나라는 소득세 비중도 OECD 최저 수준이다(2004년 기준 스웨덴 15.8퍼센트, 미국 8.9퍼센트, 한국 3.4퍼센트).

2005년 기준으로 소득세를 2퍼센트 내릴 경우를 상정해보자. 하위 50퍼센트에게는 아무런 이익도 없다. 왜냐하면 원래부터 소득세를 내지 않기 때문이다. 연 2000만 원 소득자에겐 연간 3만 원의 이익이 돌아간다. 연 1억 원 소득자에겐 150만 원의 이익이 돌아간다. 2006년 기준으로 상위 20퍼센트가 종합소득세의 91퍼센트를 부담했다. 감세로 누구에게 이익이 돌아가는지 명확하다.

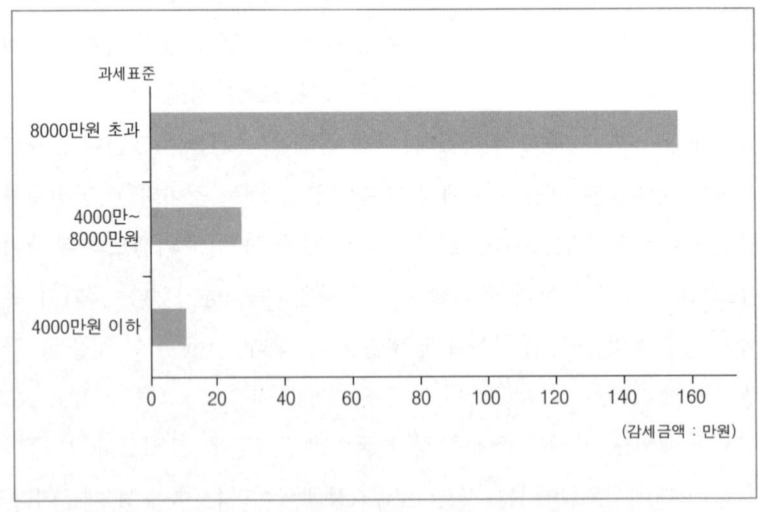

• 한나라당이 2008년 4월에 제기한 소득세 인하안을 실행했을 때 각 소득별 이익규모
(《미디어오늘》 2008년 4월 4일)

손해는 서민과 그 후손들에게 돌아간다. 국가가 감세 때문에 재정부담을 줄이려 공공부문을 구조조정하면 국민에 대한 공공서비스가 약화된다. 육아, 의료 등 민생의 국가책임도 약화된다. 감세분을 보충하려고 민영화로 공공부문을 팔아치우면 공공요금이 올라간다. 등록금도 올라간다. 공공부문 일자리가 줄어들면 실업의 압박은 더 강해진다. 재정부담 때문에 국가가 빚을 지게 되면 결국 우리 후손들이 그것을 부담해야 한다. 당장 부자들에게 이익을 주느라 모두에게 피해를 전가하는 것이다.

최순영 전 의원의 발표에 따르면 2005년 기준으로 우리나라 교육청이 지고 있는 빚만 2조 6000억 원에 달한다. 국가가 재정지원에 인색한 것이다. 그러나 정부는 지방교육예산 10퍼센트를 더 절감해 영어교육 강화 등을 추진한다고 했다. 감세로 지방 재정은 더 열악해지는데 그것을 영어교육 강화에 쓴다는 것이다. 영어뿐이 아니다. 자사고, 국제학교 등 귀족학교 만들기에도 지방재정이 들어간다. 그렇지 않아도 경제위기로 더 힘들어지고 있는 지방의 예산을 줄이고, 엉뚱하게 귀족사회화에 돈을 쓰는 것이다. 서민은 어떻게 살란 말인가? 기초생활수급자의 자녀가 촛불집회에 참여한 후 자살한 사건도 있었다. 그 아이의 부모는 공납금을 제때 못낸 아이들을 차별하는 등 학생을 상품으로 취급하는 학교에서 받은 상처로 아이가 죽었다고 했다. 재정이 없으면 학교는 이렇게 될 수밖에 없나.

분권화하고 자율화할 테니 마음대로 경쟁해서 각자 알아서 살라는 것이다. 승자에겐 감세와 탈규제로 마음껏 누리게 해주겠다고 하면서. 2008년 3월엔 1가구 1주택자의 양도소득세를 최고 80퍼센트까지 공제해주는 소득세법 개정안이 통과됐다. 이 경우 상위 2.7퍼센트가 혜택을 보는데 그중 92.4퍼센트가 서울에, 70퍼센트가 강남에 집중돼 있다. 종합부동산세(이하 종부세) 문제도 마찬가지다. 2007년 기준으로 우리나라에서 종부세를 내는 가구는 전체 가구 중 단 2퍼센트에 불과했다. 이 2퍼센트 부자들만 내는 세금을 가지고 우리나라 기득권층은 전 국민이 다 듣도록 '세금폭탄'을 외쳤다. 그들의 나라에선 상위 2퍼센트만 국민인가? 98퍼센트는 사람도 아닌가?

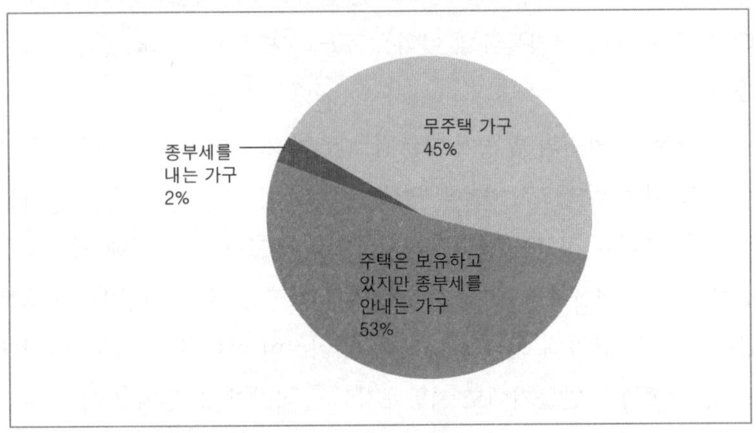

• 2007년 종부세 과세대상자 현황(《미디어오늘》 2008년 5월 26일)

한나라당은 2008년 7월에 종부세 완화안을 추진했다. 《경향신문》의 계산에 따르면 이 안이 실행될 경우 종부세 대상자가 90퍼센트 이상 줄어든다. 이때 벌어진 종부세 논란 와중에 한나라당 이종구 의원은 서울 강남 40평 아파트 거주자가 중산층이라는 희대의 망언을 남겼다. 상위 2퍼센트가 중산층이라면 도대체 하위 98퍼센트 국민은 뭐란 말인가?

종부세는 전액 지방자치단체에 지방교부세로 지원된다. 강남 부자들의 돈을 약간씩 걷어서 지방에 지원하는 셈이다. 우리나라는 지금 양극화 지방고사 상태다. 이런 상황에서 지방에 약간씩 돈을 걷어주는 것조차 싫다는 것이다.

《한겨레》가 국세청의 2007년 국세통계를 분석한 것에 따르면 법인세 감세에 따른 혜택의 60퍼센트가 상위 0.1퍼센트 대기업에게 집중됐다. 이명박 정부는 이런 사실을 모를까? 분명히 알고 있다. 강만수 기획재정부 장관은 법인세 감세에 대해 이런 식으로 말했다. "대기업에게 감세 수혜를 줌으로써 그 기업과 직원이 잘 되고, 주위 업자들의 장사가 잘 되고, 소액주주에게 배당도 하고, 하청업체도 잘 돼 결국 저소득층도 잘 될 텐데, 그동안 이런 걸 안 해서 우리 경제가 위축됐다." 부자의 이익은 모두의 이익이라는 것이다. 그렇다면 우리 경제가 대기업의 세금부담 때문에 그동안 어려웠단 말인가?

김광수경제연구소가 계산한 한미일 유효법인세율을 보면 2006년 기준으로 한국이 20.3퍼센트일 때 미국은 25.1퍼센트였고, 일본은 42.3퍼센트였다. 같은 계산에 따르면 2007년에 미국의 마이크로소프트에겐 31퍼센트, 일본의 토요타에겐 39.1퍼센트, 한국의 삼성전자에겐 14.4퍼센트의 법인세율이 적용됐다. 아래는 한국조세연구원 전병목 연구위원이 2008년에 발표한 자료다.

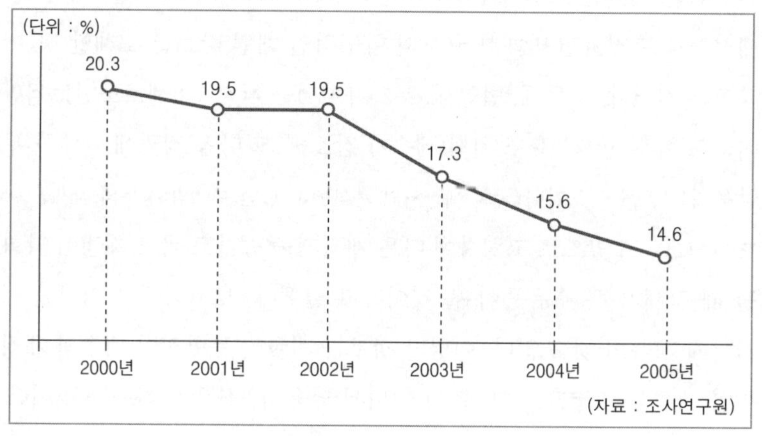

• 법인세 유효세율 추이(《한겨레》 2008년 6월 26일)

21세기 들어 한국의 법인세율은 지속적으로 낮아졌다. 그리고 그 수혜는 대기업에게 집중됐다. 이걸 또 해야 할까? 우리 대기업이 돈이 없어 투자를 못하는 게 아니라 현금을 쌓아놓고도 안 하고 있다는 말은 앞에서 했다. 이미 대기업의 실적은 사상 최대였다. 2006년에 상위 1000대 기업 내부 유보금이 364조 원을 돌파했다. 대기업의 수익은 자산을 소유한 부자들, 즉 외국인투자자와 국내주주들이 독차지하고, 임직원들이 그 나머지를 나눠가졌다. 그들은 국민경제에 이익을 주지 않았다. 이렇게 수익을 나눠가진 사람들은 해외여행을 다니고, 고액 사교육을 하고, 고가의 일류학교를 요구해 서민의 눈에 피눈물을 뽑는 암적인 존재가 되어가고 있다. 국민은 그런 현실을 민생파탄이라고 인식하며 '노무현 심판 이명박 옹립'이란 사태를 만들었다. 대기업만 잘 되는 나라가 아닌, 국민 전체가 잘 사는 나라를 만들어달라는 여망이었던 것이다. 하지만 돌아오는 건 감세였다.

한나라당은 부자정권이라는 비난이 가중되자 이를 모면하기 위해 2008년 8월에 서민을 위한다며 부가가치세 인하안까지 제기했다. 조세연구원은 2007년 보고서 〈미래 재정환경 하에서 재정의 역할〉에서 "감세정책을 추진하면 막대한 규모의 항구적인 재원 감소를 초래할 것"이라고 지적했다. 소득세, 법인세, 부가가치세를 각각 1퍼센트포인트씩만 내려도 향후 4년간 37조 원의 세수가 감소해 그 다음 정권에 막대한 부담을 안긴다는 것이다(국회 예산처의 분석에 따르면 이명박 정부의 감세는 96조 원 규모). 또 앞으로 고령화에 따른 재정지출 증가로 국가 재정이 악화될 때 감세가 큰 후유증이 될 것이라고 말했다. 보고서에서 지적한 시기까지 기다릴 것도 없다. 이명박 정부는 지금 천문학적인 액수의 재정투입 계획을 내놓고 있다. 돈이 어디서 났을까? 결국 당겨쓰는 빚이다. 조삼모사다. 나중에 망하든 말든 흥청망청 쓰자는 포퓰리즘이다.

부자는 죽지 않는다. 감세로 이익을 본 부자들은 더욱 재테크에 몰두해 자산을 늘려갈 것이다. 나라 망하는 건 부자들과 상관없는 일이다. 중남미를 보면 알 수 있다. 그러나 서민들은 죽는다. 서민을 보호하고 지원할 국가의 재정이 감세로 줄어들기 때문에 서민의 삶은 점점 어려워진다. 재정적자로 국가경제도 위기에 처한다. 《한겨레》가 2008년 10월까지 나온 감세안의 효과를 분석한 것에 따르면, 소득세 감세는 소득상위 10퍼센트에게 78퍼센트의 혜택을, 법인세 감세는 수익상위 0.8퍼센트 기업에 74.5퍼센트의 혜택을, 상속세 감세는 상속액 50억 원 이상인 사람에게 70퍼센트의 혜택을 가져다주었다. 종부세는 더 말할 나위도 없다. 앞에서 과거 봉건시대와 현재 민주공화국의 세금의 차이에 대해 이렇게 말했다.

> 과거의 세금 – 국민이 지배자들에게 갈취당하는 돈
> 현재의 세금 – 국민이 자기 자신을 위해 쓰는 돈

이것을 좀더 정확하게 말해보자. 세금을 국민이 자기 자신을 위해 쓰는 돈이라고 할 때, 여기서 국민이란 도대체 무엇일까? 국민이라는 어떤 단일한 실체가 이 세상에 있을까? 그런 건 없다. 우리나라에서 국민은 수천만이고 그중에서 누군가는 잘 살고 누군가는 굶어죽는다. 막연히 국민이라고 하면 누가 부담하고 누가 이익을 보는지 분명하지 않다. 이렇게 말하면 보다 정확해진다.

> 과거의 세금 – 없는 사람이 내고, 있는 사람이 받는 돈
> 현재의 세금 – 있는 사람이 내고, 없는 사람이 받는 돈

바로 이런 차이 때문에 과거 봉건시대에는 세금이 너무 많으면 민생 파탄, 민란이 일어났다. 지금은 세금이 너무 적으면 복지부실로 민생파탄이 일어난다.

공화국이 부자들에게 세금을 걷어 국민복지를 향상시키는 것을 '소득재분배'라 한다. 감세는 부자들에게 이런 책임을 지지 말라는 선동이다. 선진국 중에서 양극화 국가로 악명 높은 미국은 소득재분배에 GDP의 11퍼센트를 사용하지만, 복지사회인 유럽은 26퍼센트 이상을 쓴다 (《세계 경제의 그림자 미국》). 이명박 정부는 우리나라도 미국식 양극화 사회로 가자는 거다. 부자는 부자대로 가난뱅이는 가난뱅이대로 각자 따로 살자는 말이다. 우리는 '국민'이라는 말을 쓴다. 국민은 봉건사회가 끝나고 민주공화국이 탄생하면서 생긴 말이다. 그 전엔 국민이 없었다. 그저 귀족과 천민이 있을 뿐이었다. 그런데 이명박 정부는 이 '국민'이라는 단어를 없애버리려는 것 같다. 그게 아니라면 이렇게 노골적으로 평민을 천대하면서 귀족만을 위할 수는 없다.

 ## 작은 정부

이명박 정부는 감세와 함께 작은 정부를 표방한다. 강만수 기획재정부 장관은 2008년 4월 24일에 '법률규제보다 무서운 게 공무원 수'라며 기염을 토하기도 했다. 탈규제보다 작은 정부 만들기가 더 중요하다는 얘기다. 어차피 탈규제하려면 작은 정부를 만들어야 하고, 작은 정부를 하려면 탈규제를 해야 하니 그 말이 그 말이긴 하다. 이건 이런 얘기다.

왜 이조시대 때는 국가 공공서비스가 없었는데 지금은 있는 것이냐? 이조시대 때는 부자들이 천민을 위한 공공서비스 비용을 부담하지 않았는데 왜 지금은 없는 부담을 만드냐? 다시 이조시대로 돌아가라!

조선시대에도 공공서비스가 아주 없지는 않았다. 공교육 같은 건 없었지만 포도청과 군대 정도는 있었다. 한국 기득권세력의 목표는 조선시대처럼 포도청(경찰) 정도의 공공서비스만 유지되는 자유화 경찰국가를 재건하려는 것 같다(포도청이 꼭 필요한 이유는 그래야 자기들 재산을 지킬 수 있으니까).

◀))) 여기서 잠깐…

강자들이 언제나 작은 정부만 원하는 것은 아니다. 그들은 자신들이 돈을 벌면서 '깽판' 칠 땐 작은 정부를 원한다. 그러다 지나친 탐욕으로 망할 위기에 처하면 갑자기 국가를 호출하며 국민 세금으로 자신들을 살려달라고 요구한다. 그때 다시 '큰 정부'가 된다. 미국 경제위기로 생겨난 거대한 공적자금, 한국경제위기로 생겨난 경제지원금 등이 그렇다. 은행이 주주의 이익만을 위하다 경제위기를 초래했는데 이제 와서 국민 세금으로 은행을 살려주고, 또 건설사가 이익만을 위해 부동산버블에 편승해 방만한 경영을 한 것을 이제 와서 국민 세금으로 살려주고 있다. 즉 국민은 평시엔 감세와 작은 정부로 양극화를 감당하며, 경제위기 땐 부자들을 자신들 세금으로 살려줘야 하는 이중의 피해를 당한다.

기득권세력은 이미 노무현 정부 시절부터 우리 정부가 지나치게 크
다며 작은 정부 공세를 펴왔다. 우리나라의 정부는 과연 클까, 작을까?

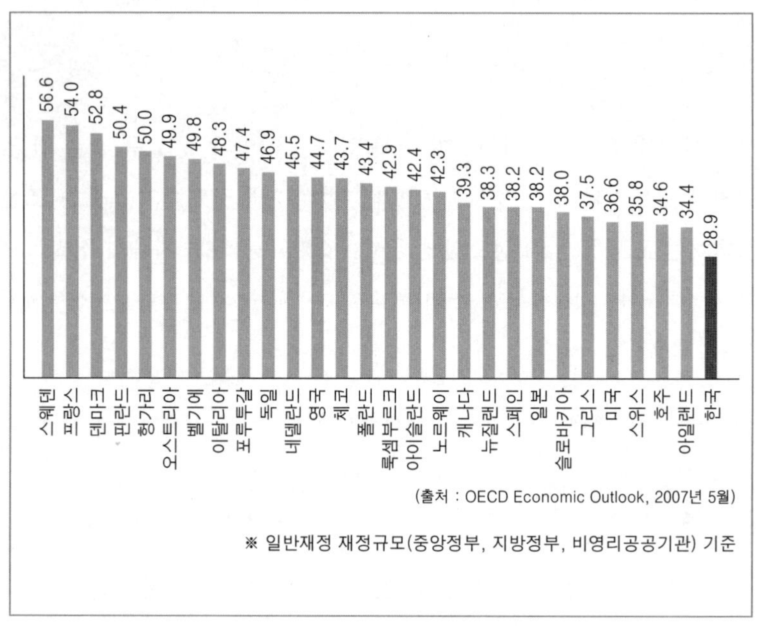

• GDP대비 재정규모 국제비교(〈국정브리핑〉 2007년 10월 30일)

위 표에서 우리나라는 꼴찌로 나왔는데, OECD에서 꼴찌는 멕시코
이고 우린 뒤에서 2등이다. OECD 평균은 2004년 기준으로 40.8퍼센트
다. 같은 해에 우린 27.3퍼센트였다. 언제나 그렇듯이 대한민국이 또다
시 OECD 평균을 깎아먹는다. GDP 대비 국가의 재정지출 규모가 복지
국가인 스웨덴, 프랑스, 핀란드는 물론, 작은 정부를 신봉하는 자유시
장체제인 미국만도 못하다. 특히 국민을 보살피는 부문인 복지분야를
보면 사실상 국민을 방치하고 있다. 계모도 이런 계모가 없다.

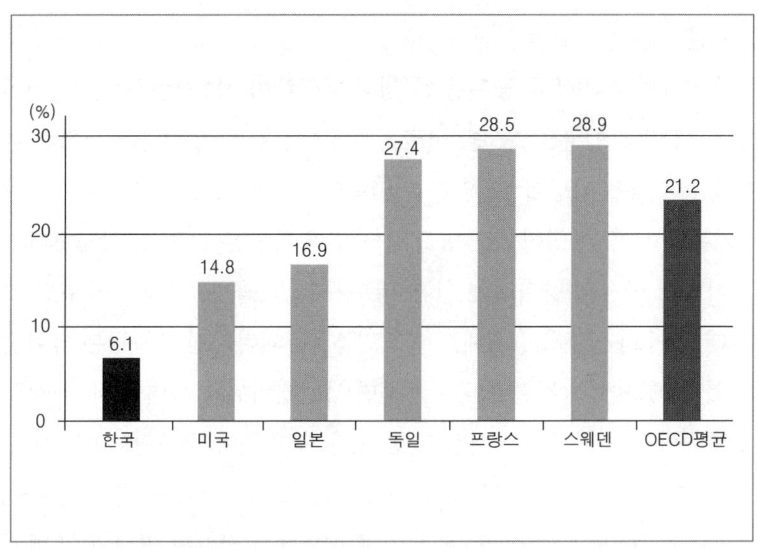

• 2001년 GDP대비 복지지출 규모(〈국정브리핑〉 2006년 3월 29일)

우리나라 기득권세력은 저 형편없는 복지지출 때문에 국민이 괴로워하면 '니들이 경쟁에 져서 그래. 경쟁해서 이기라니까!'라고 매정한 소리를 한다. 몰리고 몰려 범죄를 저지르면 잡아간다. 데모를 하면 빨갱이라고 몰아붙인다. 복지를 늘리자고 하면 빨갱이 세상이 온다고 설레발을 떤다.

〈국정브리핑〉의 2007년 자료에 따르면 정부인력규모 비교에서 프랑스는 7.8퍼센트, 한국은 2.8퍼센트다. 인구 1000명당 공무원 비율도 OECD 최저수준이다. 그린데 공무원 수가 니무 많단다. 이명박 징부 들어 독도파문이 터졌을 때도 우리 정부가 얼마나 작은 정부인지 적나라하게 드러났다. 〈PD수첩〉 780회 보도에 따르면 교육부의 일본 역사왜곡 대책팀이 작은 정부 원칙에 따라 사라졌다고 한다. 동북아역사재단이란 곳에서 독도표기 오류 시정활동을 하는데 배정된 박사급 인원은 달랑 4명이었다고 한다. 군살만 뺀 작은 정부가 아니라 아예 뼈도 뇌도

들어낸 작은 정부였던 것이다.

우리나라 복지분야 공무원 한 명이 담당해야 하는 인구는 3919명이다. 이에 반해 영국은 286명, 미국은 806명이다. 또 우리나라 소방관 한 명이 1667명을 감당할 때 일본은 819명을 감당했고, 우리나라 고용안정기관 종사자 한 명이 7893명을 감당할 때 독일은 423명을 감당했다.

이렇게 국민을 방치하는 작은 정부가 또 있을까? 하지만 공무원 수를 더 줄여 화끈하게 방치해도 괜찮긴 하다. 왜냐하면 부자들은 아쉬울 게 없기 때문이다. 경찰수가 부족하면 사설경비원을 사면 된다. 교사수가 부족하면 과외선생을 사서 쓰면 된다. 복지분야 공무원? 그런 건 부자들에게 필요 없다. 그런 걸 유지하려면 귀찮게 세금을 내야 하니까. 그러므로 정부는 작아야 한다. 부자 주머니에서 국가를 위해 돈이 빠져나가는 사태를 막으려면.

꼬우면 경쟁해서 나처럼 이기라니까!

이런 거다. 밥상에 있는 음식을 독차지해서 아기를 쫄쫄 굶기면서, 아이에게 "너도 힘을 길러서 니 밥 니가 찾아 먹어"라고 하는 전래동화 속 나쁜 계모와 같다. 아기는 굶어죽고 말 것이다.

'아이 많이 낳으라더니' …예산 끊겨 출산복지 중단. 산모 신생아 도우미서비스 재정 동나 신청끝. 보건소 미숙아 의료비 지원도 끊겨 항의사태
— 《한겨레》(2008년 5월 24일)

저출산고령화가 이대로 진행되면 나라가 망한다. 그러나 이명박 정부는 '아이를 낳든 말든, 잘 기르든 말든, 니들이 알아서 해'라는 매몰

찬 작은 정부다. 국가가 방치한 아이들은 어떤 운명에 처하게 될까?

"불길 뜨거워 못나가요" 맞벌이 자녀 3명, 화재로 숨져

맞벌이 부모 대신 빈집서 동생 돌보다 참변 …… 119에 두 번 전화
"불길 뜨거워 못나가요" 절규　　　　—《노컷뉴스》(2006년 2월 10일)

엄마, 아빠가 일 나간 사이 집을 지키고 있던 어린이 3명이 화재로 목숨을 잃었다는 기사다. 만약 우리나라의 정부가 공공보육서비스를 제공했다면 이 아이들이 불에 타 죽었을까? 이 아이들을 죽인 범인은 아이들을 방치하도록 만든 작은 정부다.

자유화 개혁으로 서민소득은 줄어드는데 교육비 및 생활비 부담은 더 오르기 때문에 맞벌이를 해야 한다. 결국 아이들은 엄마 없이 커야 한다. 하지만 질 좋은 일자리는 없다. 이들은 장시간 저임금 노동을 하게 된다. 아이들의 안위? 이런 걸 챙길 겨를이 없다. 이렇게 국민이 맞벌이로 내몰리는 상황에서 출산과 보육을 누가 책임져야 할까? 바로 국가다. 국가가 아이들의 부모 역할을 해야 한다. 부모 역할엔 돈과 시스템이 필요하다. 그런데 이명박 정부는 돈은 감세로 줄이고 시스템은 작은 정부로 없애겠단다.

위 기사에 따르면 아이들이 119에 두 번이나 전화했는데도 결국 타 죽었다고 한다. 그럼 문제는 119 소방대원들의 굼뜬 동작 때문일까? 2006년 2월 26일, 24시간 맞교대를 하는 지구대에서 밤샘 근무를 하다 1인출동한 소방관이 숨지는 참변이 발생했다. 2008년 1월 12일에는 안성소방서 진압대장이 근무 중 뇌출혈로 쓰러져 의식을 잃었다. 당시 그는 3일째 꼬박 근무 중이었다. 2007년 말에도 진화작업을 하던 소방관이 숨졌다. 2007년 1월 기준으로 1300여 명의 여성 대원이 임신 중에도

화재 진압과 구급 처치, 야간 당직을 하고 있었다. 2008년 1월 기준으로 전국 소방공무원 교대인력 2만 2611명 중 92.6퍼센트가 24시간 교대근무를 하고 있다. 주 84시간 근무체제다. 소방방재청은 인력 증원을 계획했으나 예산부족 때문에 실행되지 않았다고 한다.

위험한 1인출동만을 막는 최소한의 수준으로 인력충원을 한다 해도 경기도 지역에서만 약 2000명 정도의 소방공무원이 추가로 필요하다고 한다(《조선일보》 2008년 3월 4일). 국민들은 일선 노동자를 탓할 것이 아니라 강력한 국가의 책임을 요구해야 한다. 소방관뿐인가? 사건처리가 늦어질 때마다 경찰을 욕하는 것도 한국인의 기본교양처럼 굳어진 행태다. 이명박 대통령도 직접 일선 경찰서를 방문해 경찰을 질책하며 포퓰리즘 정치를 펼친 바 있다.

> "경찰 강력팀 막내는 마흔살" 신참들 '3D' 형사 · 수사 파트 기피
> …… 인력난 아우성 　　　　　　　　　　 ─《한국일보》(2008년 7월 23일)

힘든 일과 낮은 처우 등으로 수사부문이 인력난에 시달린다는 기사다. 수사지원도 없어 형사들이 개인차를 사용하고 있었다. 좋은 보수로 인력을 확충하면 국민이 좋은 서비스를 받게 될 것이다. 작은 정부는 국민의 복지와 안전을 방치한다.

KDI의 2003년 보고서 〈소득분배 국제비교를 통한 복지정책방향〉에 따르면 1987년 기준으로 스웨덴의 소득재분배 전 소득격차는 0.439다. 이것이 재분배 후 0.218로 반토막난다. 변화율이 101.4퍼센트다. 양극화 수준이 절반으로 떨어지는 것이다. 핀란드도 비슷하다. 독일은 약 50퍼센트 대의 변화율을 보였다. 작은 정부 자유시장인 미국조차도 1986년 기준으로 22.7퍼센트의 변화율이었다. OECD 평균은 40퍼센트

대다. 그럼 우리나라는?

놀라지 마시라. 2000년 기준으로 우리나라의 변화율은 무려 4.5퍼센트다. 거의 변화가 없다. 즉 국가가 하는 일이 없다는 뜻이다. 부자는 부자대로 거지는 거지대로 각자 알아서 조선시대처럼 살고 있는 것이다. 이미 완벽하게 작은 정부다. 여기서 더 줄인다고? 더욱 놀랄 일이 있다.

진보정치연구소의 계산에 따르면 2004년에 상하위 10퍼센트의 격차가 소득재분배 후에 더욱 벌어졌다. 우리 국가도 하는 일이 있었다! 국민의 돈을 갈취해 부자들에게 퍼주고 있었던 것이다. 물론 이건 특이한 경우고 대체로 재분배 후 조금이나마 격차는 완화된다. 하지만 작은 정부인 'MB공화국'에서는 재분배 후 격차가 더 벌어지는 기괴한 일이 벌어지지 않는다고 장담할 수 없다.

격차가 더 벌어진다는 건 강자가 약자를 약탈한다는 뜻이다. 작은 정부의 본질은 바로 이런 '약탈'이다. 봉건사회도 재분배 후, 즉 세금을 다 낸 후에는 격차가 더 벌어졌다. 부자의 세금을 약자에게 분배하는 국가의 역할이 없었으니까.

 ## 민영화에 속지 않기

이명박 대통령은 대대적인 민영화 혹은 효율성 구조조정을 공언하고 있다. 우리에게 민영화는 김영삼 정부가 기획하고, 김영삼 정부가 불러들인 IMF의 요구에 의해 김대중 정부가 실행했던 정책이다.

국정운영의 분권화와 민간화가 시급히 이루어져야 한다. …… 대

부분의 행정서비스는 지방정부나 준공공기관 그리고 계약된 민간회
사에서 제공되도록 행정권한을 분권화하고 민간화하여야 한다.
—세계화추진위원회(〈세계화의 비전과 전략〉, 1995년)

민영화 부문에서도 이렇게 'MB공화국'이 1990년대부터 이어져왔
다는 걸 알 수 있다. 그러므로 이명박 대통령이 지금까지와 전혀 다른
정책으로 경제에 새바람을 불러올 거라는 국민의 믿음은 거듭 말하지
만 '말짱 황'이었다. 민영화는 미국이 IMF를 이용해 제3세계에 강요해
온 정책이다. 그 결과 전 지구적인 차원에서 양극화가 심화되고, 세계
곳곳의 민중은 파탄을 맞았다. 이걸 우리가 알아서 추진한다는 얘기다.
민영화에 깔린 것은 자유화, 분권화, 시장화, 개방, 작은 정부, 경쟁
지상주의, 성과주의다. 국가가 경제부문을 장악해 통제하면 시장질서
를 해치므로 모든 것을 민영화해 각자 자율경영 자유경쟁하도록 해야
한다는 것이다. 그러면 시장에서의 경쟁을 통해 효율성이 극대화되고
가격이 낮아져 소비자 후생은 증대되고, 각 업체의 성과(이익)도 커져
경제가 좋아진다는 믿음이다.
문제는 이 안에 '공익'이라는 개념이 없다는 점이다. 회사는 이익극
대화를 위해 존재하지 공익을 위해 있는 것이 아니다. 그러므로 공공부
문 민영화를 섣불리 해선 안 된다. 지금까지 공공부문이었던 것이 국민
을 상대로 돈벌이를 한다는 뜻이기 때문이다. 공공서비스는 국민의 권
리지만, 민영서비스는 소비자가 사야 할 상품이 된다. 돈벌이를 위해서
는 가격이 올라가는데, 돈이 없는 소비자는 결국 서비스를 못 받게 된
다. 돈이 없어 민영학교(자사고)에 못 가고, 돈이 없어 민영보험으로부터
거부당하고, 돈이 없어 전기를 못 쓰고, 돈이 없어 수돗물을 못 먹는 사
태로 발전한다.

민영화했던 영국의 철도는 결국 다시 국유화됐다. 이익극대화만을 생각하는 회사들은 공공철도서비스는 안중에도 없었다. 따라서 국민은 비싼 요금을 부담해야 했다. 그런데도 철도서비스의 질은 날로 떨어졌다. 이익극대화를 위해 재투자를 꺼렸기 때문이다. 이것은 철도대란으로 이어졌다. 규제로 공공성을 유지하겠다고 했지만 그런 것은 지켜지지 않았다. 일단 민영화하면 이윤원리가 강해지기 때문이다. 이렇게 분명한 사례가 있는데도 민영화를 고집하는 이유는 무엇일까?

민영화는 민주주의(국가)를 최소화하고 시장의 힘, 즉 금권을 극대화한다는 얘기다. 한국에서 금권을 휘두르는 주체는 재벌과 외국자본이므로 이들의 힘이 극대화된다. 그러니까 민영화는 국민이 고통 받건 말건, 국부가 유출되건 말건, 부자들의 이익만 챙기면 그만이라는 생각이라고밖에 이해할 수 없다. 근본적으로 국민자산의 그랜드세일 퍼주기다.

기획재정부 관계자는 "시장에서 생존이 가능한 공기업들이 주로 민영화 대상에 해당될 것"(《연합뉴스》 2008년 3월 25일)이라고 했다. 시장에서 생존이 가능하다는 소리는 돈을 잘 번다는 뜻이다. 공기업이 돈을 잘 벌면 그 수익을 공익을 위해 써야 하는데, 그랜드서클에게 넘기겠다는 얘기다. 대신 돈벌이가 안 될 공공부문은 여전히 국민세금으로 부담하도록 남겨둔다.

보통 사람들은 공기업을 비효율적으로 돈 먹는 하마라고 생각한다. 과연 그럴까? 미래경영개발연구원의 2008년 보고서 〈공공기관 재무현황 분석〉을 보자. 2006년 기준으로 공기업 21곳의 순이익률은 7.2퍼센트, 국내 500대 기업의 순이익률은 3.4퍼센트였다. 돈 먹는 하마가 아니라 돈 버는 하마였다. 이 얼마나 탐나는 과실인가?

지금은 민영화할 때가 아니라 공기업의 공공성을 확충할 때다. 흔히 공기업을 공격하는 또다른 논리가 공기업이 엄청난 연봉으로 돈잔치를 한다는 거다. 그럴 거면 차라리 민영화하자는 건데, 사기업은 수익이 날 경우 더 화끈한 연봉잔치를 벌인다. 이때 진정한 잔치는 연봉 같은 째째한 부문이 아니라 기업 소유권을 받은 측에서 벌어진다.

같은 보고서에서 경영성과가 좋은데도 공기업 종사자 수는 1996년 7만 8205명에서 2006년 5만 4324명으로 줄었다고 한다. 효율성만을 목적으로 하는 성과주의 구조조정이 이익은 높이고 사람은 자른 것이다. 같은 기간 계약직은 816명에서 4905명으로 늘었다. 민영화를 하면 이런 경향이 더 강화된다. 그동안 정부는 지속적으로 성과극대화를 요구해왔다. 그리고 얼마나 효율적 구조조정을 잘 했는지 돈을 너무나 잘 벌어 자기들끼리 돈잔치를 벌였다. 민영화로 강제될 성과주의, 수익성 지상주의, 효율성지상주의는 이미 실행됐고 국민이 얻은 것은 아무 것도 없었다. 이런 상황에서 무슨 민영화를 또 해야 하나? 돈 되는 공공부문일수록 국익을 위해 남겨둬야 한다. 그렇게 번 돈을 공공서비스 제공에 쓴다면 물가를 낮출 수 있다. 고용을 극대화하면 실업문제가 조금이나마 해소된다. 이럴 경우 국민이 경제위기를 돌파할 디딤돌이 마련된다. 반면 부자들에게는 특별한 이익이 안 생긴다는 문제가 있다. 'MB공화국'에서는 이것이 가장 중대한 문제인 것 같다.

첫째, 민영화를 외국에 팔아넘기기라고 공격하면 우리 재벌에게 판다고 한다. 둘째, 재벌에 팔아넘기기라고 공격하면 특정 재벌에게 넘기지 않고 시장에 지분을 풀어놓는 방식으로 매각하겠다고 한다. 듣기 좋은 말로 '국민주' 방식이다. 이런 방식이면 괜찮다는 사람들이 의외로 많다. 물론 국민들이 저마다 주식을 사 소액주주가 되면 국민주가 되어 기업이익이 국민이익이 된다고 생각할 수 있다. 그러나 착각이다. 그렇게 따지면 주식시장에 공개된 대기업의 주가가 올라갔음에도 불구하고 왜 민생파탄이 왔단 말인가? 주식은 자산이다. 자유시장에서 자산은 반드시 소유집중이 생긴다. 누구에게 집중될까?

바로 내국인 부자와 외국인이다. 국민은행은 2006년에 외국인에게만 1조 152억 원을 배당했다. 포스코도 외국인들에게 수익을 올려준다. KT&G도 외국자본의 압력에 굴복해 수조 원을 주주이익을 위해 쓰겠다고 했다. 우리 국민을 상대로 낸 수익을 가지고 소유권자(주식부자)와 외국인들이 잔치를 벌이는 것이다. 이런 잔치에 비하면 현행 공기업의 연봉잔치는 애교 수준이다.

KT도 특정인에게 매각하지 않는 방식으로 민영화됐다. 이해관, 조원희의 〈국민경제적 입장에서 본 KT 경영의 문제점〉에 따르면 KT 지분의 49퍼센트를 외국인이 차지하고 있다. 이것은 국가기간통신업체의 특성상 외국인지분을 제한했기 때문이다. 일반적인 민영화 상황에선 알짜 공기업의 외국인 지분이 더욱 높아질 것이다. 우리 국민이 수십여 년간 키워놓은 기업자산을 외국인과 부자들에게 탈취당하는 셈이다.

게다가 한미FTA가 추진되고 있다. 갇혀 있던 공공부문을 민영화로 시장에 개방하면 한미FTA 투자자유화 정신에 따라 공공적 규제를 받지 않는 자유시장이 된다. 예컨대 국책은행을 민영화할 경우 국가산업지원 역할을 부과하지 못하게 된다. 그저 이익추구만 하다가 국부유출의 창구가 되거나, 경제위기의 단초가 된다. 또 남미처럼 민영화된 부문이 물가폭등, 서비스악화 등의 문제를 일으켜도 일단 미국 투자자가 해당 부문에 진출하면 재국유화하기가 어려워진다. 이렇게 탈규제된 시장환경은 한국자본에게도 돈벌이 기회가 된다. 국민은 한미양국 대자본의 이익추구대상으로, 즉 '시민'에서 '소비자'로 전락한다. 민영화는 그것을 위한 사전정지작업의 효과가 있다.

KT는 민영화가 된 후 이익이 크게 늘었다. 이것을 두고 우량기업이 되었다고 좋아해야 할까? 대신 설비투자와 R&D투자는 줄어들고 배당이 늘었다. 배당은 주주들에게 기업이익을 나눠주는 것을 뜻한다. 노동자와 국민경제에게 가는 돈은 점점 줄어들고 국내외 투자자, 즉 부자들에게 상납하는 돈은 커져간다. 2004년에 KT와 KT&G(민영화된 담배인삼공사)의 배당성향은 국내 최고 수준이었다. KT는 2006년 3월에도 외국인 한도에 여유가 생겼다며 자사주 522만 주를 매입 소각했다. 이렇게 되면 주가가 올라 주주들이 이익을 본다. 대신에 고용이나 기술개발, 교육훈련, 통신비 등 국민경제부문은 손해를 본다.

이런 행태는 주식시장의 영향을 받는 한국기업의 일반적인 경향이 됐다. 2004년에는 국내 증시 자사주 매입 소각 규모가 주식 공급 규모를 넘어섰다. 국내외 자산가들이 국민경제를 약탈하고 있다는 뜻이다. 이 때문에 기업은 투자를 줄이고, 사람을 자르고, 하청업체를 쥐어짠다. 민영화는 공공부문마저 약탈자들의 먹잇감으로 넘겨주겠다는 소리다.

KT 민영화 과정에서 구조조정으로 정규직 2만 5000여 명, 비정규직 1만여 명이 해고되었다. 선로 유지 보수 업무를 하도급으로 돌려 계약직 수천여 명을 해고한 것이다. 바로 이런 것이 효율성 구조조정이다. 2004년엔 노동자 4명이 사망하기도 했다. 당연히 노사평화가 깨지고 파업이 발생했다. 강성노조, 파업으로 기업하기 힘든 'MB공화국'은 이렇게 탄생했다.

KT 퇴직자들은 2006년 기준으로 53퍼센트만이 재취업에 성공했다. 그러나 월 300만 원대를 유지한 노동자는 4.2퍼센트에 불과했다. 100만 원 이하가 절반 이상이다. 재취업에 실패한 사람들 중 절반은 무직자가 그리고 나머지 절반은 자영업자가 됐다. 이렇게 구조조정에서 밀려난 사람들이 창업을 해 한국은 자영업 비율이 기형적으로 높은 나라가 되었다. 자영업자 평균소득은 노동자 평균소득 밑으로 떨어졌다. 이 괴로운 국민들에게 이명박 대통령은 고맙게도 이렇게 말해주고 있다. '걱정

하지 마. 민영화로 물가 올려줄게. 연간 천만 원 이상 들어가는 학교도 만들어줄게.'

한편 이명박 정부는 노무현 정부가 추진했던 '비전2030'이라는 복지서비스 확충 계획마저 줄이려 하고 있다. 철학이 변했다는 것이다. 작은 정부 치하에서 민영화 구조조정으로 전면 경쟁에 돌입시키기 위해서는 안일한 복지안전망 따위는 필요 없다는 철학일까?

민영화라고 해서 꼭 매각 즉, 소유권의 완전 이전만 생각할 필요는 없다. 효율성 구조조정이나 경영권 위탁도 큰 틀에서 보면 민영화다. 위탁 받은 사람은 각 분권화된 단위에서 자율적 결정권을 행사하는 영주가 된다. 운영효율성이라는 명목으로 민간에 경영권을 위탁할 경우 위탁받은 측은 효율성을 높이기 위해 사람을 자르고, 투자를 줄이고, 가격을 올려 수익성을 극대화하려 할 것이다. 결국 소유권 이전이나 마찬가지다. 민주당 김성희 의원에 따르면 남원시 수도요금이 위탁 후 2016년까지 50퍼센트 이상 오를 것이라고 한다.

감세, 작은 정부, 민영화의 바람 속에서 국민이 할 수 있는 일은 경쟁하는 것과 소비자로서 선택의 자유를 행사하는 것뿐이다. 자유롭게 영리병원이나 일반병원 사이에서 선택할 수 있고, 일반학교나 귀족학교 사이에서 선택할 수 있다. 돈이 없다고? 그건 각자 알아서 할 일이다. 서울시에서는 고교선택권 강화가 추진 중이다. 다 같은 맥락이다. 교육감 직선제는 지역교육정책의 선택권 강화다. 대신 지역은 지역끼리, 학교는 학교끼리, 병원은 병원끼리 경쟁한다. 승자는 선택받고 선택할 수 있다. 이렇게 자유롭게 시장거래가 이루어지도록 국가는 퇴각한다. 그것이 작은 정부고 탈규제고 민영화다.

이런 구조에서 승자는 극소수일 수밖에 없다. 기업으로 치면 대기업, 지역으로 치면 수도권, 사람으로 치면 강부자 그리고 외국자본이다. 그럼 나머지 국민들은? '어허 말귀 못 알아듣네. 각자 알아서들 살라니까!' 아 참, 이제 우리나라는 나랏님이 국민 가난 나몰라라하는 봉건사회지……. 21세기에 반만년 봉건사회 전통을 되살린 MB공화국, **고맙습니다.**

노동과 중소기업이 죽는 나라, 고·맙·습·니·다

❧ 대기업은 국민을 고용하지도 않고, 국민들의 상대적 소득은 유연화로 점점 줄어
　만 가는데, 우리 노동자들은 무얼 먹고 사나요?

❧ 노동자들이여 자유를 주겠습니다.
　자율적으로 경쟁하세요.

❧ 아예~ 자유가 밥 먹여주는군요.
　저기, 그래도 이건 좀…… 일자리와 소득을……

❧ 어허! 자꾸 떠들면 법질서를 적용하겠습니다.
　저기 사복체포조와 색소최루액 물대포 보이죠? 입 다물고 눈 까세요.

❧ 아예…… 밥이 아니라 법을 주는군요. 밥 없이도 사는 세상이군요.
　자유와 법질서, 감사합니다.

시장이 말라간다

　　　　　한국개발연구원KDI의 2008년 보고서 〈최근의 취업자 증가세 둔화에 대한 분석〉에 따르면 실질투자보다 실질소비를 늘리는 것이 고용 유발 효과가 3배 가까이 크다. 실질소비가 1퍼센트포인트 증가할 때는 고용 3만 명이 늘어났지만, 실질투자가 1퍼센트포인트 증가할 때는 고용 증가가 1만 2000명에 그쳤다. 소비가 늘어나면 내수가 커지고 고용이 늘어나 다시 소비와 내수가 커지는 선순환이 발생해 경제가 활성화된다는 얘기다.

　　그러나 이명박 정부는 반대방향으로 갔다. 2008년 2분기 민간소비 증가율은 4년 만에 최저치였다. 반대로 수출은 호조였다. 같은 시기에 듀스파의 조사에 따르면 직장인의 80퍼센트가 허리띠 졸라매기 가계구조조정을 준비하고 있었다. 반면 명품 판매는 치솟았다. 2008년 3월에는 외제차 판매량도 사상최대치를 기록했다.

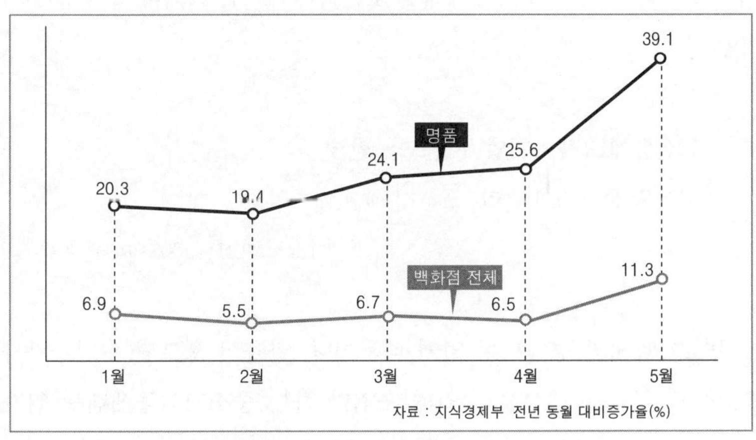

• 2008년 명품판매율 추이(《경향신문》 2008년 7월 14일)

이명박 정부는 들어서자마자 수출대기업에게 고환율 정책으로 이익을 몰아줬다. 솔로몬 투자증권의 2008년 보고서 〈환율과 유가변동을 고려한 투자전략〉에 따르면 환율 10원이 올라갈 때마다 삼성전자는 연간 1831억 원의 이익을 본다. 대신 물가가 오른다. 〈시사기획 쌈〉의 79회 보도에 따르면 2008년 4월 수입물가 상승률이 독일은 5.7퍼센트, 일본은 9.0퍼센트인데 반해 한국은 31.3퍼센트였다. 5월엔 44퍼센트가 올라 10년만의 최대치를 기록했다. 〈프레시안〉의 계산에 따르면 44퍼센트 중 27.6퍼센트포인트가 국제가격변동에 따른 상승이었고, 17퍼센트포인트가 고환율에 의한 상승이었다. 이 때문에 국민들은 막대한 고통을 겪었다.

그러나 그랜드서클 세계엔 호황이 찾아왔다. 2008년 2분기에 삼성전자와 LG전자는 전년동기대비 영업이익 상승률이 각각 155퍼센트, 291퍼센트에 달했다(〈시사기획 쌈〉). 그동안 이런 식이었다. 재벌은 잘 되는데 국민은 파탄을 겪은 것이다.

어차피 환율이 올라가면 모든 수출기업이 이익을 보는데 그렇다면 대기업이 아닌 중소기업도 이익을 보는 건 아닐까? 그러나 그게 그렇지가 않다.

고환율에도 중소기업 수출 도움 안돼

일부 부품가격만 올라, 오히려 채산성만 악화

—《이코노미21》(2008년 8월 4일)

중소기업에게 경쟁력이 없기 때문이다. 환율이 오르면 수입물가가 오르는데 부품을 대부분 수입해 조립만 하는 중소기업들에겐 수입가 인상의 피해가 더 컸다. 재벌은 하청업체의 가격을 후려치는 방식으로 시장에서의 피해를 중소기업에게 떠넘길 수 있지만 중소기업은 그럴 수도 없다.

중소기업에는 전체 노동자의 대부분이 종사하기 때문에 중소기업의 고통은 곧바로 민생파탄이 된다. 그런데 수출대기업, 재벌의 이익은 민생에 어떤 영향을 미칠까? 그것도 역시 민생파탄이 된다. 재벌의 이익은 사회양극화로 이어져 국민의 상대적 박탈감을 증대시키기 때문이다. 또 그들 세계에서 넘쳐나는 돈을 주체 못해 사교육비 인플레를 일으키고, 부동산 투기를 하고, 초고액 학교 등을 만들자고 국가를 부추겨 국민의 삶의 질을 더 떨어뜨린다.

위에서 소비는 고용유발효과가 크다고 했다. 그뿐 아니라 소비는 성장유발효과도 크다. 경제성장이야말로 국민이 이명박 정부를 선택한 유일한 이유였다.《한겨레21》524호에 따르면 소비의 부가가치 유발계수는 2000년도에 0.79였다. 반면에 수출은 0.63이었다. 소비가 늘어날 때 경제가 더 '효율적'으로 성장하는 것이다.

소비는 시장에서 돈을 쓰는 거다. 누군가가 돈을 쓰면 다른 누군가가 그것을 받아 수입으로 삼는다. 돈을 쓰니까 상품판매가 잘 돼 기업이 잘 돌아가고, 투자가 이루어지고, 고용이 일어나고, 자영업이 잘 돼 모두의 소득이 올라간다. 그렇게 번 돈을 모두가 또 쓰게 되면 경제가 더 활성화된다. 이것이 결국 '경제성장'이다.

한국경제개발기 : 수출대기업 몰아주기 → 외화획득
　　→ 국내투자, 노동고용 → 경제성장
김영삼 정부 이후 : 자유화로 수출대기업 성장 → 외화획득
　　→ 국내외부자 이익독점, 양극화, 청년실업, 노동불안, 민생파탄,
경제종속성 심화 → 경제위기

수출대기업, 즉 재벌 몰아주기로 국가경제를 활성화시키는 체제는 한국에서 끝났다. 국내소비의 필요성이 점점 더 커지고 있다. 수출부문이나 재벌을 죽이자는 말이 아니다. 경제개발기에 수출대기업이라는 하나의 날개를 만들었다면 이젠 소비내수부문이라는 또다른 날개를 만들어 한국경제가 안정적으로 상승하도록 할 때라는 말이다. 세상에서 가장 크고 좋은 날개를 가진 새라도 단 한 쪽뿐이라면 추락하고 만다. 마틴 펠드스타인 전미경제연구소 소장도 소비진작이 되지 않으면 한국경제가 어려워질 것이라고 경고한 바 있다.

노벨 경제학상 수상자인 조지프 스티글리츠는 경제성장을 원한다면 좌파정부를 선택하라고 했다. 한국은 아직까지 좌파정부를 구성해본 적이 없다. 김영삼, 김대중, 노무현, 이명박 정부는 자유화-개방-한미FTA 코드 정부다. 좌파정부라 함은 기회와 부를 모든 국민들에게 공평히 나누기 위해 시장을 규제하는 정권을 말한다. 'MB공화국'에서는 교육을 통한 기회도, 부의 소유도, 심지어 방송도 부자들 차지다. 교육기회가 공평히 나눠지면 국민이 더 분발하게 되고, 부가 나눠지면 소비가 일어난다. 내수경제가 상승하는 것이다. 하지만 자본의 방송장악은 기회와 부의 분배여론을 막아 경제성장을 막을 것이다. 산업연구원의 2005년 보고서 〈소비부진의 구조적 원인〉은 아래와 같이 지적하고 있다.

> 최근 우리 경제 경기부진의 주요인은 소비침체에 있음
> 소비성향 하락의 원인은 양극화와 분배구조 변화임
> 가계소득격차가 확대되고 노동소득비율이 저하되고 있음

분배문제를 지나치게 경시한 것이 성장둔화의 주요인이라는 것이다. 실제로 1990년대 말 소득격차가 확대된 이후 소비성향이 떨어지기

시작했다. 양극화 확대로 왜 소비성향이 떨어질까? 양극화는 돈이 어디로 사라지는 것이 아니다. 공동체 전체의 돈은 그대로인데 다만 한쪽으로 쏠리는 것이다. 그렇다면 공동체 전체의 소비여력은 그대로여야 하지 않은가? 게다가 이명박 정부는 돈이 그렇게 한쪽으로 쏠릴 경우 오히려 경제에 이롭다고 주장한다. 그러나 그럴 리가 없다. 소비성향의 차원에서 보면 저소득층의 소비성향이 더 높기 때문이다. 10단계 소득 층위에서 최저소득층과 최고소득층 사이엔 약 2~3배 정도의 소비성향 차이가 있다. 가난한 사람들은 돈이 생기면 국민경제에 쓴다. 쉽게 말해 밥 사먹고 택시 탄다. 그러나 부자들은 명품, 외제차 구입 등 엉뚱한 곳에 돈을 쓴다.

이처럼 양극화로 인해 돈이 한쪽으로 쏠릴수록 사회 전체의 소비성향은 떨어진다. 소비여력이 없는 국민이 사는 가난한 경제는 활력을 잃고, 이런 시장에서는 먹을 것이 없으므로 외국인 투자도 줄어든다. 국내 기업도 투자를 꺼리는 황폐한 시장이 된다. 부자들의 '엄한 소비'를 노리는 명품시장만 커질 뿐이다. 한국개발연구원의 2008년 보고서 〈사회통합의 과제와 저소득층 소득 향상〉에서도 "우리 경제가 지속적으로 성장하기 위해서는 저소득층의 소득향상이 이루어져야 한다"고 지적했다.

MB공화국은 친기업 기조다. 친기업으로 과연 경제를 살릴 수 있을까? 산업연구원의 같은 자료에 따르면 2000년부터 2004년까지 기업소득은 연 50퍼센트 정도씩의 초고속 성장을 보였다. 그러나 개인소득 증가율은 연 1.7퍼센트에 그쳤다. 기업들이 잘 되는 것과 민생경제는 상관이 없었다. 국민의 주머니는 점점 가벼워졌고 황폐해진 시장은 기업하기 힘든 나라, 위기에 취약한 경제를 만들었다.

국민이 잘 살게 되면 두고두고 황금알을 낳는 거위가 된다. 부자들이 탐욕에 눈이 멀어 거위배를 가르는 순간, 즉 국민의 소득을 압박하는 순간 국민은 더 이상 황금알을 낳을 수 없게 된다. 황금의 경제는 돌덩이 경제로 가난해진다. 여기에서 이런 질문이 나올 수 있다.

물건을 제 국민에게만 파나요? 수출해서 그 돈 나눠가지면 되잖아요?

누누이 설명했다. 이런 기조가 그동안의 민생파탄을 불러왔다. 노무현 정부도 이렇게 생각했다. 노무현 대통령이 우리 경제 좋다고 국민들에게 얘기했던 것은 수출 등 거시지표가 좋았기 때문이다. 수출대기업을 위해 한미FTA도 감행했다. 그러나 수출대기업이 아무리 사상최고의 실적을 내도 일반국민의 삶의 질과는 상관이 없었다. 그러나 '수출은 수출대로 하되 물건 살 여력이 있는 국민들을 육성해야 한다'가 정답이다.

이 대목에서 MB공화국은 또 '삐딱선'을 탄다. '감세해서 소비여력 증진시키고 부동산 개발붐으로 경기를 부양하면 되겠네.' 이명박 정부는 경제위기가 닥치자 소비성향이 높은 서민소득을 올려주는 것이 아니라 엉뚱하게 건설사에 퍼주었다. 감세를 하면 양극화가 심화되기 때문에 소비성향은 더 하락한다. 부동산 개발붐은 자산가들 배만 불리고 서민의 고통을 야기해 민심을 흉흉하게 한다. 또 투기바람은 경제건전성을 해친다. 부동산 거품은 반드시 꺼지게 마련인데 그 거품이 언제 꺼질지는 아무도 모른다. 거품을 키울수록 거품이 꺼졌을 때의 국민고통도 커진다.

서민들이 어려운 이유는 우리나라 내수기반이 작기 때문이다. 반면 대외의존도가 다른 나라에 비해 너무 높아 고용과 성장 등에 많은 문제가 생긴다. 내수 기반을 한 단계 높이기 위한 무엇인가가 필요하다. 대운하가 이에 부합한다.   —강만수 전 기획재정부 장관

어떻게 이 와중에 대운하 끼워팔기를 하는지. 이런 것도 창조성이라면 창조성이다. 그러나 정도는 아니다. 노동자 서민 등 저소득층의 소득을 올려 이들이 내수경제의 주축이 되도록 하는 것이 정도다.

MB공화국은 국민을 살뜰히도 가난하게 만든다. 일방적인 친기업 행보로 노동을 입박하는 것으로도 모자라 제반 민영화 및 선진화로 국민 부담을 올리려 하고, 작은 정부로 복지 지원은 줄이려 하고, 교육 자유화와 영어로 교육비 약탈을 전개한다. 1990년대 이래 한국의 가계저축률과 교육비비중은 반비례해왔다. 교육비가 커지면 소비고 저축이고 따질 것 없이 한국인은 먹고 죽을 돈도 없는 처지가 된다. 또 대부분의 국민은 중소기업 종사자 및 관계자인데 친재벌 환경에서 이들에게 미래가 있을까?

삼성경제연구소에서 출간된 《한국경제 20년의 재조명》에 따르면, 한국경제가 기적적인 성장을 하던 시기인 1975년부터 1986년 사이에 민간소비와 설비투자의 성장기여도가 수출의 기여도보다 세 배 이상 높았다. 그러나 민생파탄 시기인 2000년대에는 정반대가 된다. 수출의 기여도가 소비, 설비투자 기여도보다 세 배 가량 더 높다. 수출대기업, 즉 재벌 혼자 북 치고 장구 치는 '그랜드서클 만만세' 공화국이 된 것이다. 노동억압으로 전 국민이 가난했다던 박정희 정부 시절보다 2000년 이후의 민간소비 증가율이 더 낮다. 노동소득을 올리지 않으면 파탄은 계속 된다. 마지막 남은 문제가 있다. 이런 질문이 있을 수 있다.

우리 인건비가 올라가면 국제경쟁력은 어떻게 되나요? 중국이 쫓아옵니다.

국제경쟁력 때문에 인건비 못 올리면 그냥 주저앉는 거다. 인건비 경쟁력은 언제나 후진국이 유리하다. 인건비 경쟁에서 승리하고 싶으면 답은 하나다. 우리가 후진국이 되면 된다. 이런 정책을 가장 잘 편 사람은 북한의 김일성-김정일 부자다. 북한 노동력은 세계에서 가장 저렴하다. 인건비를 줄여 국제경쟁력 회복하자고 하는 사람은 북한을 우리 경제 모델로 상정하는 셈인데, 이건 다 죽자는 소리다.

세계 최고의 제조업 국가가 어디인가? 일본과 독일이다. 세계 최고의 복지선진국은 어디인가? 스웨덴과 핀란드다. 이런 나라들의 특징은? 인건비가 싸지 않다. 우리나라엔 없고 이들 나라엔 있는 것은? 기술과 안정된 중소기업 환경, 양질의 노동력이다. 재벌과 부자는 우리나라에도 있다. 그러므로 친재벌친부자 정책은 헛발질이다. 기술, 중소기업, 양질의 노동력 확보에 투자해야 하는 것이다.

인건비가 좀 비싸더라도 세계 최고의 기술력을 가진 노동력, 세계 최고의 경쟁력을 가진 중소기업을 육성하면 문제가 풀린다. 이것이 핵심 고리다. 그렇다면 어떻게 해야 할까?

사람은 태어날 땐 다 똑같다. 교육과 환경에 의해 능력이 갈린다. 그러므로 우리 국민들에게 세계 최고의 교육을 시켜주면 세계 최고의 인력을 만들 수 있다. 중소기업 육성책은 일단 재벌의 중소기업 착취 규제에서부터 시작해야 한다. 언제나 그렇듯이 이 대목에서도 MB공화국은 거꾸로 간다.

MB공화국에서 우리 국민들은 세계 최저의 교육을 받게 된다. 대학 서열체제 아래에서 이루어진 교육자유화로 입시경쟁이 극대화된다. 그것은 획일적인 노예적 두뇌를 만든다. 또 영어강박증으로 싸구려 영어 기술자들이나 양산하려 한다. 영어 관광가이드보다 렉서스를 만들 줄 아는 노동자가 더 필요한데도 말이다. 그리고 서열체제 강화와 유학의 필요성 증대는 사회에서의 직업교육을 무력하게 만든다. 전문기술력보다 학벌간판, 영어실력이 더 중요하니까. 세계 최고의 직업훈련이 필요한 시점에 국영수 괴물들만 키우다 나라가 망하게 생겼다. 아울러 재벌에 치어 사는 중소기업은 자체적으로 직원을 훈련시킬 여력도, 기술을 개발할 힘도 없다. 이대로 두면 하급 인력을 받아서 하급 경쟁력 가지고 하급 영업이나 하다 굶어죽게 된다.

 노동이 죽는 나라

세계 경제위기다. 이것이 우리에게 의미하는 바는? 세계시장 축소다. 어느 시장이 있었다. 그 옆에 아파트 단지가 있었다. 그 아파트 주민들이 한 순간 가난해졌다. 그럼 시장은? 당연히 망한다. 손님이 사라지니까. 대외의존도가 과도한 한국이 세계 경제위기에 취약한 것은 이런 구조 때문이다. 그런데 만약 그 시장이 상인들 간의 자체 거래를 통해 매출의 상당액을 올리는 구조였다면? 그렇다면 아파트 단지가 가난해져도 좀 힘들긴 하겠지만 망하진 않을 것이다. 스스로가 스스로의 손님이 되어 외부 손님에 대한 의존도를 줄인 거니까.

세계시장 축소를 맞은 한국이 할 일은 무엇인가? 바깥 손님에게 과도하게 의지하지 않는 시장구조를 만드는 일이다. 즉 우리 내부에 시장을 확보하면 된다. 이렇게 하기 위해서는 앞에서 설명한 것처럼 국민의 가처분소득을 갉아먹는 교육비 부담을 줄임과 동시에 복지서비스를 확충하고, 궁극적으로 임금소득을 올려줘야 한다. 이 대목에서도 이명박 정부는 거꾸로 간다. 이명박 대통령은 당선 직후 희한한 '자봉'주의 노동관을 내보인 바 있다. 아래는 상공회의소에서의 이명박 대통령 발언이다.

> 태안 기름유출 사고 현장에 100만 명이 넘는 자원봉사자들이 왔다 갔다고 한다. …… 그 모습을 보면서 노사분규가 심한 기업체 노동자들이 저렇게 자원봉사하는 기분으로 자세를 바꾼다면 그 기업이 10퍼센트 성장하는 게 뭐가 어렵겠느냐.
>
> —《프레시안》(2008년 1월 11일)

자원봉사자들을 보면서 눈이 번쩍 뜨였나보다. 그들은 공짜노동력이니까. 대통령이 기업측 인사들을 만나 노동자 탓을 했다. 그러면서 그들이 '자봉'하듯 일하면 좋겠다고 말했다. 이명박 대통령의 노동관이 극명하게 드러난 사건이다. 노동자들에게 주는 임금이 아까운 것이다.

그러나 노동자들의 헌신이 없었다면 지금의 한국경제, 한국기업은 존립할 수 없었다. 그럼에도 불구하고 1990년대 이후 한국경제가 그들에게 한 보답은 비정규직화와 해고였다. 노조는 전 사회적 증오의 대상이 됐다.

황당한 건 노동자에게는 '자봉'을 바라면서 기업에게는 '이익극대화'를 주문한다는 거다. 민영화에 매달리는 것을 보면 알 수 있다. 민영화라는 공공서비스보다 회사 이익에 집착하는 사기업이 되라는 소리다. 그리고 국민은 그 회사에 가서 무료봉사하길 바란다. 이 무슨 '도둑놈 심뽀'인가?

노사문제 얘기를 해보자. 이명박 대통령은 당선인 시절, 노사화합의 모범적인 사업장이라며 GM대우를 방문했다고 한다. 그러나 이명박 당선인이 대통령직을 인수하던 그 겨울, GM대우의 사내하청 노동자들은 칼바람 속에서 고공농성을 진행하고 있었다. 마포대교 난간에 올라가 '이명박 당선인은 비정규직의 절규를 들어라'라는 플랜카드를 붙잡고 시위를 벌이기도 했다. 다음은 GM대우 사내하청 노동자들의 처지를 전해주는 기사의 일부분이다.

> **GM대우 비정규직 노동자들 '우리가 노예인가?'**
>
> 찬바람을 그대로 맞으며 일하다보니 장갑을 두 겹씩 끼고, 양말도 두세 겹씩 신어도 손발이 얼고 손끝이 갈라져 피가 난 적도 있습니다. …… 그나마도 석유는 수시로 떨어지기 일쑤고 그때마다 관리자들에게 애걸복걸해야 합니다. 한밤중에 석유가 떨어지기라도 하면 그날 밤은 그냥 얼어 죽었다 생각하고 일해야 합니다.
>
> —《프레시안》(2007년 4월 18일)

비정규직지회 관계자는 "이명박 대통령이 GM대우를 방문하고 회사 측을 옹호하는 발언을 쏟아내면서 GM대우가 보다 강경한 자세를 보이고 있다"고 주장했다. 대통령이 부자들 편을 들 때 부자들의 '못된 심뽀'가 발동하는 건 당연하다. 한국의 대기업이 그동안 사상최대의 실적을 내고 있을 때 노동자들은 어떤 처지였을까?

2008년 7월에 기획재정부를 통해 발표된 OECD자료에 따르면 우리나라는 OECD회원국 중 노동시간이 가장 긴 반면 임금 수준은 평균치의 64퍼센트에 불과했다. 노동시간으로 연평균 2000시간을 넘긴 나라는 OECD에서 우리나라가 유일하다.

또 삼성경제연구소에 따르면 1인당 노동생산성은 우리나라가 선진 7개국G7의 65퍼센트 수준이다. 이게 문제다. 생산성이 떨어지는 것이다. 어떻게 해야 할까? 생산성이 떨어지니 월급을 깎고 근로시간을 늘려서 생산성 높여야 할까? 아니면 전체 생산량을 유지한 채 노동자를 최대한 많이 잘라서 생산성을 높여야 할까?

생산성을 어떻게 올려야 할까? 삼성경제연구소는 일단 노동시간부터 줄이자고 제안하고 있다. 맞는 말이다. 과중한 노동은 최고의 결과를 이끌어내지 못한다. 하지만 이것만으론 부족하다. 한국 노동자의 능력이 극대화되어야 한다. 교육과 훈련이 필요한 것이다. 저렴한 노동력을 대량 투입해 밀어붙이는 방식으론 더 이상 경쟁력을 확보할 수 없다. 우수한 노동자가 적정한 시간 동안 일하면서 세계 최고의 제품을 만들어내고, 고소득을 누리는 구조로 가야 한다. 그런데 이명박 정부는 또다시 거꾸로다. 이 대통령은 당선자 시절 이렇게 말했다.

대한민국 모든 기업이 24시간 2교대로 일할 수 있다면 얼마나 좋겠는가.

한국노동안전보건연구소 김인아 연구원의 계산에 따르면 이 꿈이 이루어질 경우 1년 노동일수를 150일로만 따져도 연간 노동시간이 3600시간에 이른다고 한다. 살인적이다. 한 국제세미나에 참석한 핀란드 연구원은 한국의 2교대 근무얘기를 듣고 깜짝 놀랐다고 한다. 그런 중노동이 어떻게 가능하냐는 것이다. 그러나 한국에서는 가능하다. 여긴 꿈이 이루어지는 곳이니까(독일의 연간 노동시간 : 1353시간).

살인적 노동을 하는 노동자가 창조적 고부가가치 경쟁력을 가질 수 있을까? 노동시간을 알아서 줄이라고 해도 줄일 수 없다. MB공화국은 국가가 개인의 삶을 책임져주지 않으면서 경쟁만을 요구하기 때문이다. 개별 노동자들은 자기 한 몸 희생해서 자식경쟁용 실탄(사교육비)과

주거비, 생활비, 노후보장비를 확보해야 한다. 그것이 자발적 과중노동으로 나타난다. 세계최장시간 노동하며 국민의 지탄을 한 몸에 받는 귀족노조는 이렇게 탄생했다. 즉 귀족노조는 'MB공화국'의 부산물이다.

〈2008 OECD 보고서〉는 비정규직이 늘면 생산성이 떨어진다고 지적했다. "그들(계약직)은 (충분히 훈련되지 못해) 덜 효율적일 수밖에 없다"는 것이다. 안정과 훈련을 제공하고 설비투자를 많이 한 나라의 생산성은 높은 증가율을 보였다. 그런데 우리는 어떤가? 구조조정과 저임금으로 부려먹을 궁리나 하고 있다. 민영화 등 주주이익중시 구조는 설비투자마저 줄일 것이다.

한국노동사회연구소의 분석에 따르면 우리나라에서는 1995년 이래 임금인상률이 생산성증가율에 못 미쳐왔다. 노동자들이 점점 더 많은 돈을 기업에 벌어주면서도 자기몫은 챙기지 못했다는 얘기다. 이런 와중에 최근 경제가 어려워지자 기득권층은 대뜸 허리띠를 졸라매자며 노동억압, 임금동결을 주장하고 나섰다. 2008년 7월 17일, 정부 위기관리대책회의에서도 임금인상 억제 얘기가 나왔다. 노동계는 반발했다. MB공화국에서는 재벌, 부자, 부동산 자산가들이 보호받는 것에 비해 내수와 민생은 너무나 쉽게 유린된다. 동네북이다. 전 국민이 세금을 조금씩 더 내서 저소득층의 소득을 보전해 내수와 민생과 경제를 모두 살리는 쉬운 길은 채택되지 않는다. 왜냐하면 감세해야 하니까. 그래야 부자들한테 이익이니까.

국가재정을 확충해 단순히 못 사는 사람들한테 인심 좋게 나눠주자는 말이 아니다. 일단 민영화 대신 공공성 강화로 물가를 내리고, 교육자유화 취소로 사교육비를 줄이고, 사치품소비세로 생필품소비를 보조하고, 국민기초생활을 보장하는 정도는 기본으로 하면서 소득안정, 고용, 경쟁력 강화를 이룰 수 있는 노동시장 정책을 펴자는 것이다.

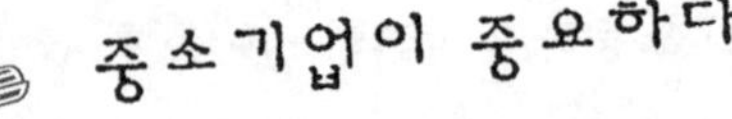
중소기업이 중요하다

　　　　　　　이제부터 중소기업 이야기를 해보자. 우리 경제에서 중소기업을 빼고는 소득안정, 고용, 경쟁력 강화를 논할 수 없다. 특히 고용에 관한한 대기업은 '허당'이다. 아래는 〈시사매거진 2580〉에 보도된 최근 10년간 고용현황이다.

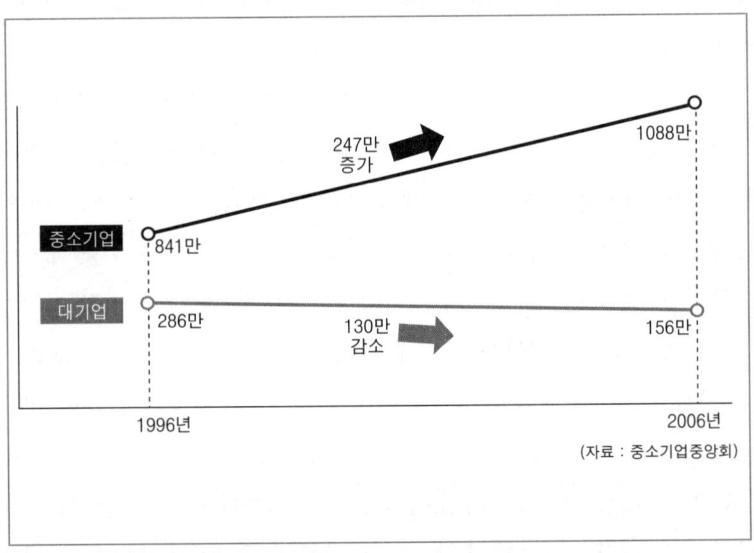

• 중소기업과 대기업 종사자수 변화(〈시사매거진2580〉, 2008년 7월 13일)

　　1996년부터 2006년 사이에 중소기업은 고용을 대폭 늘렸는데 대기업은 오히려 줄였다. 2000년대 이후 대기업의 수익과 주가는 극적으로 상승했다. 즉 한국의 대기업은 저희들끼리만 잘 먹고 잘 사는 길로 간 것이다. 이런 상황이 반영된 것이 대기업 종사자의 고소득이다. 맨 끝자락에 있는 것이 대기업의 이른바 '귀족노조' 노동자들이다. 한국인은 대기업 노동자들을 눈엣가시처럼 얄미워한다. 그러나 대기업이 국민경제를 배임하는 현재의 구조는 노동자들이 만든 것이 아니다. 오히려 노동에 힘을 실어줘야 대기업의 수익이 국민에게 배분될 수 있다.

대기업 경영자들이 매국노라서 이런 일이 발생했을까? 그런 것도 아니다. 소유권자, 즉 주주중심의 단기수익성 지상주의체제가 이런 식의 경영을 강요한 것이다. MB공화국은 소유권자들의 이익추구체제를 더 강화한다. 공공자산을 사적 소유권자에게 넘기는 민영화가 그것을 상징한다. 사적 소유권을 중시한 나머지 은행에 공적자금을 투입하면서도 소유권은 건드리지 않고 있다. 한미FTA는 투자자, 즉 주주들의 권력을 강화할 것이다. 금융부문을 완전히 민영화함으로써 한국경제의 단기수익성 중심체제도 더 강화될 것이다. 고용은 수익성 극대화를 위해 줄여야 할 비용일 뿐이다.

이때 국민을 받아주는 부문이 자영업과 중소기업인데, 이미 설명했듯이 자영업은 현재 '포화-붕괴' 위기다. 국민경제도 성장시키고 고용을 늘리는 부문이 중소기업이다. 중소기업이 살면 국민이 살고 국가경제가 산다. 중소기업은 전체 고용의 88퍼센트를 감당한다. 그리고 제조업 고용증가분의 78퍼센트를 창출하며 비농업 민간부문 GDP의 60퍼센트를 창출한다. 또 전국 각지에 흩어져 있어 중소기업이 발전하면 국가균형발전이 덤으로 따라온다. 그러나 중소기업과 대기업 사이의 생산성 격차는 지속적으로 확대되고 있나. 중소기업에선 세계적 수준의 기술도 없다. 이대로 두면 중소기업은 망하든지 아니면 후진국과 가격경쟁을 벌이며 살아남아야 한다. 가격경쟁은 결국 인건비 줄이기 경쟁이다. 국민 다수가 고용된 중소기업이 인건비경쟁을 벌이면 국민 다수의 소득이 줄어들어 모두가 가난해진다. 지금은 수출대기업을 밀어줄 때가 아니라 중소기업을 밀어줄 때인 것이다. 그러나 현재 우리 중소기업의 처지는 매우 암울하다.

　수출대기업, 즉 재벌과 금융기관의 이기적인 수익성지상주의가 중소기업 착취로 나타나고 있다. 정부가 '말로만' 중소기업을 살리라고 지시해도 재벌과 금융기관이 말을 안 듣는다. 지금의 상황은 대기업과 금융기관이 국민을 착취하는 것과 같다. 지금은 자유, 자율을 말할 때가 아니다. 말로 하는 것은 아무 의미가 없다. 정부는 대기업과 금융기관이 중소기업을 지원하도록 규제를 강제해야 한다. 그리고 중소기업에게 세계적인 기술과 안정된 수익기반, 금융지원이 주어져야 한다.

　경쟁력 강화를 위해 훈련이 필요한 곳이 중소기업부문이다. 중소기업은 '먹고 죽을 돈'도 없기 때문에 노동자 훈련에 쏟아 부을 여력이 없다. 그러나 중소기업에 가는 것은 한국 사회에서 '3류'로 낙인찍힌 사람들뿐이다.

　이 대목에서도 자유, 자율, 작은 정부는 안 된다. 지금 필요한 것은 국가의 개입과 재정투자다. 교육과 직업훈련에 마치 1970년대에 중화학공업에 투자했던 것처럼 대대적인 투자가 필요하다. 양질의 노동력을 국가가 중소기업에 공급하는 것이다. 구조조정, 노동유연성 등으로 밀려난 국민들이 자영업으로 몰려가는 것을 막기 위해서도 직업훈련 투자가 필요하다. 적정한 소득을 보장해주면서 세계 최고수준의 기술을 익혀 다시 취업할 수 있도록 길을 열어주는 것이다. 이 일은 각 개인이 자율적으로 할 수 있는 일이 아니다.

　우리나라는 몇몇 분야에서 완제품을 잘 만든다. 재벌들이 하는 일이다. 그러나 이들이 수출을 할수록 일본만 좋을 뿐이다. 일본으로부터 부품을 수입해야 하기 때문이다. 그런데 완제품 분야는 중국이 맹추격해오고 있다. 이때 우리가 할 일은 무엇일까? 중국이 따라온다고 우는 소리를 하면서 노동자 착취할 궁리를 하는 건 하책이다. 적극적으로 응전

해야 한다. 우리가 부품소재를 만들어서 중국의 완제품 회사가 우리 것을 사서 쓰게 하면 된다. 그런데 부품소재는 누가 만들까? 중소기업이다. 따라서 중소기업이 활성화되면 국가경쟁력이 상승할 수밖에 없다.

세금을 통한 사후적 소득재분배로 복지를 확충하는 것은 매우 중요하다. 그러나 그 이전에 소득자체를 고르게 하는 노력이 필요하다. 고용확대와 임금상승이 필요하다는 얘기다. 친중소기업과 친노동기조의 필요성이다. 교육훈련투자로 고부가가치 인력을 시장에 공급하면서 중소기업이 과감하게 투자에 나설 수 있도록 안정된 금융지원을 해야 한다.

그러나 자유, 자율, 경쟁강화, 작은 정부는 이 모든 것에 역행한다. 자유롭게 경쟁하는 체제에서 노동자가 어떻게 사주를 상대하며 중소기업이 어떻게 재벌에게 착취당하지 않을 수가 있나? 작은 정부가 어떻게 세계 최고, 최대의 교육훈련을 책임질 수 있나?

중소기업 활성화까지 가도 일자리는 부족할 수 있다. 그렇다면 어떻게 해야 할까? '대기업-중소기업' 종사자 이외의 국민은 국가가 방치하면 그만일까? 그렇지 않다. 국가가 고용을 책임져야 한다. 작은 정부가 아니라 공공부문을 더 키워 국민에게 사회서비스를 제공하는 인력을 고용해야 한다. 전 국민에게 육아, 교육, 노후 서비스를 제공하는 인력만 확충해도 엄청난 고용이 될 것이다. 여기까지 가면 '대기업-중소기업-공공부문'이 조화를 이룬 선진경제가 된다.

한국은행의 2008년 보고서 〈사회복지서비스업의 현황과 정책방향〉에 따르면 사회복지서비스업종의 고용유발계수는 제조업, 자영업 등을 통틀어 전 산업 최고 수준이었다. 이 부문이 발전하면 실업문제가 해결된다는 뜻이다. 그러나 우리나라의 GDP대비 사회복지 지출은 OECD 평균의 3분의 1 수준이다.

'MB공화국'이 노동자 서민에게 주는 것이 있기는 하다. 바로 법질서다. 이명박 정부 집권 후 법무부 업무보고에서는 파업, 집회 등 불법 집단행동에 대해 적극 개입, 검거, 엄단 방침이 나왔다. 이른바 '무관용 원칙'이다. 촛불집회에 대한 대응도 날로 강경해져 급기야는 어떤 폭력도 행사하지 않았음에도 불구하고 단지 집회를 했다는 이유만으로 사복체포조가 검거해가기도 했다. 부자에게 부과되는 질서는 탈규제로 유연해지고, 약자에게 부과되는 질서는 강화되는 것이다.

노무현 정부 때 이미 양심수가 김영삼 정부 이래 최대규모로 치솟았다. 자유화개혁은 양극화로 국민을 궁핍하고 불안하게 한다. 그에 따라 곳곳에서 저항이 일어난다. 이때 국가가 이해조정에 힘쓰지 않고 법질서 집행에만 몰두하면 이런 일이 벌어진다. 마치 토지겸병(자산양극화)으로 민란이 있어났을 때, 귀족들의 토지는 건드리지 않으면서 법질서를 어긴 민란 지도자만 참살했던 지난 왕조들의 행태와 같다.

유연화와 노동억압, 째째한 복지, 빈곤한 국민경제, 빈곤한 시장에서 노동과 중소기업이 갈 곳 없는 신세가 되는 나라. 노동과 중소기업이 할 일이라곤 오로지 경쟁뿐이고 경쟁의 패자는 조용히 노동해야 하는 나라. 저항하면 법질서의 철퇴가 기다리는 나라. 절대다수 국민이 종사하는 중소기업이 삼류인 나라, 그래서 국민이 삼류인 나라. 황폐한 그들만의 천국을 만들어주서서 **고맙습니다.**

MB공화국은 어디로 향하는가

미국은

후·진·국·이·다

이 땅에서 미국은 풍요의 나라이고 선진국의 대표였다. 우리나라의 자유화는 미국화였다. 미국 유학자들이 모든 곳을 장악해가고 있다. 그들은 온갖 토론회에서 미국의 예를 들며 은연중에 미국이 표준이라는 사고방식을 전파했다. 노무현 정부 당시 한미FTA를 추진하면서 '낡은 일본식 경제체제를 버리고 미국식으로 개조한다'는 것의 추진 목적의 하나로 제기됐었다. 자유화세력은 미국식을 일컬어 세계표준(글로벌 스탠더드)이라고 한다. 이 미국에 대한 신화가 깨지지 않으면 영어열풍도, 'MB공화국'도 계속될 것이다. 미국의 정치드라마 〈웨스트윙〉을 보면 극중 미국 대통령이 자국 상황에 대해 한탄하는 장면이 나온다.

스웨덴은 식자율이 100퍼센트야, 100퍼센트! 어떻게 했을까?……
우린 러시아나 남아프리카보다 높은 비율의 시민을 감옥에 가두고
있어.

미국에는 국민의 삶을 국가가 책임진다는 현대적 관념이 없다. 각자 알아서 자유롭게 이익과 안전을 챙기라는 봉건적 관념이 팽배한 곳이다. 그래서 미국은 작은 정부와 감세, 자유의 나라다.

미국에는 '교육비'라는 개념이 있다. 그러나 북부 유럽 선진국에는 그런 개념이 없다. 국민의 교육은 국가가 책임지는 것이니까. 미국인은 자기 교육은 자기가 책임진다. 얼마 전엔 미국 일류대의 연간 교육비가

5000만 원을 돌파했다는 보도가 나왔다. 우리나라의 자유화세력은 이런 미국을 부러워한다. 그래서 학교 등록금을 올리려 한다. 대신 미국에는 장학금과 학비융자제도가 발달했다. 그래서 우리나라 자유화세력도 등록금 문제의 대안으로 장학금과 학비융자를 내놓는다. 그러는 사이에 등록금은 폭등한다.

〈전국고등교육 학생보조연구NPSAS(2003~2004)〉에 따르면 미국 대학 4학년생의 65퍼센트가 빚을 지고 있다. 사회에 나와서도 노동유연성과 낮은 복지 때문에 아슬아슬한 삶을 산다. 그리고 그것은 다시 대물림된다. 부와 빈곤을 대물림할 확률이 미국은 29퍼센트, 북유럽은 14퍼센트다. 《월스트리트저널》은 미국 사회의 대물림 현상이 심각하다며 그 이유로 교육제도를 꼽았다. 'MB공화국'은 이런 후진적 모델을 따라가고 있다. 미국은 이렇게 빈곤한 사람들에게 대출을 장려해 소비거품과 자산거품을 유도했다. 그 거품활황을 보고 한국의 기득권세력은 미국경제가 세계 최고라고 떠들어댔다. 하지만 미국은 지금 100년 만의 경제위기라는 파국을 맞고 있다. 미국의 한 전쟁 관련 다큐멘터리에 군대에 자식을 보낸 부모의 인터뷰가 나온 적이 있다.

아이를 갖게 된 뒤로 아이들에게 얘기하기 시작했어요. '군대도 좋은 선택이란다. 너를 대학까지 보낼 여유가 없구나. 등록금을 낼 수도 없고 융자도 도움이 안 될 거야.' 아이를 교육시키기 시작한 엄마로서 군대도 하나의 선택이 될 수 있겠다는 생각이 든 거죠.

북부 유럽 같은 선진국에서는 나올 수 없는 생각이다. 미국과 한국 같은 후진국에서만 가능한 일이다. 미국 영화를 보면 자식 대학학비를 걱정하는 부모의 이야기가 수두룩하다. 〈바버샵2〉라는 오락영화에 비리를 묵인해달라며 주인공을 회유하는 장면이 있다. 돈을 주겠다며 두 가지를 제시한다. 첫째는 해외여행이고 둘째는 자식의 대학학비다. 그러면서 "아들 있지?"라고 묻는다. 그런데 회유당하는 주인공은 종업원 5~6명을 거느린 자영업자였다. 그런 사람마저도 자식 교육비에 부담을 느끼는 황당한 사회다. 〈웨스트윙〉에서는 자식을 일류 사립대에 보내려는 미국 중산층이 괴로워하며 이렇게 얘기한다.

뮤추얼 펀드에 투자했어요. 아이 대학등록금으로 쓰려 했죠. ……
연봉 5만 5000달러가 빠듯하리라고는 생각해본 적이 없어요. 집사람
도 2만 5000달러 버는데. 아들 녀석은 공립학교에 다니는데 형편없
어요. 한 반 학생 수가 37명에 미술이나 음악 수업도 없고, 우등반 같
은 것도 없죠.

북부 유럽 선진국엔 '일류대' 같은 후진적 제도가 없다. 대학이 평준화 돼 있으니까. 공립학교를 형편없는 상태로 방치하고 고액 사립학교가 창궐하도록 하지도 않는다. 왜냐하면 선진국의 시민들은 자기 하나 잘 먹고 잘 살기 위해 뮤추얼 펀드에 투자하는 것이 아니라, 그 돈으로 모두를 위해 세금을 내기 때문이다. 그 세금으로 국가는 모든 아이들에게(부모가 재벌이건 가난뱅이건) 세계 최고의 공립교육을 무상으로 시켜준다. 미국은 그런 선진국이 아니다(진보파라는 오바마도 자식을 고액귀족사립학교에 보냈음. 이것이 미국의 한계).

공교육 강화가 아닌 시험경쟁 강화NCLB를 채택한 미국은 2008년 들어 흑인과 백인 간 성적격차가 더 심해졌다. 미국에는 우리에겐 없는 인종문제가 있는데, 이것은 우리식으로 따지면 빈부격차다. 흑인차별은 곧 없는 사람 차별이다. 미국은 이것이 보편화된 나라다. 그에 따라

없는 사람이 점점 무지해지고 주류로부터 배제된다.

마이클 무어의 〈볼링 포 콜럼바인〉은 미국의 총기사건에 대한 다큐멘터리다. 거기에서 마이클 무어는 "두 직장을 다녀야 하는 사회를 어떻게 생각하는가?"라고 묻는다. 그 사회란 미국이다. 미국에서 최연소 총기사고를 일으킨 아이의 어머니는 아이를 방치하고 두 개의 직장에서 일하는 사람이었다. 그래도 빈곤했다. 북부 유럽 같은 선진국에서는 있을 수 없는 일이다. 그곳에서는 공보육이 제공되기 때문에 아이를 방치하지 않아도 된다. 또 국가가 아이의 어머니에게 좋은 일자리를 주기 위해 책임지고 교육훈련을 시켜준다. 그 어머니는 대학에 갈 수도 있고 훈련기관에 갈 수도 있다. 비용은 모두 무료다. 그러나 미국에서는 아이를 집에 놔두고 허드렛일이나 하러 다녀야 한다. 이렇게 악에 받쳐 일하지 않으면 안 되는 사회이기 때문에 미국은 실업률이 낮은 것이 자랑이다. 그런데 황당한 건 스웨덴 같은 복지선진국도 실업률이 미국과 큰 차이가 없다는 거다. 경제성장률도 비슷하다. 하지만 삶의 질은 판이하다.

〈볼링 포 콜럼바인〉에서 미국 최강의 이익단체라는 미국총기협회 NRA 찰톤 헤스톤 회장은 이렇게 말한다.

> (총기소유는) 내게 주어진 권리를 즐기는 거야. 이 나라를 건설한 현명한 백인들이 내게 그런 권리를 물려줬으니까. 난 장전하는 쪽을 '선택'했어.

'선택의 자유'다. 그래서 미국은 총기규제를 안 한다. 국가가 개인의 자유를 침해할 수 없으니까. 미국은 국가를 최소화함으로써 민주주의, 즉 시민의 영역을 최소화했다. 시민이 연대해 평등한 권리를 누리는 사회를 건설하지 않고 각자 자유롭게 경쟁하는 약육강식의 사회를 만들었다. 그 자유로운 개별주체에게 주어진 것이 '선택의 자유'다. 총기를 선택할 자유는 학교를 선택할 자유와 연결된다. 총기선택권과 학교선택권은 동전의 앞뒷면인 것이다. 미국인은 사회보험도 자유롭게 선택할 수 있다. 우리나라는 아직 이 정도까진 아니다. 반면 북부유럽인들에겐 일류학교선택권도 사회보험선택권도 없다. 그냥 모두 다 같이 묻지마 공공복지를 누리며 평준화된 학교에 간다. 그러므로 양극화도, 교육대물림도 없다.

미국인들은 자기가 선택권을 행사해 자기 안전과 이익을 극대화할 수 있다고 생각한다. 총기규제도 그래서 안 한다. 그 결과 〈MBC스페셜-미국을 말한다(2002)〉에 따르면 총기사고와 그에 연관된 사회적 손실이 연간 우리 돈 150조 원에 달한다. 1999년에는 약 2만 9000건의 총기 사고가 있었다. 이중 3000명 이상이 미성년자였다(2009년에는 네 살짜리 아이가 홧김에 유모에게 권총을 쏜 사건 발생). 그러나 2002년 기준으로 미국인들 중 75퍼센트가 총기규제에 반대했다. 학교선택권에 찬성하고 그로 인한 막대한 사교육비 손실과 청소년 자살을 감수하는 우리 국민과 닮은꼴이다. TV 프로그램 〈미녀들의 수다〉에서 미국의 총기사고가 화제에 오른 적이 있다. 사회자가 "총이 왜 필요해요? 총을 왜 팔아요?"라고 묻자 출연자 비앙카가 이렇게 답했다.

총 파는 사람들은 돈 벌려고 팔고, 총 사는 사람들은 여러 가지 이유가 있겠죠. 이상한 나쁜 사람들도 있고, 자기 자신을 보호하겠다고 총을 사는 그런 사람들도 있고.

투자자(판매자)와 소비자(구매자)의 문제를 지적했다. 돈 벌려고 총 파는 사람에게 자유를 주고, '자기 자신'을 보호하겠다고 총 사는 사람에게 자유를 준다. 이렇게 국가규제에 반대하고 개별주체의 자율성을 신봉하는 사고방식이 투자자와 소비자의 자유로 이어진다. 그것이 한미 FTA의 정신이다. 즉 기업은 자유롭게 영업하고, 그 속에서 투자자는 자유롭게 이익을 챙기고, 소비자는 자유롭게 다양한 상품 속에서 선택하도록 한다는 사고방식이다.

하지만 그런 미국식 자유도 모든 걸 용납하지는 않는다. 국가최소화를 주장하는 미국의 우파들은 낙태의 자유에는 반대한다. 낙태에 결단코 반대하는 미국의 보수세력은 동시에 국가의료보험제도에도 반대한다. 총기소지나 투자자의 자유, 민영의료보험 등은 모두 강자의 이익을 늘린다. 그러나 낙태의 자유는 강자의 이익과 상관이 없다. 결국 강자만의 자유화일 뿐인 것이다. 미국식 자유화는 노동자의 자유에는 무관심하다. 투자자의 자유는 노동을 구조조정의 대상으로 만들고, 소비자의 자유선택은 저임금 노동을 양산하며 국내산업을 붕괴시켜 노동을 빈곤하게 하는 경향이 있다. 그러므로 강자만을 위한 자유화다.

이런 사고방식 속에서 강자만을 위한 사회가 되는 건 당연하다. 미국은 경제선진국 중에서 양극화로 악명이 높다. 2005년 기준으로 OECD 상하위 10퍼센트 임금격차에서 1위가 헝가리, 2위가 미국, 3위가 한국이었다. 꼴찌 3국은 핀란드, 스웨덴, 노르웨이였다. 독일, 일본, 프랑스는 중간 수준이었다. 한편 저임금 노동자 비중이 가장 높은 나라는 1위가 한국, 2위가 미국, 3위가 폴란드다. 이 부분에서도 역시 꼴씨는 스웨덴, 핀란드다. '중남미-동구권-미국-한국'이 한 덩어리다.

봉건사회의 특징은 비합리성이다. 즉 종교성이다. 현대사회에서는 그 나라의 잘 사는 정도와 종교성이 반비례한다. 예컨대 교황은 이탈리아에 있지만 카톨릭을 더 열성적으로 믿는 건 중남미라는 식이다. 유독 미국만이 이런 예에서 벗어난다. 미국은 선진국 중에서 종교성이 압도적으로 높다. 최근 기독교 근본주의의 대두로 '신정神政체제'라는 말까지 나왔다. 그리고 살인률과 수감률도 압도적으로 높다. 과도한 종교성이 모든 문제를 신과 개인의 것으로 환원시켜 시민의 연대에 의한 공공적 해결을 막기 때문이다. 부자이건 가난뱅이이건 신이 정한 것이고 개인책임이니, 국가개입에 의한 양극화 해소는 필요 없다는 사고방식이다. 기독교 근본주의자들은 국가개입을 '빨갱이의 것'이라 치부한다. 이런 점에서도 'MB공화국'은 미국과 점점 닮아가고 있다.

미국은 금권의 나라다. 자유의 나라이기 때문에 부자들이 자유롭게 돈을 써 정치까지 사버렸다. 로비금액이 점점 늘어나고 있다. 이윤원리에 충실한 민영방송국들이 정치관련 기획을 잘 하지 않아 정치인들은 막대한 정치헌금을 받아 방송광고를 해야 한다. 앞에서 총기협회에게 막강한 영향력이 있다는 말을 했다. 의료분야도 그렇다. 미국의 비참한 의료현실을 고발한 마이클 무어의 〈식코〉에는 민간의료보험 회사들에게 정치헌금을 받은 의원들을 신랄하게 풍자하는 장면이 있다. 그 영화에서 미국인들은 쿠바에 가서 약을 타며 감격의 눈물을 흘렸다. 미국은 정말 선진국 맞나?

쇠고기 문제도 그렇다. 영국에서 광우병은 대처의 규제완화에서 비롯됐다고 한다('MB공화국'의 계보 : 대처-레이건-김영삼-부시-이명박. 현재 종주국인 영국의 고든 브라운 총리는 탈규제의 종언과 강력한 국가개입을 선언). 규제를 하지 않으면 투자자(기업)는 돈을 벌기 위해 무슨 짓이라도 한다. 자유의 천국인 미국에서 같은 일이 벌어졌다. 국가는 축산업계를 규제하지 못한다. 특히 금권정치 토양에서 미국 중부를 세로로 가로지르는 이른바 '비프벨트'는 막강한 영향력을 발휘한다. 비프벨트의 남쪽 끝에 있는 주가 부시의 텍사스다. 부시는 축산업 선거헌금의 80퍼센트를 휩쓸었다. 그러므로 축산업계는 마음껏 이윤을 추구할 수 있었다.

인간에게 유해할 수도 있는 사료나 호르몬제를 사용하는 것이다. 쇠고기 개방은 이들을 위한 선물이었다.

이렇게 부자나 강자들이 막대한 정치자금을 통해 자신의 뜻대로 국가의 의사결정을 이끌어내는 행태를 일컬어 '연성부패'라고 한다. 미국의 경제평론가 케빈 필립스는 현재 미국이 연성부패의 극성기를 맞고 있다고 진단했다. 실제로 '미국인 중 상당수는 현재 워싱턴을 지배하는 세력이 이익집단과 로비스트라고 생각한다'는 여론조사 결과도 있었다. 영화 〈다크나이트〉에서도 상상초월의 부자인 배트맨이 지방검사에게 엄청난 정치자금을 지원하는 장면이 나온다. 미국은 착한 부자건 나쁜 부자건 돈으로 정치, 즉 민주주의를 좌지우지할 수 있는 그야말로 부자들을 위한 나라다.

'그렇게 부자들만 잘 산다고는 해도 결국 경제가 유럽보다 더 성장하고 실업률도 낮으니 미국이 좋은 게 아니냐'는 것이 미국 추종자들의 주장이다. 그러나 《이코노미스트》의 분석에 따르면 1990년대 중반부터 2000년대 중반까지 미국과 EU 12개국의 평균 GDP 성장률 비교에서 통일이라는 특수한 상황을 맞은 독일을 제외할 경우 양자는 같은 수준이었다. 독일을 포함해도 근소한 차이다. 1980년부터 2002년까지 노동생산성 증가율이 미국은 1.5퍼센트, 스웨덴은 2퍼센트다. 실업률은 유럽이 더 높지만 대신 노동자의 생활수준은 미국이 훨씬 떨어진다. 삶의 질을 반영하는 평균수명도 미국이 낮다. 북유럽의 경우 실업률도 미국에 비해 그리 높지 않고, 성장률은 오히려 미국에 앞설 때도 있다. 게다가 미국의 신경제 성장신화가 금융버블에 불과했다는 것이 최근 경제위기로 폭로됐다. 미국의 신화는 허상이었던 것이다.

1980년에 밀턴 프리드먼이 미국의 일반인에게 알려졌다. 그는 신자유주의의 대부라고 알려진 경제학자다. 신자유주의는 시장에 모든 것을 내맡기자는 극단적 자유지상주의다. 국가는 개인에게 자유를 주며 동시에 책임지지 않는다. 즉 시장화, 탈규제, 개방, 복지해체, 작은 정부, 감세, 민영화 등을 추진한다. 밀턴 프리드먼이 일반인에게 알려진 것은 그가 이때 TV 특별기획의 진행을 맡았기 때문이다. 그 프로그램의 제목이 바로 '선택의 자유'였다. 여기서 그는 규제철폐, 복지축소, 교육 자유화, 작은 정부 등을 주장했다.

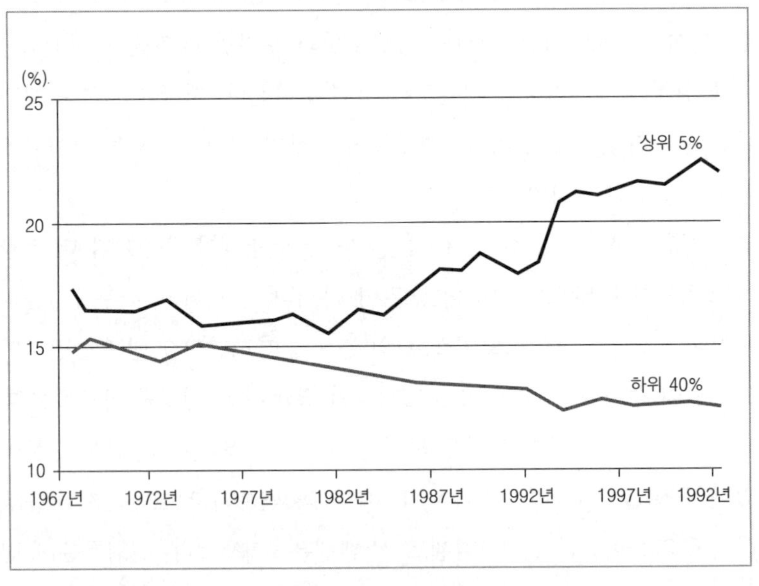

• 미국 상위 5퍼센트와 하위 40퍼센트의 소득비중(이강국, 《가난에 빠진 세계》, 2007년)

또 1980년에 집권한 레이건은 미국에 자유와 국방이라는 가치를 극단적으로 신봉하는 '신보수'시대를 열었다. 미국인들의 보수적 이상향은 국가로부터 자유로운 백인 기독교 공동체다. 신보수세력은 전통적 가치와 자유 그리고 자유사회의 적에게 맞서기 위한 군대를 중시한다. 레이건은 한편으론 군비를 강화하며 자유화정책을 폈다. 감세, 작은 정부, 탈규제, 강력한 법집행, 반노조, 반소련 대립 정책 등이다. 1980년에 미리 나타난 이명박 정부 같았다(차이점은 이명박 정부가 군비강화 대신에 토건개발을 채용한 것. 한국엔 군수자본보다 땅부자, 건설자본이 많기 때문에 토건개발을 해야 한국 부자들에게 더 이로움. 그러나 반소련 정책은 반북한 정책으로 계승). 그 1980년대 이후 미국엔 어떤 변화가 일어났을까?

앞의 그림은 상위 5퍼센트와 하위 40퍼센트가 소득에서 차지하는 비중 변화표다. 1970년대 말 이후 상위 5퍼센트의 소득비중이 급격히 늘어난 반면 하위 40퍼센트는 소득비중이 조금씩 줄어들고 있다. 부자들의 소득은 더욱 극적으로 늘어났다.

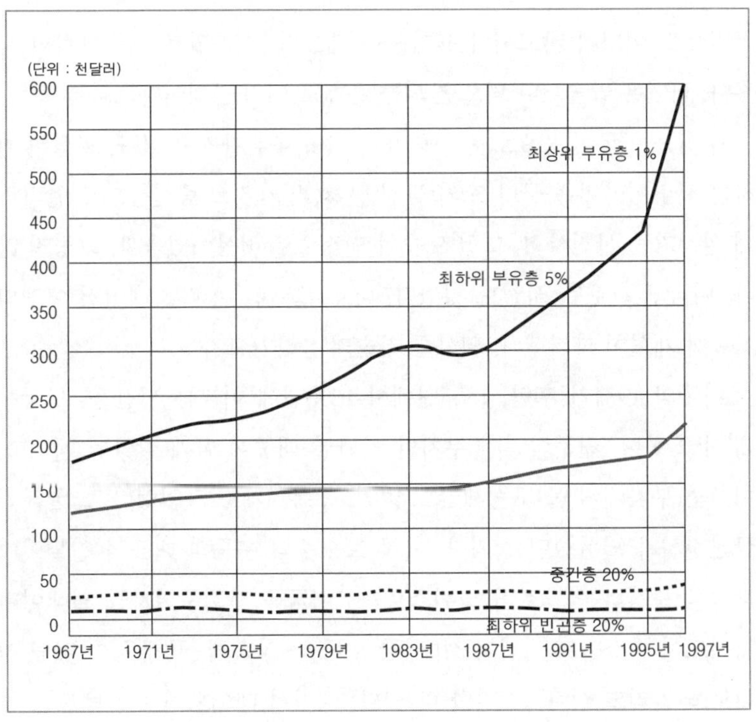

• 미국의 양극화 진행(케빈 필립스, 《부와 민주주의》, 2004년)

앞의 그림은 계층별 소득 비교표다. 중간층 이하의 소득이 별 차이 없을 때 최상위 1퍼센트의 소득은 극적으로 상승했다. 이렇게 상층부의 소득이 대폭 늘어난 결과 부자들의 소득비중이 커지고 서민들의 소득 비중이 작아졌기 때문이다. 즉 미국의 서민들은 1980년대 이후 상대적으로 더 가난해졌다.

정말 황당한 것은 미국의 주류가 이 기간을 두고 미국 경제의 융성기라고 표현한다는 데 있다. 그리고 우리나라의 맹목적 미국추종자들도 1980년대 이후의 미국경제를 부러워한다. 국민이 가난해진 상태를 일컬어 경제가 좋아졌다고 표현하고, 그런 경제를 선진 경제라며 찬양하는 사람들의 정신상태는 무엇일까? 상위 1퍼센트, 5퍼센트만 의미 있는 국민으로 여기지 않고서야 불가능한 태도다. 이야말로 귀족사회의 징후다. 서민은 밥술이나 먹으면 되는 존재로 여기는 것이다.

우리는 미국이 풍요로운 사회라는 이미지를 가지고 있다. 열심히 일하는 사람이라면 누구나 교외에 집 한 채씩 가지고 중산층으로 안락하게 살아가는 선진사회. 그런 모습이 전적으로 허상이었을까? 그렇지 않다. 미국엔 그랬던 시절도 있었다. 바로 그랬던 미국을 레이건 이래의 자유화 개혁이 파괴했다. 역사를 거슬러 올라가보자.

미국의 19세기 후반, 1865년에서 1890년에 이르는 기간을 '도금시대'라고 한다. 천문학적인 부자와 가난한 대중이 함께 살았던 시기다. 이때는 부자에게 물리는 세금도 없었고, 복지제도도 없었다. 노골적인 금권정치가 펼쳐졌던 시기다. 미국 보수주의 운동의 대표적 인물이며 감세를 주장하는 그로버 노퀴스트는 "미국을 사회주의자들 일색이던 테어도어 루스벨트 이전의 시대, 곧 소득세-상속세-규제 등이 없던 시대로 되돌리고 싶다"고 말한 바 있다. 여기서 테어도어 루스벨트는 뉴딜정책을 추진한 프랭클린 루스벨트의 삼촌으로 1900년에 대통령이 된

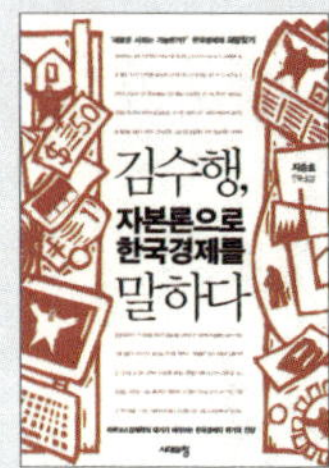

김수행, 자본론으로 한국경제를 말하다
김수행 · 지승호 지음 | 340쪽 | 14,500원

'새로운 사회는 가능한가?' 한국경제의 희망 찾기
지승호가 한국경제의 대안을 찾기 위해 마르크스경제학의 대가 김수행 교수를 인터뷰했다. 우리 사회에 만연한 양극화를 해소하고, 내수기반을 확충하여 경제의 안정적 성장을 이루고, 이를 토대로 사회적 타협을 확대하는 것이 바로 우리 사회가 나아가야 할 길이라고 주장한다.

우석훈, 이제 무엇으로 희망을 말할 것인가
우석훈 · 지승호 지음 | 312쪽 | 13,500원

나는, 너는, 그리고 우리는 이제 무엇으로 희망을 말할 것인가
우석훈은 전업 인터뷰어 지승호와의 인터뷰를 통해 일그러진 욕망으로 빚어진 시장만능시대의 절망과 그 절망을 씨앗으로 삼은 희망이 무엇인지를 말한다. 시가 죽어버린 자리에 개발복음만 넘쳐나는 한국 사회의 현실을 때로는 날카롭게 때로는 심드렁하게 그리고 명랑하게 이야기한다.

장하준, 한국경제 길을 말하다
장하준 · 지승호 지음 | 303쪽 | 13,500원

장하준, '편리한 거짓'에 맞짱뜬 '불편한 진실'의 메신저
"어떻게 하면 더 많은 사람들의 삶이 나아질까?" "얽히고 설킨 우리 사회의 갈등을 풀고 깊을 대로 깊어진 상처를 치유하는 실현가능한 대안은 뭘까?"에 초점을 맞춘 장하준과 지승호의 적나라한 대화록이다.

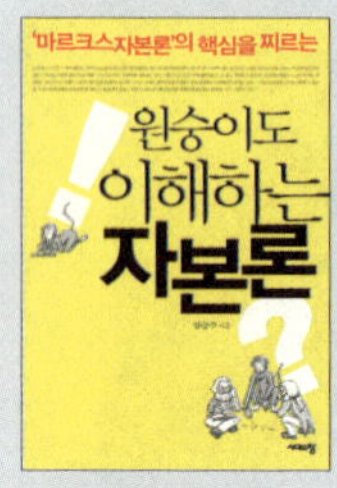

원숭이도 이해하는 자본론
임승수 지음 | 328쪽 | 15,000원

위기의 지금이 바로 《자본론》을 읽어야 할 때다!
이 책은 자본주의의 근본에서부터 변화가 요구되는 지금, 《자본론》을 오해하거나 두려워하는 사람들을 위한 책이다. 경제에 문외한인 보통사람들과 함께 《자본론》을 공부하고 강연했던 저자가 오랫동안 고민하고 자기 것으로 만들어 알기 쉽게 풀어준다.

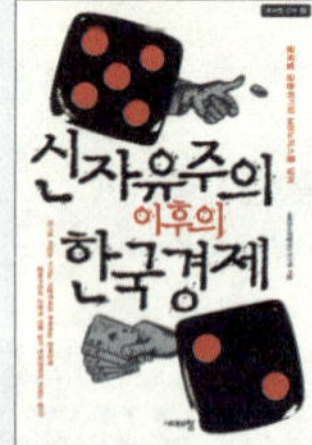

신자유주의 이후의 한국경제
새로운사회를여는연구원 지음 | 380쪽 | 15,000원

글로벌 금융위기와 MB노믹스를 넘어
새사연은 이 책을 통해 미국의 금융위기가 우리 경제의 금융분야와 실물분야에 어떤 경로를 통해서 충격을 주었는지 종합적으로 정리하면서 긴급한 몇 가지 해법을 제안하고 있다. 가장 많은 지면을 할애한 분야는 미국발 금융위기와 그것이 우리 금융 시스템에 미친 영향이다.

단재 신채호 평전

김삼웅 지음 | 516쪽 | 16,500원

민족적 양심을 지키며 살다 간 고결한 혁명가
독립운동가로서 험난한 길을 걸었던 단재 신채호 선생에 대한 다양한 해석과 비판을 실었다. '역사'에만 시선을 고정한 채 의롭고 고결한 인생을 살다 간 신채호 선생의 강인한 면모를 확인할 수 있을 것이다.

백범 김구 평전

김삼웅 지음 | 628쪽 | 16,500원

백범의 진면목을 총체적으로 보여준 노작
백범 김구 선생의 생애와 사상을 시간적인 전후 맥락에 맞추어 '평전'의 형식으로 재구성했다. 백범 김구를 자연인, 혁명가, 정치인, 교육자, '문화주의' 신봉자 등 다양한 시점에서 분석했다.

만화 전두환 1, 2

백무현 지음 | 각 227쪽, 203쪽 | 9,900원

만화로 보는 전두환 공화국, 피로 얼룩진 엽기의 현대사
1979년 12·12 하극상 반란부터 전두환, 노태우 전직 대통령이 구속되는 15년간의 현대사를 다루었다. 12·12사태, 5·17쿠데타, 5·18 광주민중항쟁, 6월 항쟁, 전·노 구속 사태 등 대한민국 현대사에 큰 획을 그은 굵직한 사건들과 그 이면에 숨어 있는 권력의 음모를 집요하게 파헤쳤다.

만화 박정희 1, 2

백무현 지음 | 각 220쪽, 202쪽 | 9,900원

왜곡된 신화, 영웅인가 기회주의자인가
박정희의 출생부터 10·26까지 굴절된 한국 현대사를 짚어보고 박정희의 친일행각과 군부독재의 잔악상을 폭로했다. 만주군관학교 입교 과정, 남로당 입당과 배신, 5·16 군사 쿠데타, 인혁당 사건, 김형욱 실종 사건, 부마민중항쟁 등을 여과 없이 그려냈다.

근간   죽산 조봉암 평전 / 장준하 평전 / 만화 김대중 1~5

세상을 바꾼 예술작품들
이유리 · 임승수 지음 | 330쪽 | 14,500원

예술이 세상을 바꿀 수 있다!
이 책은 동시대 사회변화를 주도하거나 담아낸 '세상을 바꾼 예술작품들'을 통해 작품에 관한 이야기뿐 아니라 작품의 모태라고 할 수 있는 사회사까지 들여다볼 수 있게 한다. 예술작품과 당대 사회가 얼마만큼 긴밀하게 연결되어 있는지를 확인할 수 있다.

지못미, 정치!
장기표 지음 | 292쪽 | 13,500원

17세를 위한 교실 밖 정치 교과서
이 책에는 정치의 원리 및 구조에서부터 민주주의, 정당, 선거, 언론, 남북통일, 국제정치 등에 이르기까지 현재 고등학교 정치 교과서에 실린 모든 내용이 반영되어 있다. 저자 나름대로의 비판적 시각과 청소년들이 생각할 만한 다양한 질문을 함께 던져주고 있다.

마르크스, 21세기에 끌려오다
마토바 아키히로 지음, 최민순 옮김 | 252쪽 | 13,500원

세상의 모든 '타자'들이여, 단결하라!
저자는 마르크스의 본질을 이해하고 실천할 기회는 지금부터 우리에게 주어졌다고 말한다. 마르크스가 21세기를 본다면 예전에 생각지도 못했던 문제들인 제국, 페미니즘, 포스트모던, 환경, 이주노동자, 민족주의, 제3세계, 미국 그리고 '타자'의 문제 같은 것들을 연구하고 분석할 것이다.

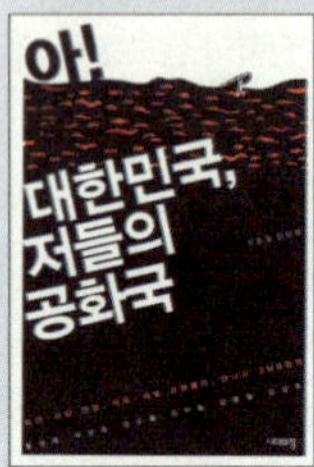

아! 대한민국, 저들의 공화국
강수돌 외 6인 · 지승호 지음 | 344쪽 | 14,500원

'저들의 공화국'에 살면서 '우리의 공화국' 찾기
강수돌, 김상조, 김용철, 박상표, 조약골과의 인터뷰를 통해 우리 국민이 무엇에 분노하고 무엇을 염원하는지 그리고 우리 모두가 더불어 사는 '우리의 공화국'을 만들기 위해 필요한 인식의 전환과 실천의 방식들에는 무엇이 있는지를 담아냈다.

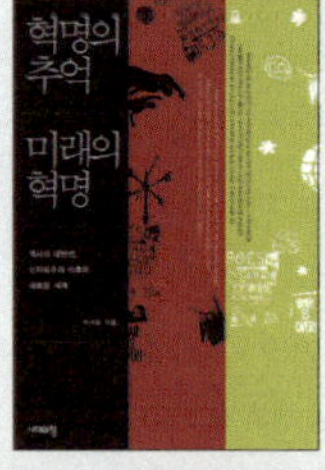

혁명의 추억, 미래의 혁명
박세길 지음 | 692쪽 | 29,500원

《다시 쓰는 한국현대사》, 15년을 각고한 '혁명의 대반전'
앞으로의 혁명은 어떤 조건을 갖추어야 진정 세상을 바꿀 수 있을까? 이 책은 이 물음에 대한 답을 구하고 있다. 1, 2부에서 근대 이후 혁명의 추억을, 3부에서는 신자유주의 세계화 과정을 추적했다. 4부에서는 '신자유주의 몰락 이후 어떤 세계가 올 것인가?'에 대한 답을 궁구한다.

인물이다. 그는 부자들을 싫어했다. 테어도어 루스벨트 이전이라 함은 결국 도금시대로 미국을 되돌리고 싶다는 말이다. 미국 우파들이 추진하는 감세, 규제완화의 본질을 정확히 보여준다.

테어도어 루스벨트는 식품규제를 시작하고 소득세와 상속세 부과를 주장하는 등 부자들의 심기를 불편하게 했다. 심지어 그는 사적 재산권이 공공복리에 종속된다고 주장하기도 했다. 현재 우리나라에서 이런 주장을 하면 '빨갱이'로 몰릴 것이다. 최근 광우병 논란에서 미국의 한 칼럼니스트가 미국이 대공황 이전처럼 식품규제가 완화돼 광우병 문제가 터졌다고 야유한 적이 있었다. 이는 식품규제를 시작한 테어도어 루스벨트 이전 도금시대가 재현되고 있다는 비판이었다. 그러나 테어도어 루스벨트는 부자들과 불편한 관계이긴 했지만 도금시대를 근본적으로 끝장내지 못했다. 부자들의 '자유'는 1920년대까지 계속됐다. 이 때문에 폴 크루그먼은 도금시대를 확장해 1920년대까지를 통째로 묶어 '길었던 도금시대'라 부르자고 제안한다. 이 시기를 아더 슐레진저는 '미국이 기업의, 기업에 의한, 기업을 위한 정부가 되었다'고 표현했다.

도금시대는 대공황으로 파국을 맞는다. 공화당은 1920년대에 집권해 감세정책을 실시했다. 이때 노동자들의 생산성은 급상승했으나 그로 인한 부는 기업이 독차지했다. 동시에 민간대출에 의한 소비붐도 일어났다. 현재의 미국과 정확히 닮은꼴이다. 사람들은 투자열풍에 휩싸여 주식시장으로 달려갔다. 기업이윤은 연평균 9퍼센트씩 증가했다. 동시에 실업도 증가했다. 거대한 금융자본이 경제를 지배했다. 이 열기의 끝은 1929년 대공황이었다.

그리고 프랭클린 루스벨트가 등장했다. 그는 금융엘리트들을 '환전상'이라고 부르는 사람이었다. 환전상이란 예수가 채찍을 내리쳐 성전에서 쫓아낸 사람들을 일컫는 말로서 'MB공화국' 기준으로 보면 경악

할 만한 수준의 반부자적 언동이다. 루스벨트는 '금융엘리트가 정부를 소유하고 있다'며 부자들과의 싸움을 전개했다. 금융규제를 강화하고 부유세도 만들었다. 2차 대전이 시작되자 거의 사회주의에 가까운 전시 통제를 실시했다. 철저히 반부자적 원칙에 입각한 것이었다. 부자들에게 세금을 걷으며 노조편을 들었다. 소득세가 79퍼센트까지 올라갔다. 1940년부터 1945년 사이에 평균 주급은 거의 두 배 가까이 올랐고 부유층의 소득과 부는 줄어들었다. 일반 노동자와 전문직 사이의 임금격차도 줄어들었다. 이 과정을 일컬어 '대압축'이라고 부른다.

> 내가 뉴딜을 하는 것은 부자들을 더욱 부유하게 하려는 것이 아니라 가난한 사람들을 풍요롭게 하려는 것이다. 드디어 대결의 때가 왔다. 특권계급은 단결해 나를 증오하고 있다. 그러나 나는 그들의 증오를 환영한다.
>
> —프랭클린 루스벨트

루스벨트는 경기를 부양시키기 위해 대대적인 토목사업도 벌였다. 이명박 정부는 경제위기를 맞아 이 부분만 베끼고 있다. 그러나 일본이 이미 경제불황기에 토건개발을 통한 경기부양을 시도하다 실패한 전례가 있다. 한국에서 이것은 '땅부자-건설사'들만을 위한 개발 묵시록이 될 것이다. 건설이 아닌 루스벨트의 다른 면을 참고해야 한다. 특권층과 전쟁을 벌이며 대압축을 결행한 단호한 리더십, 이것이 중요하다. 국가재정 역시 지금은 토건개발이 아닌 내수부양을 위한 복지와 경쟁력 향상을 위한 '교육-훈련'에 써야 한다.

1950년대에 이르러 드디어 우리가 익히 알고 있는 풍요로운 미국 사회가 도래한다. 경제성장과 국민의 소득 상승, 모든 면에서 이때는 미국 자본주의의 황금기였다. 이때 소득세는 91퍼센트까지 올라간다. 법인세가 대폭 상승하고 상속세도 올랐다. 최상층 0.1퍼센트가 차지하는 부의 비중은 루스벨트 집권 이후 반토막이 났다. 대부호들의 거대 저택이 헐려 중산층을 위한 주택단지로 변했다. 루스벨트는 부자들에게 세금을 걷어 국가재정을 튼튼히 하는 방식으로 미국경제의 황금기를 열었다. 그런데 이명박 정부는 부자들 감세로 국가재정을 거덜내는 방식으로 한국경제의 붕괴기를 열려 한다.

루스벨트 집권 기간에 노조조직률은 급증한다. 비농업노동자 3분의 1이 노조로 조직되었다. 그러므로 노조의 발언권도 컸다. 국가가 정책적으로 노조의 목소리를 중시했다. 그 이전까지 국가가 기업의 편에서 노조를 탄압했다면, 이 시기 국가는 노조의 수호자가 되었다고 폴 크루그먼은 표현한다. 대신 부자들의 발언권은 현저히 줄어들었다. 부자들은 기업을 지배하는 것으로 경제를 지배한다. 부자들이 기업을 지배하는 방식은 '주주'의 발언권을 극대화하는 것이다. 주주는 소유권자다. 자유화 개혁은 사적 소유권을 극대화하려 한다. 민영화도 이런 일환이다. 금융 자본은 펀드라는 미끼를 던져 국민들에게 주주의식을 유포, 의식을 마비시킨다. 모두가 주주로서 이익을 극대화하게 되면 결국 '진짜 주주'인 부자들의 이익이 커진다. '대압축' 이후 미국에서는 주주의 발언권이 극소화됐다. 요즘에는 사장들이 CEO라 불리며 천문학적인 소득과 함께 주주중심경영을 하지만 황금기 미국에서 사장은 주주를 위해 경영하지 않았다. 노동자를 포함한 기업구성원과 공동체를 위해 경영했다. 그러므로 경영자의 천문학적인 소득도 없었다.

이 시기는 미국의 황금기이기도 하지만 동시에 자본주의의 황금기라고 불리기도 한다. 자본주의 사상 유례가 없는 풍요의 시기였다. 국가가 반부자, 반기업, 친노조적이 되자 황금기가 찾아왔던 것이다. 그러나 부자들에게는 황금기가 아니었다. 그들은 도금시대의 자유와 영

화를 그리워했다. 레이건이 등장할 차례다. 레이건 정부의 재무장관이
었던 도널드 리건은 이렇게 말했다.

레이건 대통령은 쿨리지 대통령 시기의 경제적 번영을 가져온 여
러 가지 금융 방식과 경제적 유인을 되살리고 싶어한다.

쿨리지 대통령이 바로 대공황 이전 공화당 집권 시대에 감세, 탈규제
등을 주도하며 '길었던 도금시대'의 마지막을 장식했던 이다(쿨리지 다
음 대통령 때 대공황 발생). 그는 "미국이 할 일은 바로 기업이다"라며 친
기업 기조를 선언하기도 했다.

레이건의 감세, 탈규제, 친부자·반노동 정책 이후 미국의 상위 1퍼
센트가 차지하는 국부의 비중은 미국 역사상 가장 빨리 증가했다. 최상
층 5분위가 감세이익의 60퍼센트를 가져갔다. 경제학자 에드워드 울프
는 과거 유럽은 신분제 사회이며 신생국 미국은 기회의 나라로 여겨졌
었지만 1980년대에 미국은 구유럽처럼 부가 집중된 사회가 됐다고 말
한 바 있다. '풍요의 미국'이 사라지고 '빈곤의 미국'이 시작된 것이다.

그후 빈곤 속에서도 풍요가 계속됐던 것은 미국이 자산버블과 함께
엄청난 빚을 지면서 경제를 지탱해왔기 때문이다. 미국은 국가와 가계
가 빚을 지며 소비붐을 만들어냈다. 또 투자열풍으로 자산가치가 올라
가도 즉시 소비증가로 이어져 경기를 좋게 만들었다. 그러나 빚으로 키
운 부동산 버블이 결국 붕괴해 현재 미국은 최대의 위기를 겪고 있다.
한국은 재정파탄이 닥쳤을 때 미국처럼 돈을 꿔서 나라경제를 유지할
수도 없다. 미국에게는 수출흑자국들이 돈을 꿔주지만 우리가 어려워
지면 IMF라는 악덕사채업자에게만 의지할 수 있을 뿐이다. 그나마 미
국마저도 요즘 형편이 어려워져 달러붕괴설이 나오고 있다. 우리가 이

제 와서 미국식 시스템을 본받는다는 건 황당한 일이다.

감세를 해서 일시적으로 정부재정이 어려워진다고 해도 경제가 활성화돼 곧 정부수입도 늘어난다는 것이 감세론자들의 주장이었다. 그러나 그런 일은 일어나지 않았다. 레이건 정부는 사상최대의 재정적자를 남겼다. 동시에 노동자들의 가처분소득도 줄어들었다. 강력한 법집행으로 노조는 위축됐다. 미국 우파에게 매우 우호적인《월스트리트저널》의 경제부장이었던 알프레드 말라브르마저도《위대한 예측》(1994)이라는 책에서 감세의 경제적 효과를 비판했다. 설비투자율, 성장률 등 거시지표도 기대에 못 미쳤을 뿐 아니라 막대한 재정적자를 초래했고, 일반 국민을 더 가난하게 만들었다는 것이다. 대신에 고소득층만 기뻐했다고 말한다. 심지어 한국의 재정경제부마저도 2005년에 감세보다 재정지출이 경제에 더 이득이라는 보고서를 낸 바 있다. 그러나 부자들에게는 재정지출보다 감세가 더 매력적이다. 당장 인기를 얻는 대신 나라를 말아먹을 정권에게는 '감세-재정지출'이 모두 매력적이다. 이명박 정부는 이 두 가지를 동시에 추진하고 있다.

2001년에 집권한 부시 대통령은 다시 감세를 실시했다. 2008년 마지막 국정연설에서도 부시 대통령은 한미FTA, 테러와의 전쟁, 경기부양, 일제고사NCLB와 함께 감세의 중요성을 강조했다. 그러나 미국 재정은 붕괴했고 오바마 대통령은 사상 최악의 빚더미를 물려받았다. 결국 국민이 감당해야 한다. 대신 부자들은 이런 과실을 얻었다.

美 커지는 富의 불균형. 상위 1퍼센트 부자 소득비중 19년래 최고

부자들의 세율은 낮아지는 추세다. 2006년에 상위 1퍼센트 부자의 평균 세율은 22.8퍼센트로 5년 연속 하락세를 기록하며 적어도 18년 만에 최저치로 떨어졌다. ─《연합뉴스》(2008년 7월 23일)

미국은 이런 나라다. 국민의료보험더러 공산주의라고 하는 나라다. 1982년에서 1996년 사이에 최하위 노동자의 의료보험 혜택 비율이 49퍼센트에서 26퍼센트로 줄었다. 과연 이런 사회를 선진국이라 할 수 있을까? 폴 크루그먼은 현재 미국이 도금시대로 회귀했다고 단언했다. 역사가 100년 전, 즉 19세기 말~20세기 초로 후퇴했다는 것이다. 대공황 직전인 1920년대의 상위 10퍼센트, 1퍼센트의 소득비율과 2005년도의 10퍼센트, 1퍼센트의 소득비율이 각각 44퍼센트, 17퍼센트로 같다. 노조조직률이 10퍼센트대 초반인 것도 양 시대가 같다(한국의 노조조직률도 10퍼센트선. 미국보다도 낮음).

'MB공화국'도 역사의 후퇴를 의미한다. 많은 사람들이 박정희 시대로의 회귀라고 주장하지만 전혀 그렇지 않다. 박정희 시대는 한국경제가 용틀임하던 때다. 그때는 노동자의 실질소득이 상승하고, 양극화도 지금처럼 심화되지 않았고, 투자와 일자리도 늘었다. 또 세금이 혁명적으로 늘었고 평준화도 실시됐고 은행은 국유화됐다. 그렇다면 언제로의 후퇴일까? 엄청난 부자들이 국가의 규제에서 벗어나 자유롭게 발호했던 시절이 우리에게도 있었다. 바로 조선말기다. 그때가 한국형 도금시대였다. 그리고 'MB공화국'은 신도금시대를 향해 가고 있다. 교과서 문제 등 주요사안에서 기업의 의견이 관철되는 '연성부패'와 기독교 근본주의 세력의 대두는 미국의 신도금시대와 너무도 유사하다.

유사한 것은 또 있다. 미국경제는 주주중심체제다. 원래도 유럽에 비해 그런 성격이 강했지만 레이건 시대 이래 대폭 심화됐다. 미국경제 황금기의 경영자상은 사라지고 오직 주주의 이익만 생각하며 주가상승과 함께 천문학적인 이득을 챙기는 새로운 CEO상이 생겨났다. 이렇게 기업이 주주이익 위주의 경영을 하게 되면서 미국 경제의 경쟁력과 건전성은 점차 무너져가고 있다.

　미국인들은 주주로서 투자자의 단꿈에 젖어 산다. 하지만 그럴수록 주주중심 경영을 하는 기업들은 고용을 줄이고, 아웃소싱을 하고, 구조조정을 단행하고, 장기투자를 줄여 미국인들의 삶을 공격할 뿐이다. 1989년에서 1998년 사이에 미국 중간층 20퍼센트 가구의 주식 보유액은 2.8퍼센트 상승한 반면 부채는 38.8퍼센트 증가했다. 그 알량한 주식에서 발생하는 소득에 눈이 어두워 주가에 목을 매는 동안 삶의 조건은 파괴되어간 것이다.

　주식은 기업 소유권이다. 즉 자산이다. 주식 소유자는 자산가다. 자산가는 부자다. 이것이 주식시장의 본질이다. 이런 속성을 모르고 대중이 주식 소유자가 자기라고 착각하면서 주가상승에 환호하는 것은 기실 부자들의 자산소득에 환호를 보내는 것과 같다. 그런 환호를 타고 1980년대 이래 양극화가 혁명적으로 증가한 것이다. 1999년 기준으로 미국 주식의 90퍼센트를 소유한 부류는 상위 10퍼센트였다. 주식 스톡옵션과 함께 노동자와 경영진 소득 비율이 1980년 42대 1에서 1998년 419대 1로 벌어졌다. 미국의 기업컨설턴트 앨런 다운스는 노동자를 많이 자를수록 최고경영진의 연봉이 높아진다는 사실을 발견했다. 기업들은 1990년대에 이윤이 증가하는데도 인력감축을 지속했다. 그래야 주가가 올라가기 때문이다. 대중이 자기 발목을 쳤다. 뮤추얼펀드 가입할 돈으로 세금을 내고 복지를 보장받는 편이 훨씬 이득이었을 것이다.

　한국도 외환위기 이후 주주중심체제가 도래했다. 이제 기업들은 오직 주주의 이익을 위해서만 경영한다. 주주의 이익을 위해 노동자가 잘려나가고 민생경제가 파탄지경에 처한다. 장기투자도 줄어들고 경제활력도 사라져 경제위기가 만성화된다. 대신에 부자들만 더 부자가 된다. 이런 상황에서 한국인들은 미국인들처럼 주주중심체제를 신성시하며 펀드로 달려간다. 그리고 펀드를 통해 모두가 자산가 의식을 갖게 되어

주가가 떨어질까봐 강성노조를 비난하는 부자들의 주구가 된다. 경제
위기로 주가가 떨어지면 주가를 받쳐줄 친부자정책을 지지하게 된다.
네티즌은 자산가치 떨어뜨린 이명박 정부를 욕하면서 인터넷 토론방에
모여 금융정보를 교환하고 달러가치와 엔화가치의 변화를 탐구하며 재
테크 실력을 연마한다.

> 기업지배구조에서는 회사의 경영진이 '누구의 이익을 대변해야
> 하는가' 하는 문제가 중요하다. 두 가지 견해가 존재한다. 미국식 자
> 본주의에서는 회사는 주주의 이익에만 신경쓴다. 반면 유럽식 자본
> 주의는 주주뿐 아니라 지역사회와 노동자도 신경쓴다. 나는 유럽의
> 견해를 지지한다. 미국식 주주자본주의가 우월하다는 경제이론적 근
> 거나 실증적 증거는 없다.   —스티글리츠

유사한 것이 또 있다. 미국은 소비자 천국이다. 소비자의 선택권 행
사에 제약이 없고, 소비자 이익을 위해 월마트 등이 미국경제를 착취하
며 싼 물건을 공급한다. 소비자들은 월마트가 더 많이 고용하고, 복리
후생을 늘리고, 자국 기업을 도와주는 것이 국민경제에 도움이 되는데
도 불구하고, 소비자로서 당장 한 푼의 이익 때문에 오직 싼 물건만을
원한다.

한국도 소비자 천국이 되어가고 있다. 'MB공화국'은 소비자 선택권
에 대한 규제를 하나하나 풀고 있다. 대형마트들은 지역 자영업과 중소
기업을 착취하며 싼 물건을 공급한다. 소비자들은 당장의 이익 때문에
다른 것을 돌아보지 않는다. 결국 투자자와 소비자의 천국인 미국처럼
된다. 공화국의 시민은 어디론가 사라진다.

> 월마트는 말하자면 거대한 증기롤러로서 세계경제를 밟고 지나가
> 며 그 과정에서 모든 것들의 비용을 내리누른다. …… 이와 같은 압
> 박이 소비자들에게 1년에 1000억 달러 이상을 절약시켜준다. ……
> (양극화 심화, 소득축소) 이런 결과를 야기한 주범은 소비자들이 더 좋
> 은 거래를 원하면서 기업들에게 가하는 압력, 투자자들이 더 높은 수
> 익을 원하면서 기업들에게 가하는 압력이었다.
>
> —로버트 라이시, 전 미국 노동부 장관

한국에는 미국의 금융산업을 배우자는 목소리가 가득했다. 제조업
의 시대는 갔으니 금융서비스업으로 주력 산업을 바꿔야 한다는 주장
이다. 노무현 정부는 이것을 위해 금융규제완화를 시행하고 한미FTA를
추진했다. 미국은 1980년대 이후 금융중심 체제로 바뀌었다. 제조업의
경쟁력이 떨어졌기 때문이다. 미국 경제의 황금기인 1960년에는 제조
업 이윤이 금융 부문의 4배였으나, 1990년대에 이르러 금융 부문이 앞
서나가기 시작했다. 미국의 펀드와 투자금융회사는 세계를 누비며 돈
을 벌어들인다.

우리나라는 이런 모델을 따라갈 수 없다. 선진국 중에서 금융 중심
경제는 영국과 미국이다. 둘 다 세계 패권국이다. 한국 금융이 전 세계
를 상대로 영국이나 미국처럼 영업한다는 건 있을 수 없는 일이다. 설
사 이런 모델이 성공한다 해도 극소수 금융엘리트만 천문학적인 부자
가 되고 대다수 국민은 가난해질 뿐이다. 건실한 제조업을 육성하는 것
이 일자리 창출, 국민복지에 훨씬 유리하다. 그리고 금융의 지나친 폭
주는 제조업을 공격하기도 한다.

런던은 세계금융제도의 중심지로 언제든 커다란 기회가 존재하는

곳으로 즉각 돈을 빼 움직였다. 그러나 이것은 영국 내 산업에 끔찍
한 결과를 초래했다.

—김용기(《영미식 모델 도입 함정과 극복》, 2004년)

케빈 필립스는 역사상 패권국의 흥망성쇠 분석을 통해 제조업이 약
화되고 금융업이 강화되는 것은 결코 번영이 아니며, 패권국이 쇠락하
는 전형적인 패턴일 뿐이라고 했다.

(각각의 패권국의 쇠락은) 고수익을 좇아 해외 투자를 하거나 국채
투자 경향이 높아지는 것과 금융가나 불로소득자의 비율이 불균형적
으로 높아지는 것과 궤를 같이 한다. …… 쉬운 돈의 유혹은 실물 경
제를 잠식한다.

스페인이 신대륙으로부터의 금융수입(황금)에 취해 있을 때 제조업 혁
명을 일으킨 영국은 패권국이 되었다. 영국의 패권이 와해되던 1870년에
서 1910년 사이에 영국의 국제 제조업 비중은 반토막이 났고 대신 금융
발달, 투자소득 증대, 1퍼센트 자산집중 현상이 나타났다. 찰스 킨들버
거는 네덜란드와 영국의 쇠퇴기에 모두 기득권 집단이 모험산업투자를
줄이고 금융자산소득에 집중하며 사회의 부를 독차지했고, 영국의 경
우 일류학교학벌이 발호하는 현상이 나타났다고 지적했다. 그는 마치
인간이 어느 한 순간에 늙는 것처럼 국가도 생산주기에서 기득권 집단
이 조세와 공공성에 저항하며 부를 축적하는 소비-금융주기로 변했을
때 몰락한다고 통찰했다.

영국의 몰락 후 신흥 산업국가 미국이 그 자리를 차지했다. 그러나
1980년대 이후 미국도 금융주도경제로 쇠락해가기 시작했다. 현재는

금융의 폭주로 인해 서브프라임 사태라는 공황까지 벌어졌다. 'MB공화국'이 동경했던 미국의 그 세계 최고라는 금융회사(글로벌 플레이어)들이 망해가는 중이다. 100년에 한 번 오는 위기라고 한다. 길었던 도금시대는 대공황으로 끝났고 새로운 도금시대는 서브프라임 공황을 맞고 있다. 한국형 도금시대인 'MB공화국'은 이미 한 번 외환위기라는 공황을 초래했다. 언제 또 위기가 닥칠지 모른다.

사회는 양극화 후진사회, 경제는 휘황찬란했다가도 어느 순간 지옥으로 떨어지는 금융 카지노. 이런 미국을 우리가 배워야 할 선진국이라고 할 수는 없다. 이명박 정부는 초기에 '반의 반값 아파트'라는 달콤한 제목으로 미국에서 부동산 버블을 일으킨 것과 비슷한 주택금융시스템 도입을 시도하기까지 했다. 모골이 송연하다.

미국의 본질을 극명히 알려주는 사례를 하나 살피는 것으로 이 장을 끝내자. OECD 국가 중에서 의료비 공공부담률 뒤에서 1등은 멕시코, 2등이 미국, 3등은 한국이다. 공공적으로 각 개인들의 삶을 보장하겠다는 생각이 없다. 자유경쟁, 즉 기업의 이윤추구에 국민을 내맡기는 것이다. 다국적 컨설팅 업체인 딜로이트Deloitte는 의료비 때문에 외국으로 나가는 미국인들이 앞으로 5년 이내에 10배 이상으로 급증할 것이라는 전망을 내놨다. 컨설팅 업체 머서Mercer는 해외로 나가는 미국 환자들을 '의학적 난민medical refugee'이라고 불렀다. 국민을 '난민'으로 만드는 '부자나라', 이것이 미국이다.

section 2

중남미, 이미 겪은

'M·B·공·화·국'

앞에서 말했듯 의료비 공공부담률이
OECD 꼴찌인 나라가 멕시코다. 멕시코는 한국과 함께 OECD에서 가장
높은 수준으로 금융이 개방돼 있는 나라다(두 나라 모두 은행 소유권의 상당
부분을 외국자본이 장악하고 있음). 이렇게 높은 수준의 개방상황인데도 한
국이 북한과 같은 폐쇄사회라며 'MB공화국'은 미국과의 FTA를 추진한
다. 멕시코는 이미 1993년에 미국과 FTA를 체결했다. 'MB공화국'의 선
구라 할 만하다. 캐나다의 작가 나오미 클라인은 이렇게 말한 바 있다.

> 라틴아메리카는 지난 35년간 대규모의 민영화, 사회보장지출 대
> 폭 삭감 같은 '비상 경제대책'을 정당화한 '충격요법'에 시달려 왔다.
> …… 대중탄압과 소수 특권층의 '경제적 자유'는 동전의 양면과 같다.

중남미는 국가가 대부호들을 통제하지 못했다. 국가가 친부자·친
기업적으로 움직이는 '연성부패' 상황이 오랫동안 계속되었다. 'MB공
화국'의 주장에 따르면 이런 구조에서 국민은 번영을 누렸어야 했다.
부자들에게 부를 몰아주면 국민이 저절로 잘 살게 된다는 논리니까. 현
실은 반대였다. 자산격차는 국민을 빈곤하게 만들었을 뿐이었다.

멕시코는 1980년대에 경제자유화 개혁을 실시했다. 초반 몇 년간 반
짝 경기가 좋아지기는 했다. 그러나 1980년대 전체 평균 성장률은 0퍼센
트에 가까웠다. 이 기간을 '잃어버린 10년'이라 부른다. 반면에 1965년
부터 1982년까지의 연평균 성장률은 6.4퍼센트였다.

1990년대에 들어 멕시코는 더욱 강력한 자유화정책을 폈다. 외국인의 투자 유치를 위해 국가경제를 개방했다. 금융부문도 개방·자유화하고 이미 말했듯이 미국과 FTA를 체결했다. 동시에 민영화를 적극적으로 추진했다. 은행들도 민영화됐다. 1982년에 총 1155개였던 국영기업이 1994년엔 195개로 줄었다. 1990년대에도 반짝 경제가 좋아졌으나 결국 귀결은 경제파탄과 내란이었다. 동시에 천문학적인 부자가 나타났다. 민영화 과정에서 카를로스 슬림이라는 부자가 나왔는데 그는 현재 빌 게이츠, 워렌 버핏과 더불어 세계 3대 부자다.

1996년 기준으로 3600만 명의 경제활동 인구 중 2500만 명이 불안정 취업 혹은 실직 상태였다. 1982년부터 1997년 사이에 실질최저임금이 72퍼센트가 줄었다. 그 결과 치안이 무너졌다. 돈을 벌기 위해 납치를 벌이는 것이 하나의 '산업'으로까지 발전했다. 헐리우드 영화 〈맨 온 화이어〉는 멕시코 납치산업을 소재로 한 작품이다. 그 영화에서는 경호원의 보호를 받으며 고액 사립학교에 다니는 소녀가 납치를 당한다. 바로 이렇게 국민을 빈곤과 삼류학교에 내팽개치고 자기들끼리만 고급주택과 일류학교에 모여 사는 부자들이 납치산업을 만들어낸다. 'MB공화국'은 이 길을 가고 있다.

아르헨티나는 20세기 초, 우리나라가 아직 보릿고개를 넘지 못하던 무렵에 이미 경제대국이었다. 그러나 국가경제성장의 과실이 대지주들에게 독점되는 것을 막지 못했다. 우리나라는 도지개혁과 6.25라는 '재산의 평준화'(한국식 '대압축')가 자본주의 발전의 토대를 형성했다. 중남미는 재산의 양극화라는 덫에 걸렸다. 아르헨티나도 그랬다.

양극화와 부자들의 권력으로 아르헨티나 경제는 언제나 불안했다. 그런 상황에서 1970년대 군정은 자유화 기조를 채택하고, 1990년대에 이르러 메넴 정부는 'MB공화국'처럼 전격적 개방과 자유화를 실시했다. 경제부 장관으로 대자본 측 인사를 영입했다. 달러와 페소를 통합하고 자본규제를 완전 자유화했다. 대대적인 민영화도 실시했다.

(세계은행 전 총재인) 울펀슨은 그의 기밀메모에서 '(아르헨티나에서는) 거의 모든 공익사업이 민영화되었다. 그래서 이제 팔 건 아무 것도 없다'고 했다.
—그레그 팔라스트(《돈으로 살 수 있는 최고의 민주주의》, 2004년)

덕분에 부에노스아이레스의 전화요금은 세계 최고수준으로 올랐다. 제조업은 무너지고 금융부문이 경제를 주도했다.

아르헨티나의 진짜 주인은 대공황 이전처럼 다국적 자본과 이들 과두제 세력(국내 부자들)이 연대한 신판 제국주의 과두제 동맹이다.
—이성형(《라틴아메리카 영원한 위기의 정치경제》, 2002년)

메넴 집권 1기인 1989년부터 1994년 사이에는 잠깐 경제가 좋아지는 것처럼 보였다. 대대적인 민영화로 인한 291억 달러의 수입으로 외채 증가액은 130억 달러에 불과했다. 그러나 집권 2기인 1995년에서 1999년에 외채가 485억 달러 증가하며 경제가 수렁 속에 빠져든다. 실업률도 17퍼센트까지 치솟았다. 2001년에는 국민 중 56퍼센트가 빈곤층이라는 보고까지 나왔다. 결국 대폭동이 발생했다.

남미는 이제 다른 길을 모색하고 있다. 2006년 에콰도르 대선에서는 "신자유주의의 모든 오류를 극복하자"고 외친 코레아가 당선됐다. 그는 당선 직후 "나는 (선택의 자유를 주장했던) 밀턴 프리드먼의 팬이 결코 아니다"라고 말했다(중남미 경제자유화를 주도했던 건 밀턴 프리드먼의 제자

들이었음). 현재 베네수엘라, 우루과이, 브라질, 니카라과, 온두라스, 칠
레, 아르헨티나, 페루 등이 연대해 미국식 질서를 거부하고 있다. 2008
년에는 61년간 우파가 집권했던 파라과이에서도 좌파가 승리했다. 수
십여 년간 친미 자유화 기조를 유지해왔던 나라들이 이제 변화하고 있
는 것이다. 반면에 우리는 이들이 지난 수십여 년 걸었던 길을 이제 뒤
쫓고 있는 셈이다. 그게 '선진화'란다.

section **3**

잘 사는 나라,
제조업의 강국
일 · 본

금융강국이 미국과 영국이라면 제

조업 최강국은 일본과 독일이다. 우파 주도 정치체제라는 점에서 독일

보다는 일본이 미국과 조금 더 비슷하다. 그러나 일본의 우파는 우리나

라의 우파들처럼 '종미'적이지 않다. 물론 우리나라 같은 기독교 근본

주의의 준동도 없다.

미국, 영국, 아이슬란드 등 금융 중심 국가들은 화려하게 비상하다

처절한 추락을 맞고 있다. 일본, 독일 같은 제조업 중심 국가들은 어려

움을 겪고 있긴 하지만 버텨나가고 있다. 우리나라는 'MB공화국'이 금

융주도형으로 방향을 튼 이후 극히 불안정한 경제가 됐고, 위기 진앙지

인 미국보다 더 큰 충격을 받고 있다.

일본 우파들은 미국과 전면전을 감행했었다. 경제도 미국에 대한 대

결의식 속에서 성장했다. 우리나라의 지도자들은 미국시스템을 추종하

려고만 하는데 반해 일본의 주류는 미국과 다른 자신들의 시스템에 대

한 자부심을 가졌고 그것으로 미국을 이기려 했다. 일본 경제인들은 여

전히 2차대전을 치르고 있다는 분석도 있다. 우리나라처럼 무리하게 미

국과의 FTA를 추진하지도 않는다.

외환위기 이후 우리나라는 글로벌 스탠더드라고 간주됐던 은행의

BIS 자기자본비율 8퍼센트를 철저히 지키는 금융구조조정을 감행했다.

그것을 금융선진화라고 생각했다. 그러나 이것이 한국경제를 고통 속

에 밀어 넣었다. 여기서도 일본은 한국과 달랐다. 그들은 BIS 자기자본

비율을 자기들 식대로 변형 적용했다. 2003년 기준으로 일본 134개 은

행 중 BIS 자기자본비율 8퍼센트를 지키고 있는 은행은 17개에 불과하다. 일본이 이렇게 한 이유는 중소기업을 위한 기업금융을 지키려는 데 있었다고 한다(삼성경제연구소, 《한국경제 20년의 재조명》). 우리는 금융구조조정 이후 기업대출이 점점 줄어들면서 은행 수익성만 좋아지는 금융중심체제로 변해갔다. 특히 외국 자본이 장악한 은행이 이런 경영을 선도했다. 그 결과는 부동산 버블, 중소기업 고사와 경제침체였다. 또 금융의 과도한 이익추구는 2008년 금융위기까지 초래했다. 일본은 노동에 대한 태도도 다르다.

> 노동 부문 개혁은 양국에서 가장 전형적으로 차이를 보인다. ······ 일본은 실질적으로 종신고용제 자체의 변화는 크게 나타나지 않고 있으며 ······ 반면에 한국은 정리해고제, 비정규직 노동자의 증가로 고용시장의 시장화에 주력하였다.
>
> —이종윤 · 김현성(《전환기의 한일경제》, 2007년)

물론 일본도 노동유연화 개혁을 전혀 하지 않은 건 아니지만 우리처럼 대대적으로 진행하지는 않았다. 우리나라 주도세력은 지금 당장 미국식으로 뜯어고치지 않으면 큰일이라도 날 것처럼 국민을 위협하며 구조조정을 진행했다. 한국 기업들은 노동자 해고나 노조탄압에 추호의 수저하는 기색도 없었다. 이로 인해 신뢰가 파괴되고 끝없는 노사 간 투쟁이 이어지고 있다. 독일의 우파인 앙겔라 메르켈 총리는 이렇게 말한 바 있다.

> 미국 자동차회사의 경영자들이 직원의 수천 배 연봉을 받는다고 독일 자동차회사 경영자들도 같은 대우를 요구한다. ······ 일본 자동

차회사들은 엄청난 성공을 거두고도 경영진의 보수가 종업원의 20배 수준 …… 경영진에게 돈더미를 안기는 것은 한 나라의 사회적 균형에서 신뢰를 파괴하는 일.

우파들까지도 이렇게 반부자적이고 평등지향적인 나라의 국민은 양극화의 고통을 덜 받는다. 'MB공화국'은 평준화를 하면 경쟁력이 하락한다고 주장한다. 그러나 이 두 나라의 자동차산업 경쟁력은 세계 최고 수준이다. 유인촌 장관은 일본에 체류하며 느낀 바를 이렇게 적었다.

일본은 1인당 국민소득이 3만 달러 안팎으로 우리보다 훨씬 부자 나라이지만, 사회 시스템이 사회주의 국가처럼 움직이는 듯 보일 때가 있다. 대부분의 국민은 그런 경향의 정부 정책에도 크게 토를 다는 법이 없이 불편함을 참고 절약을 생활화하며 산다. 서민층만 그런 것이 아니다. 웬만한 중산층들도 그렇게 산다.

유 장관은 우리나라를 미국식으로 개혁하려는 정부에서 일하고 있지만 위의 지적은 생각해볼 만한 대목이다. 미국처럼 친부자 자유화 일변도로 가는 것이 과연 우리에게 좋은 것인가.

돈이 많다고 해서 고품질의 고가 상품을 구입할 수 있는 것은 아니다. …… 소비문화에 관한 한 네덜란드는 교과서적인 사회주의 사회처럼 느껴질 정도다. …… 과소비와 사치, 게으름, 거친 행동, 이웃의 위급한 상황을 외면하는 행위에 대해서는 일종의 적대감마저 보이고 있다. 그리고 민주보다는 공화의 가치를 앞세운다. 모든 사람이 화합해서 함께 살아가는 것이 공화다. …… 네덜란드인이 누리는 자유와 관용은 공화와 사회정의의 틀 안에 있는 것이지 틀 밖에 있는 것이 아니다. '내 돈 갖고 내 마음대로 하는데 누가 잔소리냐'는 말이 네덜란드에서는 통하지 않는다.

—최병권(《진보에는 나이가 없다》, 2003년)

미국식 자유소비사회만 자본주의고 나머진 모두 '빨갱이'가 아니다. 보다 절제된 사회, 보다 규제가 강한 사회도 얼마든지 경제성장과 시장의 번영을 누리고 있다. 노무현 정부의 추진 목적은 '낡은 일본식 경제체제를 버리고 미국식으로 개조한다'는 것이었다. 그동안 우리는 일본식 모델을 차용해왔다. 국가가 주도하는 산업발전과 공동체중심 경영체제가 바로 그것이다. 그러나 김영삼 정부 시절부터 미국식으로 변해가기 시작했다. 주주이익을 위한 자율경영, 노동자 해고, 금융시장의 팽창 등이다. 국가체제에 혁명적인 변화가 찾아왔던 것이다.

경제성장을 하는 데는 두 가지 전술이 있다. 전후 독일이나 일본에서 채택한 '상향평준화High road' 전술과 미국이 제3세계에 주입시키고 있는 '하향평준화low road' 방식이다. 전자(독일, 일본)는 노동자들에게 고용 안정을 보장하고, 그들에게 노동성과를 자본화하고 재투자하는 것이다. 후자(미국)는 기업이 어려움에 놓일 경우 단기에 비용을 줄이기 위해 노동자들을 즉각 해고하고 사정이 나아지면 노농시장에서 새로운 인력을 또 사들이는 방식이다. 한국이 어느 쪽을 선택할지 고민해봐야 한다. 분명한 사실은 연간 수천억 달러의 무역적자를 내더라도 자본과 군사, 외교적 힘으로 이를 버틸 수 있는 미국의 토양은 한국에 전혀 맞지 않다는 것이다.

—데이비드 엘러만, 미국 캘리포니아대, 2004년

하지만 우린 노동유연화를 택했고 이는 노동자 경쟁력을 떨어뜨렸다. 일회용 부품처럼 단순일용직 취급을 당한 노동자들은 세계 최고의 경쟁력을 갖출 수 없었다. 파나소닉의 마쓰시타 고노스케는 일본에서 '경영의 신'이라 불린다. 라이벌 기업인 소니가 천재적인 기술력을 바탕으로 성장했다면 파나소닉은 마쓰시타 고노스케의 경영능력으로 성장했다고 인식된다. 과거 대공황 당시 경제가 극히 어려워지자 마쓰시타는 이런 결단을 내렸다.

오늘부터 생산을 반으로 줄인다. 그러나 직원은 한 명도 줄이지 않는다. 따라서 반일 근무를 실시한다. 그리고 월급은 전액 지급한다. 대신 종업원 모두 휴일을 반납하고 재고품 판매를 위해 노력한다. 이렇게 지구전으로 끌고 가면서 상황을 관망하자. 반일분의 임금 손실은 장기적 안목으로 보면 큰 문제가 아니다.

이런 경영정신을 일본인들은 '경영의 신'으로 추앙하는 것이다. 이것을 통해 일본의 노동자들은 기업을 중심으로 한 가족정신으로 똘똘 뭉쳐 전 세계를 상대로 경쟁을 감행할 수 있었다. 기업이 주주만의 것이 아닌 '우리'의 것이라는 생각은 노동자 처우와 중소기업과의 관계, 장기투자계획 등에 모두 영향을 미쳤다.

일본 대기업의 태반은 '기업은 주주의 소유물이 아니고 경영자, 종업원의 공동체다'라는 인식이 있고, 외부세력에 대해 경영자, 사원이 일치단결해서 대처하려는 관행이 있다. …… 공동체로서 기업은 단기 수익보다도 장기적인 성장을 목표로 삼게 되고 …… 기업 내부의 소득격차도 미미했는데 일본 기업은 이러한 노사관계를 기초로

자본을 축적하고 새로운 기술을 적극적으로 도입하여 급속한 기술혁
신을 해왔다.

　　—럭키금성(LG)경제연구소(《일본과 독일 어떻게 강대국이 되었는가》,
　　　1991년)

영미의 다국적 기업이 유럽·일본의 다국적 기업보다는 이해당사
자 전체의 권리보다 주주의 권리를 더 강조한다.

　　　　　　　　　　　　　　　—개빈 켈리 등(《참여자본주의》, 2003년)

《참여자본주의》에 따르면 미국의 대표적인 기업들은 기업의 목적을
주주이익 증진이라고 하는데 반해, 일본의 대표적 기업들은 주주는 언
급조차 하지 않은 채 국가를 목적으로 언급하는 경향이 있다고 한다.
사기업이 사익이 아닌 국익을 목적으로 운영되는 것이다. 우리나라에
서 이런 말을 하면 사람들은 사회주의나 국가주의 아니냐고 되물을 것
이다.

　1935년에 채택된 '도요타 강령'의 첫째 덕목도 '산업보국'이다. 우리
나라도 과거 경제기적을 창출할 당시에는 기업이 이런 마음가짐을 가
졌다. 그러나 1990년대 말 이후 이런 사고방식은 흔적도 없이 사라졌
다. 지금은 오직 이윤극대화, 주주수익극대화만이 절대적 목표가 되고
있다.

　《금융세계화와 한국경제의 진로》(조영철, 2007년)에 인용된 1995년 각
국 경영자 의식조사를 보면, 일본 경영자의 97퍼센트가 기업이 노동자,
중소기업 등 모든 이해관계자를 위해 존재한다고 답했다. 미국 경영자
는 24퍼센트만 그렇게 답했다. 반면 기업이 주주이익을 최우선해야 한
다고 답한 비율은 일본이 2.9퍼센트, 미국이 75.6퍼센트였다. 그리고 주

주배당보다 고용안정이 더 중요하다고 답한 비율은 일본이 97퍼센트, 미국이 10퍼센트였다. 또 노동자를 해고해서라도 배당을 해야 한다고 답한 비율은 일본이 2.9퍼센트, 미국이 89.2퍼센트였다. 우리나라도 최근 들어 미국처럼 '배당의 천국'이 됐다. 국민은 주식을 사서 주주이익에 환호를 보내며 주주이익을 침해하는 노조를 증오한다. 미국 자동차 산업의 추락도 이런 풍토와 관련이 깊다.

> 미국의 자동차업계는 (1980년대 엔고로) 인상 초기에는 예상 외로 막대한 이익을 올렸으나, 이를 투자로 돌려 그동안 떨어진 경쟁력을 회복하는 데 사용하지 않았다. 우선 그 이익을 주주에게 배당하고 경영진에게 엄청난 보너스 등을 지급함으로써 예기치 않았던 호기를 놓치고 만 것이다.
>
> 또 일례로 제너럴모터스GM의 전 회장이었던 알프레드 스론은 일찍이 회사가 불황에 빠졌을 때 노동자를 해고하면서까지 주주에게 배당을 계속해왔다고 자랑한 적이 있다. 그러나 일본의 경영자는 결코 그러한 일을 하지 않을 것이다. 만일 일본 기업이 종업원을 해고하면서까지 주주의 배당을 위해 이익을 도출해냈다면 노사관계는 틀림없이 깨지고 말았을 것이다. 일본의 기업 사회에 있어서 기업이 책임을 져야 하는 것은 종업원이지, 주주가 아니기 때문이다.
>
> —김영문(《일본식 경영》, 1994년)

> "도요타는 절대 해고하지 않는다는 약속이 있다. 회사가 어려워졌다고 해서 해고하는 일은 있을 수 없다. 그 전에 사장이 그만둔다."
>
> —다나카 마사토모, 도쿄대 경영연구센터

경영학자 오우치는 미국식 조직과 일본식 조직의 특징을 이렇게 나눴다.

미국식 조직 : 단기고용, 개인 책임, 사람에 대한 부분적 관여
일본식 조직 : 종신고용, 집단 책임, 사람에 대한 전면적 관여

우리나라 언론을 보다보면 전 세계가 미국식으로 천하통일되고 있다는 환상에 빠진다. 그러나 절대로 그렇지 않다. 일본도 세계화 시대를 맞아 미국식 시스템을 부분적으로 받아들이기는 했지만 본령을 잃지 않고 있다. 2000년대 들어 일본경제는 다시금 활력을 되찾았는데 그것에 대해 기술과 사람을 중시하는 일본식 경영의 성과가 나타났다는 분석이 있다. 실제로 일본식 경영을 고수한 도요타, 캐논 등이 일본경제의 부활을 주도했다.

임직원과 회사는 공동운명체 …… 한때 미국식 경영시스템이 일본에 이식되기도 했지만 득보다 실이 더 많았다.

—이나모리 카즈오 교세라 명예회장

미국식 경영시스템의 도입으로 실패한 대표적인 기업으로 소니가 서론된다. 소니의 부신은 기술과 인재의 와해가 그 원인이나. 그 근서엔 노동자의 사기 저하가 있고, 그것을 부른 것은 미국식 성과주의의 도입이라고 한다. 우리나라도 성과주의 도입과 경쟁강화로 직장인들이 얼마나 고통에 빠져 있는지 앞에서 설명한 바 있다. 'MB공화국'은 교직사회에도 성과주의를 도입하려고 교원평가·성과급차등지급 등을 추진하고 있다. 외환위기 이후 한국 사회의 구조조정은 '전 사회의 성과주

의화'라고 요약할 수 있다. 단기성과에 따라 누군가는 엄청난 보너스를 받고 누군가는 견책을 받거나 심지어는 퇴출되는 시스템이다. 이것은 한국 사회의 공동체를 와해시킨다. 이런 성과주의가 소니 노동자들의 회사에 대한 충성심을 파괴했다. 이나모리 카즈오 교세라 명예회장도 성과주의를 혹평한 바 있다.

한때 최고의 기술력을 자랑했던 후지쯔는 1990년대에 일본의 대기업 중 최초로 미국식 성과주의를 도입했다. 일본 기업은 종신고용 원칙에 따라 젊은 신입사원들을 뽑아 교육시키며 인재로 기른다. 후지쯔는 1998년에 일본 전자 대기업 중 최초로 경력사원을 대거 채용하기도 했다. 한국 사회의 경력직 채용과 이직열풍의 문제점은 본문에서 언급한 바 있다.

후지쯔가 인사관리 개혁을 실시하던 무렵 인사부에서 근무했던 조시게유키는 성과주의가 결국 애사심을 증오로 바꾸어버렸으며, 기업 내 신뢰를 무너뜨렸다고 폭로했다. 그로 인해 기업의 경쟁력이 저하됐고 기술력까지도 떨어졌다고 한다. 다카하시 노부오 동경대 교수도 성과주의를 비판한 바 있다. 또 미국 MBA의 경영능력에 대한 환상도 비판했다. 일본은 전통적으로 하버드에 가서 경영학을 공부하지 않은 토종 기술자들이 기업 경영자로 승진하는 문화다.

> 성과주의나 연봉제의 저변에는 '자르는 논리'가 깔려 있다. 그것으로 일시적인 업적 회복은 가능할지 몰라도 기업의 영속적 발전은 기대하기 어렵다. …… 약자가 매일 매일의 생활에서 위협을 느끼지 않고 안정된 마음으로 일에 전념할 수 있는 일본형 연공제적인 운용을 마음에 꼭 새겨두어야 한다.
>
> —다카하시 노부오(《성과주의의 허상》, 2007년)

우리나라는 극소수를 제외하고는 경쟁강화, 평가강화에 거의 모두가 동의한다. 그것만이 경쟁력 향상의 유일한 길이라고 여긴다. 우파만 그런 것이 아니다. 예컨대 영화 〈디워〉가 개봉됐을 때 좌파들마저도 지금 당장 작품의 성과를 냉정히 평가하는 것이야말로 영구아트무비를 위하는 길이라고 입을 모았다. 경쟁이 아닌 보호로 경쟁력이 성장한다는 사고방식이 한국인의 머릿속에서 사라졌다. 그러나 미국식 성과주의 경쟁체제가 결국 미국이라는 나라의 제조업 부문 국가경쟁력을 형편없이 만들었다는 데 유념할 필요가 있다.

수십여 년간 보호를 받았던 우리나라의 몇몇 수출대기업은 세계적 수준이다. 이로 인해 한국인에겐 한국의 산업경쟁력이 세계적 수준이라고 착각하는 경향이 생겼다. 이런 착각이 한미FTA에 찬성하는 이유이기도 했다. 세계에서 일본을 무시하는 유일한 나라가 한국이라고들 한다. 삼성이 소니보다 커진 것이 이런 오만을 부추겼다. 정말 턱없는 착각이다. 우리나라는 대기업 몇 개로 먹고 살 수 있는 소국이 아니다. 중소기업, 중견기업의 경쟁력은 날로 하락하고 있다. 이 부문이 성장하지 않으면 우린 산업대국이라고 할 수 없다.

'MB공화국'이 시작되기 전까지, 즉 김영삼 정부가 시작되기 전인 1991년까지만 해도 한일 중소기업 생산성의 대기업대비 비율이 49퍼센트선으로 비슷했다. 그러나 그후 한국 중소기업의 생산성은 꾸준히 하락해 2003년엔 일본 49.4퍼센트, 한국 33.5퍼센트로 벌어졌다. 중소기업을 키워야 할 시점에 우린 대기업 중심 양극화체제를 심화시켰던 것이다. 2008년 들어선 우리 중소기업들에게서 비명이 터져 나왔다.

일본의 공동체지향형 문화는 중소기업의 존립에도 영향을 미쳤다. 중소기업들이 만들어내는 엄청난 일자리가 일본 중산층 사회의 기반이다.

일본 대기업은 중소기업의 상권商權을 가급적 보호해주려고 한
다.　　　　　　　　　　　　　—나미키 마사오 나미키금형 회장

일본 기업들이 한국·대만 기업에 추격당해 가격경쟁에서 품질경
·쟁으로 옮아가면서 하청 중소기업을 파트너로 인식하기 시작했습니
다. 중소기업들이 질 좋은 부품을 대줘야 경쟁에서 이긴다고 본 것이
지요.　　　　　—김주훈 KDI 선임연구위원(《중앙일보》 2006년 4월 27일)

이런 토양에서 일본은 독일과 함께 중소기업 강국으로 성장했다. 일
본의 중소기업 기술경쟁력은 세계 최고수준이다. 경영풍토도 저마다
독특하다. 제비뽑기로 승진을 결정하는 기업도 있고, 사원채용을 아예
선착순(!)으로 하는 기업도 있다. 그러나 우리는 경쟁성적으로 냉혹하
게 사람을 자르며 단기수익을 극대화하는 방식만 창궐하고 있다.

인건비가 비싸 한국에서 물건 못 만들겠으니 노조를 압박해 임금을
낮추라는 주장이 범람한다. 그러나 일본에는 여전히 제조업이 성업 중
이다. 심지어 인건비가 싼 외국으로 나갔던 공장도 일본으로 다시 돌아
온다. 기술중심, 인재중심, 공동체지향 풍토에서 극대화된 기술경쟁력
이 그 이유다(영어능력은 상관없다). 또 부품소재 중소기업들의 경쟁력이
세계 최고수준이어서 일본 안에서 안정되게 네트워크를 형성하며 공장
을 운영하는 것이 더 이익인 것이다. 일본에서 중소기업과의 전통적인
유대관계를 강화한 도요타는 뜨고, 국적을 따지지 않고 최저가 부품을
사는 '오픈 수주' 방식을 도입한 닛산은 졌다. 냉정한 경쟁조장의 단기
적 이익보다 협력관계의 장기적 이익이 더 컸던 셈이다.

우리나라에서 중소기업은 인건비를 낮춰 싼 물건이나 만들어내며
대기업 눈치를 보는 존재다. 일본의 중소기업과는 전혀 다르다. 우리나

라는 일본 중소기업이 만들어낸 부품소재를 수입해 조립한 다음 수출한다. 그래서 일본에 대해 만성 적자다(2007년 대일무역적자 300억 달러).

예컨대 구라레라는 중소기업은 메타크릴수지 형성 재료와 폴리비닐알코올수지 분야에서 세계 1위다. 아사히글라스는 PDP 패널 유리기판 시장의 85퍼센트를 점유하고 있다. 돗판인쇄는 LCD용 컬러 필터와 반도체 부품 포토마스크 부문 세계 1위다. 신에츠반도체는 실리콘웨이퍼 시장 세계 1위다. JSR은 실리콘웨이퍼 약제 부문 세계 1위다. 데이진은 DVD 재료부문 세계 1위다. 다이닛폰인쇄는 액정반사방지 필름 부문 세계 1위다. 호야는 유리기판 부문 세계 1위다. 교리쓰화학산업은 액정 제조용 UV경화성 접착제 부문 세계 1위다.

세계 반도체 재료의 60퍼센트 이상, 액정 디스플레이 재료의 70퍼센트 이상을 일본 중소기업들이 만들고 있다. 완제품 산업이 한국으로 가든, 중국으로 가든 일본으로선 별다른 문제가 없는 것이다. 중소기업들이 이렇게 세계 최고의 기술력을 갖추기까지 적게는 10년에서 그보다 훨씬 긴 세월까지도 필요했다고 한다. 단기 성과주의 압박에 시달리는 풍토에선 꿈도 못 꿀 일이다.

일본 내에서 중소기업 집적지로 유명한 곳 중에 교토가 있다. 이곳엔 평사원이 노벨상을 수상해 세계를 놀라게 한 시마즈제작소를 비롯해 교세라, 무라타제작소, 호리바제작소, 옴론, 니치콘, 일본전산 등의 기업들이 몰려 있다.

교토는 우리로 치면 경주와도 같은 곳으로 개발규제가 심한 곳이다. 그 때문에 이 기업들은 사옥 하나 마음대로 짓지 못했다. 그렇게 규제에 시달리면서도 이 지역 기업들은 밖으로 나갈 생각을 안 한다고 한다. 그 이유를 삼성경제연구소가 펴낸 《교토 기업의 글로벌 경쟁력》은 이렇게 정리했다.

1. 기술중심 기업의 집적지라는 교토 지역의 브랜드가치
2. 교토 지역에 전통적으로 축적돼온 기술
3. 교토대학을 비롯해 중소기업이 기술적 지원을 얻을 수 있는 학
   교 및 인프라 풍부
4. 타지인을 배제하지 않는 개방적 분위기
5. 선배 기업이 후배 기업의 성장을 도와주는 상생의 전통
6. 수도 도쿄에 뒤지지 않겠다는 오기가 있는 지역풍토

중요한 건 규제완화가 아니라는 소리다. 규제가 있건 없건 사업하기 좋은 환경이면 기업은 살아난다. 그중의 하나가 사람, 기술, 지식이다. 또다른 하나는 시장이다. 우리 중소기업에게 이런 자원을 공급해주고 동시에 장기간 버틸 수 있는 금융지원이 병행된다면 그들도 자부심과 오기를 가지고 당당히 경쟁할 수 있을 것이다.

지금까지 일본의 사례를 살펴봤다. 일본의 좋은 점만 지적한 감이 있다. 미국식 사회로 달려가는 한국에 비해 나을 뿐이지 그렇다고 일본이 결코 천국은 아니다. 일본은 우익집단이 수십 년째 통치하고 있다. 우익 치고는 기이할 정도로 외세영합적인 한국 우익에 비해 일본 우익이 훨씬 애국적이긴 하지만, 우익일변도 사회의 한계는 분명히 있다. 특히 일본은 부강한 나라에 비해 국민의 삶의 질이 떨어지는 걸로 유명하다. 최근 자민당의 구조조정으로 일본은 '1억 총중류'라는 중산층 사회가 해체되고 격차사회로 이행한 측면이 있다. 그에 따라 내수부진의 문제, 양극화로 인한 사회불안 문제가 발생하고 있다. 일본에서 요사이 잇따르는 '묻지마 범죄'는 양극화의 반영이다. 같은 제조업 강국이지만 극우파를 거세하고 중도좌파와 중도우파가 통치하는 독일은 일본보다 풍요롭다.

잘 사는 나라,
제조업의 강국
독·일

독일은 일단 미국이나 한국과 기독교
의 성격부터 다르다. 미국식 보수기독교는 인간에 대해 냉혹하다. 기독
교세력이 오히려 세금과 국가복지제도를 반대한다. 독일 기독교는 국
가복지제도에 찬성한다. 그래서 그들은 보다 따스한 사회를 건설했다.

독일은 1883년 의료보험, 1884년 산재보험, 1889년 연금보험, 1994년
노인요양보험 등 사회보장서비스를 세계최초로 채택했다. 미국처럼 서
비스업을 돈벌이 수단으로만 여기는 것이 아니라, 국민의 삶을 공동체
가 책임지는 공공적 영역으로 생각하는 것이다. 교육도 돈벌이 수단이
아닌 국민의 공공적 권리라고 인식하기 때문에 경제성장기엔 등록금
제도가 없었다. 무상교육을 받은 국민들은 세계 최고의 노동자가 되어
세계 최고의 국가경쟁력을 일구어냈다. 요즘엔 약간의 등록금을 내도
록 조정하고 있으나, 돈이 없어 공부를 못하는 미국이나 한국과는 근본
적으로 다른 체제다.

독일엔 대학서열체제도 없다. 대학평준화다. 그러므로 우리나라의
평준화된 중고등학교에서 전학이 가능하듯이, 독일은 대학 사이에서도
전학이 가능하다. 입시경쟁도, 사교육도 없다. 같은 인간이지만 독일인
과 한국인은 전혀 다른 삶을 사는 것이다. 한국인이 세계 최고의 시험
경쟁력을 기를 때 독일인은 세계 최고의 기술경쟁력을 기른다. 한국에
서 태어나 10대 때 독일로 이주해 살고 있는 임혜지 박사의 글이 〈뷰스
앤뉴스〉에 소개됐었다. 아래는 그 일부다.

독일에서는 초중고교와 대학이 공립이고 평준화인 까닭에 수재들을 따로 모아 가르치는 영재교육이 대단히 미진하거든요. 독일 내에서도 불만이 없는 건 아닙니다. …… 그렇지만 가장 결정적인 것, 독일 대학의 평준화를 풀자는 의견은 나오지 않습니다. 어떤 대학도 세계적인 명문대학의 랭킹에 들지 못하지만 독일인들은 개의치 않습니다.

미국은 초고액 사립일류대 체제다. 그러나 우리나라처럼 단 한 줄의 대학서열이 있는 건 아니다. 일류라고 간주되는 한 무리의 학교들이 있고, 입시경쟁도 우리보다 느슨하다. 일본도 일류학교군이 있다. 그러나 일본은 장인과 가업이 존중받는 나라다. 일본에도 우리나라와 같은 극단적인 입시경쟁문화는 없다.

우리나라는 서울대를 정점으로 단 한 줄이다. 가장 후진적이고 극단적인 대학서열이다. 이 서열체제에 미국과 같은 초고액 사립대체제를 접합하려는 것이 'MB공화국'이 하는 일이다. 미국은 세계 최강국으로 전 세계의 돈과 인재를 가만히 앉아서 끌어들이는 나라다. 우리나라는 가만히 있으면 돈도 인재도 오지 않는다. 그러므로 우린 스스로 돈과 인재를 만드는 유럽식 평준화체제로 진화해야만 한다. 일류대체제는 일류대에 못간 국민을 열등한 인재로 만든다. 산업발전은 불가능하다. 미국처럼 소수 엘리트만 잘 살게 되고 국가경쟁력이 하락할 것이다.

일류대체제 심화 = 사교육비 증대 = 삶의 질 파탄
= 입시교육 = 인적자원 고갈 = 국가경쟁력 하락

대학서열체제에서 일류대의 가치는 천정부지로 치솟는다. 모든 국민이 일류대 비슷한 곳에라도 가려고 하기 때문에 하릴없이 학력인플레 현상만 나타난다. 독일에는 일류대가 없기 때문에 우리처럼 대학진학이 절대적인 염원이 아니다. 공부할 사람은 대학에 가고 직업기술을 연마할 사람은 직업학교에 가면 된다. 대학서열체제에서는 일류대를 정점으로 사람의 서열이 결정되기 때문에 직업학교가 활성화 될 수 없다. 독일에서는 직업교육을 받은 전문기능자가 사무직 이상의 소득과 사회적 존경을 누린다. 이것도 세계 최고 산업경쟁력의 한 배경이다. 우리나라 사람들은 기술직 노동자가 고소득을 누리면 나라가 망한다고 여긴다. 반면 사무관리직이나 전문서비스직의 고소득은 아무렇지도 않게 여긴다. 그런 풍토가 산업국가 한국을 점차 약화시키고 있다.

'수공업자는 금으로 된 바닥에 앉는다' (독일속담) …… 독일에서는 학벌보다는 개인의 노력 여하에 따라 사회적 · 경제적 지위가 보장된다(빌버르트 독일 라인 · 헤센 지역 상공회의소 직업담당관).
—《한겨레》(2004년 1월 30일)

독일은 노조가 강한 나라다. 일본의 노동자들은 회사별로 고립되어 있지만 독일 노동자들은 산별로 연대관계를 맺는다. 강한 노조는 잘 사는 서민층을 형성하는 토대가 됐다. 노조는 사측과 직장평의회를 구성해 경영에 대한 공동결정권을 행사한다. 그러므로 미국이나 한국처럼 기업이 노동몫을 착취해 주주몫으로 돌리거나, 노동자를 마음대로 해고할 수 없다. 산별 임금교섭은 노동자 간 양극화를 막는다. 노조조직률은 비교적 낮지만 60~80퍼센트에 달하는 협약적용률이 미조직노동자까지도 보호한다. 이렇게 노동자의 권익이 보장된 체제에서 노동자는 안심하고 직업훈련에 전념, 세계 최고의 경쟁력을 갖게 된다. 그리고 그것이 기업 경쟁력으로 연결된다.

독일기업은 미국처럼 주식시장의 지배를 받는 것이 아니라 은행의 보호 아래 있다. 은행은 감독이사회를 통해 기업경영에 개입한다. 일본도 은행중심체제고, 우리나라도 과거 경제기적을 창출할 당시에는 은행중심체제였다. 그때 은행은 기업을 위해 봉사하는 역할이었다. 1990년대 이후로는 기업이 자본시장에 휘둘리고 있다. 은행은 이제 국가산업의 보호자이길 거부한다. 이명박 정부는 산업을 위한 국책은행인 산업은행을 민영화해 이런 변화에 마침표를 찍으려 하고 있다. 기업에 안정적인 자금을 공급해 장기적으로 기업을 육성하는 은행체제에서 기업에 단기성과를 재촉하고 기업의 이윤을 빨아먹는 자본시장체제로 변화하는 것이다. 독일의 은행은 이런 단기성과주의로부터 기업을 보호했다.

1980년대 중반에는 매출액 기준 서독 20대 제조업체 중 7개 업체의 경영감독위원회 회장직을 도이치방크의 이사들이 맡고 있었다. 이 안에는 독일 최대 자동차회사인 다임러-벤츠사가 포함됐다. 독일은 이렇게 은행과 기업과 노동자가 긴밀한 유대관계를 맺으며 상생하는 모델로 성장했다.

그러나 우리나라 주주들은 기업과 긴밀한 관계를 맺지도 않고 장기간 기업육성을 위해 희생하지도 않는다. 주주들은 그때그때의 성과를 극대화해 당장 수익을 낼 것을 요구할 뿐이다. 기대에 못 미칠 땐 미련 없이 주식을 팔고 다른 주식으로 갈아탄다. 이렇게 팔짱 끼고 물러나 앉아 평가만 하면 그만이라는 냉정한 태도가 한국 사회에 만연해 있다. 그러나 독일 최대의 상업은행인 도이치방크는 자국 산업의 보호를 중시했다.

(도이치방크에서) 자국 산업 보호의 사명감은 독일경제의 패권을
강력히 추구했던 인사들의 후손들 사이에서도 면면히 이어졌다.
—한스 오토 에글라우(《독일 산업계의 지배자 도이치방크》, 1995년)

그런 사명감으로 대공황기, 2차대전 패전 이후 시기, 1970년대 오일
쇼크 시기에 독일 기업들을 보호했다. 독일은 상업은행조차 마치 국책
은행처럼 '공무원 의식'을 가지고 있었던 셈이다. 상업은행이 아닌 공
공부문은 당연히 자기가 할 일을 한다. 1998년 기준으로 독일 금융자산
의 52퍼센트를 공공금융부문이 차지하고 있었다. 이 부문은 기업에 대
한 장기신용대출로 산업을 육성했다(《국가몰락의 신화》, 2002년). 우린 이
것보다 훨씬 높은 비율의 은행지분을 외국자본이 차지하고 있다. 그들
은 오직 이익만 추구한다. 이 와중에 이명박 정부는 공공부문 은행까지
없애려 하고 있다.

IMF가 외환위기 당시 한국에게 요구했던 것은 더 이상 한국기업을
보호하지 말라는 것이었다. 그후 은행은 사익추구형태로 재편됐다. 은
행이 경기침체기에 기업을 받쳐줘야 하는데, 지금은 은행이 자기만 살
겠다고 기업의 목을 죄는 구조가 됐다. '키코'라는 파생상품을 팔아 중
소기업을 어렵게 하더니 미국금융위기가 터지자 돈줄을 죄어 중소기업
을 구렁텅이로 몰고 있다. 이런 구조에서는 기업이 살 수 없다.

일본이 일본주식회사로 불리는 것은 일본 자체가 하나의 덩어리처
럼 여겨지기 때문이다. 1980년대 말까지는 일본의 이런 특성을 본받자
는 책들이 종종 출간됐다. 1990년대 이후로는 미국식 시장주의를 본받
자는 주장들만 난무했다. 이것은 냉정한 경쟁체제다. 일본처럼 독일도
금융과 기업과 노동자가 연계된 하나의 덩어리 같은 성격이 있다. 이것
은 '냉정함'이 아니라 '연대'다. 모두가 서로에 대해 연대의식을 갖고

책임을 지며 서로가 서로를 보호하는 공동체정신이 비교적 양극화 정도가 낮은 세계 최고의 산업국가를 건설케 한 힘이었다.

　　세계에서 가장 산업적으로 힘찬 경제가 또한 가장 평등한 사회 중 하나라는 것은 확실히 우연이 아니다.

— 린다 위스(《국가몰락의 신화》, 2002년)

　　일본의 경우에도 대기업 사장의 연봉과 신입사원의 연봉이 1963년에는 11.9배, 73년에는 9.0배, 80년에는 7.5배로 점점 축소됐다. 이 기간이 바로 일본이 신화적인 경제성장을 달성해 선진국으로 발돋움한 시기이며, 동시에 산업경쟁력이 세계 최고가 된 때다.

　　1990년대 독일 상장기업의 소유분포를 보면 은행이나 타기업의 지분이 40~50퍼센트에 달한다. 대신 연기금이나 투자회사의 소유지분은 10퍼센트대다. 반면 미국은 은행이나 타기업 지분이 전혀 없고, 연기금과 투자회사 지분이 40~50퍼센트에 달하며 나머지는 거의 개인주주들이 갖고 있다. 일본은 은행과 계열 간 출자관계를 맺어 계열단위로 독일과 비슷한 구조를 취하고 있다. 이렇게 기업을 자본시장으로부터 보호한 상태에서 은행, 기업, 노동자가 장기협력관계를 맺으며 함께 성장했던 것이다. 미국은 이런 체제를 계속 공격하며 금융자유화를 주도했다가 결국 금융위기에 빠졌다. 우리나라는 현재 경제주체들이 서로에 대해 칼을 겨누고 있는 형국이다. 장기협력관계 같은 건 없다.

　　흔히 '영미식'이라는 말을 많이 쓴다. 영국이 미국과 같은 자유시장주의 금융주도체제라는 뜻이다. 2000년 기준으로 영국 기업의 주가 총액이 독일 기업보다 두 배 이상 더 컸다. 그런데 고용규모는 독일 기업이 영국 기업보다 두 배 이상 더 컸다. 주가가 상승하고 주주이익이 커질수록 기업이 노동자를 줄인다는 걸 극명히 보여준다. 우리 주가가 사상 최고수준이었던 2007년에 고용률은 0.1퍼센트 성장했다. 미국은 0.2퍼센트 하락했다. 같은 기간 OECD 평균은 0.4퍼센트 성장이고, 독일은 1.7퍼센트 성장했다. 독일의 고용력이 압도적이다. 이런 데도 미국식으로 가야 할까?

영국 '과학기술개발센터'의 1990년 보고서에 따르면, 독일(구서독) 기업들은 필요한 기술을 자체개발하려는 태도를 가지고 있었다. 반면 영국 기업들은 합작이든, 매수·합병이든 과정을 따지지 않고 결과적으로 기술만 얻으면 된다는 태도였다. 독일은 공적 기관과 사적 기관이 연계해 기술을 개발, 중소기업에게 제공하는 시스템이 발달해 있다. 영국에는 이런 것이 발달해 있지 않다. 시장경쟁으로 각자 알아서 하라는 체제다. 또 독일기업들의 90퍼센트는 자기 노동자들을 직업훈련을 통해 숙련공으로 육성해나가겠다는 태도를 보인 반면 영국기업들의 75퍼센트는 숙련공(경력직)을 외부에서 끌어오겠다는 태도였다.

럭키금성경제연구소(현 LG경제연구원)는 1991년에 출간한 《일본과 독일 2차대전 이후 어떻게 강대국이 되었는가》에서 기술혁신에 기초를 둔 장기전략의 수행, 노동자의 교육 및 직업훈련에 높은 가치를 부여하는 풍토와 공공기관의 뒷받침이 독일경쟁력을 일구어냈다고 지적했다. 반면 영국은 단기적 인력관리체제여서 일관성 있는 기술개발이 어렵다고 했다. 프랑스 국립통계원도 독일이 독보적인 경쟁력을 유지하고 있는 것은 독일기업들이 조직적이고 광범위한 직업훈련제도를 갖추고 있기 때문이라고 지적한 바 있다.

우리나라는 노동자를 소모품 취급하는 문화가 만연해 있다. 국가는 각 개인들이 알아서 경쟁해 자기 능력 자기가 키우라는 식이다. 노동자의 능력이 떨어지면 국가와 기업이 힘을 합쳐 노동자의 능력을 키워주는 것이 아니라 노조를 파괴하고 임금을 깎으며 해고할 궁리만 한다. 기업은 교육이 인재를 키워주지 않는다고 불평하기 바쁘다. 손톱만큼 이라도 손해보지 않고 이익만 보겠다는 생각, 그러니 노동자 교육은 내 알 바 아니라는 생각, 이런 풍토에서 경쟁력이 없는 파견직 노동자는 노예처럼 저임금으로 혹사당하다 어느 날 잘릴 뿐이다. 독일처럼 노동 자들이 경영에 대해 발언하는 것은 꿈도 못 꾼다. 산업경쟁력이 급격히 쇠락한 영국·미국처럼 단기주의가 판을 친다.

우리 기술을 우리 손으로 개발한다는 집념도 약해졌다. 한국 사회의 새로운 주류로 떠오른 민주화세력의 경우도 이런 의식이 매우 박약하 다. 예컨대 〈디워〉의 영구아트무비는 기술을 아웃소싱하지 않고 독자 개발하려 노력했다. 그러나 진보적 지식인들은 이런 노력을 경시하는 것을 하나의 미덕처럼 여기는 태도를 보였다. 현대자동차는 초기에 폴 크스바겐과 합작할 수도 있었으나 그것을 거부하고 독자개발의 험난한 길로 갔다. 외국에서 망신도 많이 당했다. 하지만 한국이 수십 년을 보 호해 겨우 국제경쟁력을 갖췄다. 〈디워〉역시 국제경쟁력이 떨어져 외 국에서 나라망신을 시킬 것이란 비난이 인터넷에 많았다. 장기적 육성 이라는 사고방식이 사라지고 허영심과 단기주의만 남았다. 좌파마저도 〈디워〉 사태에서 언제라도 이탈할 수 있는 냉정한 평가꾼인 주주나 소 비자처럼 굴었다.

한국의 기득권세력은 이제 우리 기업을 키우겠다는 의지보다 모든 것을 시장에 맡겨 경쟁만 시키면 된다는 태도로 변했다. 우파와 좌파, 주류와 비주류 모두에게 산업육성이란 개념이 없는 것이다. 게다가 경 쟁교육과 미약한 직업교육으로 노동자의 질이 떨어진다. 산업경쟁력이 저하될 수밖에 없는 구조다. 경쟁력이 떨어지자 모든 것을 노동자의 탓 으로 돌려 저임금·미숙련 노동을 더 확산시켜 다시 경쟁력을 떨어뜨리는 악순환 구조로 들어섰다.

<정규직 고용 보호 및 임시직 고용 규제의 정도(OECD 1999년 보고서)>
　　독일　정규직 보호 엄격성 : 2.8　임시직 고용 규제 : 2.3
　　미국　정규직 보호 엄격성 : 0.2　임시직 고용 규제 : 0.3
　　영국　정규직 보호 엄격성 : 0.8　임시직 고용 규제 : 0.3
－정이환(《현대 노동시장의 정치사회학》, 2006년)

　　노동유연화를 해야 경제가 살아난다는 주장이 난무한다. 위 표에 따르면 정규직 보호의 엄격성에서 미국과 독일은 엄청난 차이가 난다. 임시직 고용 규제도 그렇다. 미국은 유연화의 천국이다. 그러나 미국인들이 독일인들보다 잘 사는 건 아니다. 단지 미국의 부자들이 훨씬 화려하게 살 뿐이다.

　　교육과 직업훈련을 중시하는 풍토와 자체기술개발을 중시하는 문화는 독일 중소기업의 경쟁력도 최고로 끌어올렸다. 벤츠, BMW가 상징하는 독일 대기업의 경쟁력은 누구나 알고 있다. 독일의 경영학자 헤르만 지몬은 수출강국의 진정한 힘은 대기업이 아니라 중소기업에 있다고 지적했다. 그러면서 잘 나가는 대기업은 고도로 발달된 산업국가에는 어디에나 있지만(한국에도), 강력한 중소기업은 어디에나 있지 않다고 말했다. 그는 그런 중소기업을 '히든 챔피언'이라 이름하며, 히든 챔피언이 제일 활발히 활동하고 있는 곳은 바로 독일과 스칸디나비아 국가들(스웨덴, 핀란드가 있는 곳)이라고 했다.

　　독일의 인구는 미국의 4분의 1, 일본의 3분의 2 밖에 안 되지만 미국보다 20퍼센트 이상 수출을 많이 하며, 일본의 2배 이상을 수출하

고 있습니다. 그 이유는 단 하나, 독일의 중소기업들이 엄청나게 강
하기 때문입니다.　　　　　　　　　　　―헤르만 지몬(《히든 챔피언》, 2008년)

한 국가의 수출이 소수의 대기업에 의해 결정된다는 통념은 거짓이
며 중간규모의 회사들이 잘 돼야 수출이 많아진다고 헤르만 지몬은
지적한다. 문제는 사람들이 재벌, 대기업이 잘 되는 데만 관심을 갖는
다는 데 있다. 대중이 경제와 관련해 진짜 중요하게 여기는 건 오로지
대기업의 안위뿐이다. 'MB공화국'은 이런 대중의 정서를 자극해 부
자들의 이익을 챙긴다.

노동자의 능력이 바로 히든 챔피언의 핵심자원이라고 한다. 또 히든
챔피언의 3분의 2는 지방에 소재를 두고 있다고 한다. 그러나 지금처럼
서울지역 일류대 중심 서열체제를 지속되면 지방은 절대로 살아날 수
없으며, 서울 강남에 대한 탐욕만 커질 뿐이다. 따라서 지방소재의 중
소기업이 활성화될 수도 없다. 또 입시경쟁에 의해 창의력이 말살돼 노
동자의 능력도 향상될 수 없다. 'MB공화국'은 지금 역주행을 하고 있
다. 그 길의 끝은 '망국'이 될 것이다.

맹목적인 개방지상주의, '국제주의'도 문제다. 한국은 김대중 정부
이후 외국자본에게 국가의 자산을 팔아넘기기 시작했다. 인터넷에서도
'자본엔 국적구분이 무의미하다'는 주장이 터져나왔다. 좌우를 가리지
않고 국가적 차원에서의 보호를 주장하면 쇄국으로 몰아붙이거나, 애
국주의 선동으로 몰아붙이는 태도가 만연했다. 이명박 정부에서는 개
방을 추진하며, 민영화에 외국자본의 참여를 열어놓겠다는 발언들이
터져나온다. 한국 기득권세력의 3세대와 고위관료들, 최고 전문가 집단
들이 외국자본의 대리인 역할을 하는 모습을 쉽게 볼 수 있다.

독일 폴크스바겐의 최대주주는 니더작센 주정부였다. 독일 정부는

외국자본으로부터 이 회사를 보호하기 위해 외부인의 니더작센주 보유 지분 이상의 의결권 행사를 금지했다. 독일은 유럽통합을 주도한다. 유럽위원회에서는 독일 정부의 이 같은 조치가 다른 나라에 불공정하다고 지적했다. 그러자 2005년에 같은 독일 회사인 포르셰가 지분 20퍼센트를 인수해 기존 니더작센주 보유지분과 함께 자국 기업을 지켰다. 포르셰는 2008년에 지분을 추가 인수하며 그 이유로 외국자본의 인수합병을 막기 위해서라고 했다. 우리나라는 독일처럼 국가 간 통합으로 기업보호를 풀라는 압력도 없는데 정부가 알아서 기업들을 국제적 인수합병 시장에 내놓으려고 한다. 황당한 일이다.

독일은 한국에 비하면 복지의 천국이라 할 만하다. 우리나라가 이 정도까지만이라도 간다면 혁명적인 변화라 할 것이다. 하지만 독일보다 사회보장이 더 충실하며, 동시에 경제성장도 활발한 나라들이 있다. 바로 북유럽(스칸디나비아) 국가들이다.

가장 인간다운 사회,

북·유·럽·국·가·들

인간답다는 것이 무엇일까? 인간은 동물이다. 동물과 똑같은 욕구를 가지고 있다. 굳이 이런 것을 일컬어 '인간답다'고 하지는 않는다. 배고프면 먹는 것이 인간이긴 하지만 먹는 것 밝히는 것을 두고 '인간답다'고 하지는 않는다는 뜻이다. '인간답다'고 할 때는 당연히 동물과 구분되는 인간만의 특징을 가리키게 된다. 인간은 동물과 비교하면 특별히 악독해지거나 존엄해질 수 있다. 특별히 악독한 것을 일컬어 '인간답다'고 하지도 않는다. 돈을 더 많이 가질 욕심에 타인의 비참한 삶을 방조하는 인간 특유의 악독함을 두고 '인간답다'고 하지 않는다는 말이다. 선진국 중에서 이런 종류의 저열한 인간다움에 가장 가까운 사회는 미국이다. 미국은 인간 특유의 '탐욕'과 '이기심'이 자유로운 나라다. 한국도 이와 유사하다. 자기 자식 출세시키려고 남의 자식 삼류학교 가길 바라는 이기심이 자유로운 사회.

미국과 정 반대되는 인간다움이 발현된 사회는 북유럽, 즉 스웨덴, 핀란드, 덴마크, 노르웨이 등이다. 이런 인간다움이 진짜 인간다움이다. 악독한 그 무엇이 아니라 인간만의 존엄한 그 무엇이 발현된 사회. 물론 인간은 존엄하지 않다. 하지만 존엄하다고 간주한다. 그것이 공화국이다. 공화국의 시민은 모두 존엄하기 때문에 당연히 모두 평등하다. 존엄한 '영희'와 존엄한 '철수' 사이에 차등이 있을 수 없다. 둘은 자신의 존엄함을 유지할 권리를 똑같이 갖는다. 동물의 세계는 약육강식의 원리여서 이런 식의 '평등' 원리가 없다. 미국 사회는 이런 동물세계와 유사하다.

인간이 인간을 존엄한 존재라고 간주하고 이를 실현하려고 노력하는 것이 바로 진정한 '인간다움'이다. 약자라고 해서 능멸하지 않고 그와 연대하는 시민들의 사회, 약자가 자신의 존엄성을 훼손할 처지로 추락하는 것을 용납하지 않는 사회, 모든 개인의 존엄성을 보듬어 안는 사회. 북유럽은 그런 사회를 건설했다. 그러므로 이런 사회에는 삼류학교와 일류학교라는 '악독한' 제도가 존재하지 않는다. 미국은 스웨덴에 비해 소득불평등도가 두 배 정도 더 높다.

OECD 자료에 따르면 1994~1995년에 최저의 독서·계산 능력을 가진 사람들이 스웨덴에서는 노동연령 인구의 6~8퍼센트, 미국에서는 20~23퍼센트였다. 미국은 국민들이 존엄성이 망가질 만큼 무식해지는 걸 방치하는 것이다. 물론 그들은 방치한다는 걸 인정하지 않는다. 'MB공화국'처럼 각자 자유롭게 선택하고 경쟁하도록 내버려두는 것이 국민을 위해 더 좋은 일이라고 강변할 뿐이다.

2005년에 정부의 GDP 대비 복지지출 비율이 스웨덴은 35.1퍼센트, 미국은 15.7퍼센트, 한국은 7.1퍼센트였다. 미국의 《포브스》는 스웨덴 등 스칸디나비아 4국을 실업급여의 천국으로 지목한 바 있다. 스웨덴처럼 국가가 국민의 복지를 챙기면 세금이 올라가고, 정부가 커지고, 양극화가 줄어든다. 그러나 이럴 경우 경쟁력이 떨어진다고 'MB공화국'은 주장한다. 보건사회연구원 2006년 자료에 따르면 1980~2002년에 스웨덴 노동생산성은 연평균 2퍼센트 증가했고 미국은 1.5퍼센트 증기했다. 스웨덴, 핀란드 등은 세계에서 손꼽히는 '기업하기 좋은' 나라다. 핀란드는 2003년 세계경제포럼 선정 국가경쟁력 순위 세계 1위였다. 2004년 기준으로 인구대비 포춘 500대 기업수 비율에서 스웨덴, 핀란드는 상위권, 미국은 중위권, 한국은 하위권이었다. 시민경제사회연구소 홍헌호 연구위원의 조사에 따르면 1993년 이후 1인당 GDP성장률에서도 스웨덴과 핀란드가 미국보다 높다. 미국은 노동소득에 대한 자산소득(배당, 이자, 지대)의 비율이 2002년도에 18퍼센트였지만 핀란드는 8퍼센트였다. 부자보다 노동하는 사람이 대접받는 사회인 것이다.

(북유럽에선) 페인트공이나 세탁소에서 일하시는 분들이나 아니면 도로에서 일하시는 분, 오히려 육체 노동하는 사람들이 경제적 수입은 더 많았습니다. 변호사나 의사도 소득이 높지가 않았습니다.
ㅡ전 국회의원 임종인, 2008년 라디오 인터뷰 중에서

한 핀란드인과의 인터뷰에서 '한국에서는 부모들이 자기 자식을 생산직 노동자로 만들지 않으려 한다'고 질문하자 '기술자는 귀한 대접을 받는데 왜 그러느냐?'며 의아해 하는 대목이 나왔었다. MBC 다큐멘터리에 소개된 덴마크의 어느 사무실 수리공은 월소득이 500만 원 이상으로 사무직과 큰 차이가 없었으며, 그중에 40퍼센트를 세금 및 사회보장비로 지출하고 중산층의 생활을 하고 있었다. 2000년 핀란드의 빈곤율은 미국의 30퍼센트 수준이었다. 특히 아동 빈곤율의 경우에는 미국과 북유럽 국가가 5~10배 정도의 차이가 난다.

〈각국의 저임금 노동자 비중〉(OECD, 2008년)

한국 : 24.5퍼센트	미국 : 24.2퍼센트
독일 : 17.5퍼센트	일본 : 16.1퍼센트
핀란드 : 6.9퍼센트	스웨덴 : 6.5퍼센트

북유럽 국가들은 같은 수준의 공공 보육·교육서비스를 국민에게 제공한다. 즉 평준화다. 이것은 가난할수록 이익을 보는 제도다. 반면에

부자들은 손해를 본다. 왜냐하면 가난한 사람들은 국가가 서비스를 제공하지 않으면 자력으로는 그것을 누릴 수 없고, 부자들은 자신들의 힘으로 얼마든지 최고의 서비스를 선택할 수 있기 때문이다.

앤드류 글린의 《고삐풀린 자본주의》에 따르면 '불평등을 축소하는 것이 정부(국가)의 책임'이라는 문항에 대해 미국인의 찬성률은 50퍼센트 미만으로 OECD 최저 수준이다. 미국인들은 개인 자유, 개인 책임 원칙을 신봉하고 있다. 이것은 자유롭게 나의 이기심을 충족시키고 싶다는 인간성의 저열한 특징에서 비롯한 것이다. 존엄한 인간은 자기의 이기심(자유)을 스스로 제한하고 국가공동체를 통해 다른 시민들과 연대한다. 2000년 CNN 조사에 따르면 미국인들의 39퍼센트는 자신이 가장 부유한 1퍼센트에 속해 있거나 들어갈 수 있다고 믿고 있었다. 이렇게 자기가 부자가 될 수 있다는 허망한 욕심에 사로잡혀 국가 공동의 복지제도에 반대하는 것이 미국인들의 저열한 특징이다. 한국인들도 이런 태도를 보인다. 자기 자식이 일류학교에 들어갈 수 있을까 싶어 일류학교 제도에 찬성하는 것이다. 우리 직장인들도 이런 심리 상태로 평가강화나 유연화에 찬성하는 경향이 있다는 건 앞에서 설명했다.

국가의 강력한 개입을 통해 문제를 해결하는 전통은 의료제도에서도 나타난다. 미국은 국가의료보험이 없다. 한국은 의료보험이 있다. 그러나 개인이 의료보험에 가입해 혜택을 받는 방식이다. 임종인 의원의 조사에 따르면 북유럽에서는 국민으로서 세금만 내면 의료문제가 해결된다. 국가가 모든 개인을 직접 책임지며 사회를 관장(뒷받침)하는 체제다. 스웨덴 병원에서는 돈이 있다고 1인실을 선택할 자유가 없다. 병세에 맞춰 배정될 뿐이다. 국민에게는 연간 15만 원 이상의 진료비를 쓸 자유가 없다. 그 이상은 국가가 부담한다.

스웨덴과 미국은 금융위기에서도 다른 양상을 보인다. 스웨덴도 과거 금융자유화를 단행했다가 금융위기를 겪었다. 그때 스웨덴은 금융기관 주주의 소유권을 몰수하는 대신 은행의 기능은 살림으로써 국민경제를 지켰다(국유화). 그러나 미국은 국가의 영역이 커지는 것을 꺼려 부실채권만을 처리하는 방식을 제시했다. 미국에서는 이 정도 수준도 자유시장원리에 위배된다고 반대하는 목소리들이 나온다(미국은 나중에 일부 국유화로 방향을 틀었으나 이명박 정부는 여전히 민영화, 자유시장 원리를 고집, 은행채무만을 국민세금으로 지원해줌).

> 워싱턴의 구제 계획은 …… 주주에게만 우호적인 모습이 보인다. …… 만약 은행이 살아남는다면, 주주들의 재산은 그대로 유지할 수 있겠지만 납세자들은 위험에 빠질 수 있다.
>
> —스웨덴 국가채무책임자 Bo Lundgren(AFP, 2008년 9월 22일)

덴마크 같은 경우 노동시장 유연성이 우리보다 높다. 이런 것을 두고 일각에서는 우리도 지금보다 더 노동유연화를 해야 한다고 한다. 그러면서 동시에 작은 정부, 감세, 공공부문 축소를 추진한다. 덴마크는 노동시장이 유연한, 즉 해고가 자유로운 대신 국가가 고용을 책임진다. 북유럽에서 해고는 우리처럼 '추락'이 아닌 국가적 차원에서의 '재배치' 정도의 의미가 있다. 국가가 실업기간 동안 생활을 책임지면서 강력한 직업훈련서비스를 제공하는 것인데, 이런 것을 적극적 노동시장 정책이라고 하며, 이런 체제의 성격을 '유연안전성'이라고 한다. 국가가 이런 일을 하려면 국민으로부터 충분히 세금을 걷어야 한다. 국민은 세금을 내는 대신 국가라는 우산의 보호 속에서 안전을 보장받는다.

민간부문에서 고용이 안 될 경우에는 국가가 직접 고용한다. 이 대목이 독일 등 중부유럽과 북유럽의 차이점이다.

〈정부 부문 고용 비율(1995년)〉

중부유럽 국가 : 18.8퍼센트

북부유럽 국가 : 29.4퍼센트

—정이환(《현대 노동시장의 정치사회학》, 2006년)

국가의 적극적 노동시장 정책도 북유럽이 더 강하다.

〈적극적 노동시장정책 예산의 GDP 비율(1997년 기준)〉

스웨덴 : 2.1퍼센트

독일 : 1.2퍼센트

미국 : 0.2퍼센트

—정이환(《현대 노동시장의 정치사회학》, 2006년)

적극적 노동시장정책은 말하자면 국가가 노동시장을 자유롭게 두지 않고 적극적으로 개입하는 것을 뜻한다. 실업자가 가난할 자유를 누리지 못하도록 생활비를 보조하고, 높은 수준의 직업훈련을 시켜 저숙련 저임금 노동자가 될 자유를 규제하고, 강자들이 자기들만 고임금의 안정된 직종을 독점할 자유를 몰수하는 정책이다.

국가단위가 중요하므로 임금도 중앙협상으로 결정된다. 미국은 각 기업별이나 개인별, 일본은 기업별, 독일은 산별, 북유럽은 국가 중앙 협상이 기본 모델이다. 노조는 국가경영에 참가하는 방식으로 국가의 노예가 아닌 주인이 된다. 예컨대 스웨덴 모델을 창안한 것은 스웨덴 노조연합이었다.

(독일식 체제의 한계는) 조직노동자 중심의 이해를 대변함으로써 비

조직노동자, 여성노동자, 이민노동자 등의 이해를 포괄적으로 반영하지 못한다는 점이다. 산별노조가 임금격차를 줄이기 위해 많은 노력을 하였지만 그 역시 조직노동자의 이해에 충실할 수밖에 없었다. 그 결과 라인형 기업지배구조는 다양한 노동자층의 사회적 연대와 응집을 강화하는 데 한계를 드러냈다.

—전창환(《미국식 자본주의와 사회민주적 대안》, 2001년)

강력한 국가가 모든 국민을 포괄하는 방식으로 '국가는 개인의 해방자'가 되도록 하는 북유럽에서는 조직노동자나 보험가입자가 아닌 모든 국민이 시민으로서 국가의 혜택을 받을 권리가 있다. 북유럽의 이런 원리에 입각한 복지제도를 일컬어 '보편적 복지'라고 한다. 보편적 복지는 '묻지마 복지'다. 아무 것도 가리지 않는다. 반면에 미국식 복지는 따지는 것이 많다. 이런 것을 일컬어 '선별적 복지'라고 한다.

미국의 의료복지제도를 설명한 글을 보면 복잡하다. 가난하고 취약한 사람들을 골라내 도와주기 때문이다. 우리나라의 복지도 이런 개념이다. 복지혜택 받는 사람을 창피하도록 만드는 구조다. 보편적 복지체제에서는 모든 국민이 복지제도의 수혜자가 되므로 국민이 복지제도를 지지하게 된다.

미국의 중산층은 감세를 지지하고 복지제도를 거부한다. 그것은 그들이 세금을 내기만 하고 복지제도의 혜택을 받은 적이 없기 때문이다. 결국 국민의 이기심과 무지가 작은 정부를 만들고, 작은 정부가 다시 국민의 이기심을 키우는 자해적 악순환이 계속된다. 등록금 문제로 보면, 못 사는 학생들에게 장학금이나 대출을 해주면 되지 않느냐는 'MB공화국'식 사고방식이 대표적인 '선별적 복지'라고 할 수 있다. 'MB공화국'에서도 얼마든지 복지예산이 늘어날 수 있다. 그러나 이런 선별적 복지의 한계를 벗어나지 못하는 한 큰 틀에서 변화는 없을 것이다.

스웨덴에서는 부자가 아닌 한 이혼할 때 위자료라는 개념이 없다고 한다. 아이 양육을 책임지는 건 아버지가 아니라 국가이므로 아버지는 세금만 잘 내면 된다. 국가는 아이가 고등교육까지 받을 수 있도록 지원을 아끼지 않는다. 홀로 된 부모는 아버지, 어머니 어느 쪽이든 국가의 생활지원과 고용지원을 받게 되므로 우리처럼 위자료 없으면 길바닥에 나앉는 구조가 아니다. 대신 결혼한 부부도 세금을 따로따로 낸다. 강력한 국가를 중심으로 개인들이 연대해 모여 있는 공동체라는 느낌이다.

독일은 국가가 가정의 일을 떠맡는 것에 소극적이었다. 그 결과 가사·양육을 국가가 책임지지 않아 이 부문의 공공고용이 늘지 않았다. 북유럽은 이것에 적극적이었기 때문에 공공부문 고용이 늘어 실업이 해소되고, 국민의 복지혜택이 늘며, 여성이 보다 자유로운 사회가 되었다.

1990년대 초에 스웨덴 사람들은 미숙련 노동자에 비해 의사의 소득이 두 배 정도 많으면 적당하다고 생각했다. 반면 미국인은 6배가 적당하다고 생각했다. 모두가 평등하게 존엄한 인간이라고 여기는 인식이 지나친 소득격차를 용납하지 않는 풍토를 낳은 것이다. 미국인들은 자기가 부자가 될 거라는 환상에 빠져 부자 몫이 줄어드는 걸 싫어하고, 소득격차를 당연하다고 여긴다. 한국인들은 미숙련 노동자가 월소득 100만 원으로 노예처럼 살고, 의사가 엄청난 소득으로 귀족처럼 사는 걸 용인하며 자기 자식에게 의사가 되어 잘 먹고 잘 살라고 종용한다. 인간성의 저열한 특징만 팽배해 있다.

〈2000년 노동자 1인당 조세부담률〉
스웨덴 : 50.1퍼센트
핀란드 : 47.8퍼센트
미국 : 29.7퍼센트
한국 : 16.4퍼센트

국가가 책임지고 모든 개인의 존엄성을 지켜주려면 당연히 돈이 있어야 한다. 복지국가의 시민들은 기꺼이 세금을 감수한다. 자기가 번 돈 자기 마음대로 쓸 자유를 포기하고 공동체에 양도하는 것이다. 바로 이런 것이 존엄한 '인간다움'이다. 반대로 감세는 인간성의 저열한 특징에 호소한다. "내 돈 내가 알아서 쓰겠다는데 니들이 뭔 상관이야? 너 빨갱이지!" 이런 것이 저열한 '인간다움', 혹은 한국적 '인간다움'이다. 세금 적게 내는 것을 좋아하는 것은 '노예'의 특징이기도 하다. 노예는 세금을 뺏기는 돈으로 간주한다. 왜냐하면 세금을 걷는 국가가 '내 것'이라는 생각을 못하기 때문이다. 핀란드 국민의 85퍼센트는 비용이 들더라도 복지국가에 찬성한다. 그들은 국가의 주인이니까.

스웨덴 교육

이런 사고방식에서 구체적으로 어떤 사회가 만들어졌을까? 사회의 성격을 규정하는 데 교육제도는 매우 중요하다. 이 책 전반부에 설명된 이명박 정부의 교육과 스웨덴의 교육을 비교해보자. 2002년도에 출간된 《스웨덴 쑥쑥교육》이라는 책이 있다. 이 책은 코모토 요시코라는 일본인 여성이 스웨덴에서 겪은 일을 적은 책이다. 이 책 내용을 보자.

스웨덴은 경쟁 사회가 아니라 여유 있고 관대한 구조로 건설되어 있다. …… 언제라도 다시 시작할 수 있는 환경이 사회적 장치로서 마련되어 …… 서로가 존중하는 평등이라는 이념이 사회 저변에 굳건히 자리잡고 있다.

—코모토 요시코(《스웨덴 쑥쑥교육》, 2002년)

코모토 요시코는 아이가 셋인 이방인으로 스웨덴에서 살았다. 한국에서 아이가 셋인 이방인 여성은 어떤 삶을 살게 될까? 이방인이 아니라 한국인이라 하더라도 사회 최하층일 것이다. 기륭전자에서 월 소득 100만 원 정도를 받았던 여성노동자는 한 푼이라도 더 벌기 위해 아이를 방에 두고 문을 잠근 채 일해야 했다. 어느 날 집에 와보니 아이가 똥을 싸고 뒤를 닦지 못해 괴로워하고 있었다는 얘기를 하며 눈물을 흘렸다. 그런 상태에서 아이가 불에 타죽은 사건도 종종 터진다. 미국에서는 엄마가 아이를 방치하고 일을 하느라 아이가 총기사고를 일으킨 사례가 있었다. 한국과 미국에서 그런 아이들은 결국 삼류학교를 나와 삼류인생을 살게 된다. 코모토 요시코와 그 아이들은 스웨덴에서 그렇게 살지 않을 수 있었다.

한국은 아이를 낳는 단계에서부터 부모, 특히 여성이 부담을 안게 된다. 스웨덴은 1년 이상의 육아휴직이 제공되며 소득의 80퍼센트 이상이 보장된다. 보육수당은 가족에게 지급되는 것이 아니라 엄마에게 지급된다. 이것이 개인의 존엄성을 지키는 국가의 역할이다. 일본과 한국, 독일에서는 가족이 중요하며 직업이 중요하다. 좋은 일자리, 좋은 노조에 속한 아버지의 가족이 좋은 복지를 누리는 구조다. 그러나 스웨덴은 개인 중심이어서 국가가 직접 여성의 부담을 덜어준다. 그래서 북유럽 국가는 여성의 사회진출이 세계 최고수준이다. 사회진출뿐 아니라 남녀 임금격차에 있어서도 한국은 OECD 최악이다. 일본과 독일이 우리보다 격차가 낮고 핀란드, 스웨덴은 더 낮다. 유엔개발계획의 여성권한지수 조사(2004)에서 한국은 78개국 중 68위, 스칸디나비아 국가인 노르웨이는 1위였다. 유럽 대기업 여성 임원 비율 1, 2, 3, 4위가 노르웨이, 스웨덴, 핀란드, 덴마크, 즉 북유럽 스칸디나비아 4국 출신이다.

스웨덴의 아이들은 곳곳에 산재해 있는 탁아소에 보내진다. 비용은 무료이며 자녀수당은 별도로 지급된다. 유치원에서는 아이들을 10~12시간까지 맡기도 했다. 그런데 이것이 문제가 되어 스웨덴 정부는 아이들이 유치원에 있는 시간을 줄이되, 그 부모의 근무시간을 25퍼센트 줄일 수 있도록 했다고 한다. 물론 월급은 그대로다. 유치원 시간을 늘리든 부모 근무시간을 조정하든 기본 정신은 육아의 부담을 각 개인에게 떠넘기지 않고 공동체가 지겠다는 것이다. 기업은 줄어든 근무시간 때문에 일손이 부족해지면 사람을 더 고용해서 해결한다. 그러므로 일자리도 늘어난다.

아이가 감기에라도 걸리면 부모는 일을 쉬고 간호를 하는데, 그땐 간호수당이 지급된다. 기륭전자 여성 노동자는 자식이 교통사고를 당해 병원에 실려갔는데도 조퇴하면 해고될까봐 일을 끝마치고 밤이 돼서야 병원을 찾을 수 있었다며 눈물 어린 인터뷰를 했었다. 그런데 그렇게 벌어봐야 아이 대학등록금도 벌 수 없는 사회다.

스웨덴에서는 유치원과 보호자에게 기초 보육 지도안이 제공된다. 이런 것들이다.

- 아이들의 인격을 인정한다.
- 아이들의 창조성을 발전시킨다.

- 친구의 범위를 넓히도록 한다.
- 내성적이고 심약한 아이에 대해 배려한다.
- 환경 오염이 없는 자연 환경을 만든다.
- 민족적 배경에 따른 불공평을 없애고 모든 일을 평등하게 한다.

'MB공화국'은 이런 식이다.

- 영어능력을 극대화한다.
- 문제풀이 능력을 발전시킨다.
- 가격별 사교육기관을 통해 친구의 범위를 같은 계층으로 한정한다.
- 성적이 높은 아이를 배려한다.
- 성적기준 영재지향으로 아이들을 불평등하게 대한다.

스웨덴은 장애아동도 배제하지 않는다. 장애아동과 비장애아동이 한 유치원에 다니며 그에 따른 불편이 없도록 국가가 책임진다. 예컨대 의료팀지원, 설비지원, 전문교사지원, 심지어 농아가 있을 경우 언어치료사가 파견돼 농아 어린이가 고립되지 않도록 아이들에게 수화를 가르치기도 한다. 우리처럼 엘리트를 위해 다른 아이들을 방치하는 것이 아니라, 뒤처지는 아이를 위해 전체가 도움을 주는 체제다. 스웨덴어를 모르는 학생이 한 명이라도 있으면 그 아이를 위한 특별교사가 파견된다. 우리처럼 재정이 우수아동에 집중되는 것이 아니라 뒤떨어진 아동에 집중되는 셈이다.

학교에 들어가면 등록금은 물론 급식비, 재료비, 필기구, 보건 의료비까지 모두 무료다. 방과 후 여가센터를 이용할 경우 반년 회비가 우리나라 돈으로 5000원 정도다. 여기에는 우리 고액 '방과 후 학교' 처럼 학과목 강사가 아닌 '레저 리더'가 상주하며 아이들이 친구들과 어울려 놀도록 이끈다.

스웨덴은 대학까지 평준화되어 있기 때문에 학력경쟁이 없다. 초등학교 때부터 영어공부를 하지만 우리처럼 국민을 공포에 빠뜨리지 않는다. 친구들과 어울려 회화중심의 영어공부를 한다. 경쟁이 아니므로 사교육이 융성하지도 않는다.

또 스웨덴에서는 우리로 치면 중학교 2학년이 되었을 때 최초의 성적표를 받는다. 그전까진 성적표라는 개념 자체가 없다. 스웨덴이 성적표를 도입하지 않는 이유는 성적에 따른 우열이 나타나지 않도록 하기 위해서다. 그리고 완전한 평준화 환경이므로 수준별 맞춤교육이 가능하다. 경쟁이 없으므로 교사가 알아서 아이들 수준에 맞춰 수준별 교육을 진행한다. 우리나라 학부모처럼 자기 아이 수준 때문에 안달복달하지 않아도 된다.

일종의 교원평가, 학교평가도 하는데 물론 평준화 환경이기 때문에 우리처럼 문제가 생기지 않는다. 학생들은 '학교가 즐겁습니까?' 따위의 설문에 간단히 대답하고 교사와 학부모가 그것을 보며 대화한다. 그러나 우리는 교원평가를 하면 성적경쟁중심으로 평가가 매겨지고 성적이 낮은 교사는 학부모에게 비토당하는 구조다. 학부모들은 교사 간 경쟁을 부추기기 위해 교원평가에 찬성한다.

미국의 특징은 낮은 투표율이다. 국민이 정치에 무관심하고 오락이나 스포츠에 열광한다. 미국 대학생들의 정치의식도 하락하고 있으며 그에 따라 경제적 처지도 동반하락한다. 'MB공화국'의 특징도 낮은 투표율이다. 오락과 스포츠가 번성한다. 대학생들의 정치의식은 1980년대에 비해 극적으로 하락했다. 반면 스웨덴은 어렸을 때부터 정치교육을 통해 정치의식을 기른다. 초등학생들은 정당을 찾아다니며 정치인과 인터뷰하는 과제를 수행하기도 한다. 이런 것이 시민교육이다. 문제풀이기계 양산 교육과는 다르다.

일반 고등학교 진학과 직업학교 진학 사이의 선택은 학생의 자유다. 평준화 환경이므로 우리나라처럼 직업과정을 선택했다고 해서 삶이 나락으로 굴러 떨어진 듯 낙담하지 않아도 된다. 각자 저마다의 삶을 사는 것이고 차후에 국가 교육서비스를 통해 인생의 길을 재조정할 수도 있다.

스웨덴의 국민은 조직된 연대의 힘으로 자신들의 존엄을 지킨다. 고등학생도 예외는 아니다. 전국 고등학생 연맹이 있어 정기 총회 때는 각 학생회 대표들이 숙식을 하며 학생의 권익을 토론한다. 국가는 이렇게 국민이 조직을 결성하는 행위가 민주주의의 실천이라고 생각해 고등학생의 조합활동을 권장한다고 한다. 한 스웨덴계 자본이 한국 기업을 인수했을 때 제일 먼저 한 일 중의 하나가 노조를 만들라고 권한 일이었다는 일화가 있다. 반면에 한국인은 노조를 국가의 적으로 생각하며 학생들이 조직을 결성해 단체행동에 나서는 걸 금기시한다.

우리나라는 사립대의 비율이 압도적으로 높다. 'MB공화국'은 몇 개 안 되는 국립대마저 사립화하려고 법인화를 추진 중이다. 또 대학도 산업이라며 이익을 추구하도록 권장한다. 스웨덴은 모든 대학이 국립이다. 학교는 이익을 추구하지 않는다. 입시는 따로 없고 고등학교 때의 성적을 기초로 대학에 들어간다. 우리와 같은 경쟁은 존재하지 않는다.

스웨덴 사람들은 대학과 대학 사이에 서열이 존재한다는 게 무슨 뜻인지 이해하지 못한다. 한국인은 대학과 대학 사이에 서열이 없는, 즉 평준화 되어 있는 사태를 꿈도 꾸지 못한다. 그래서 한국인은 전국에서 서울 지역 일류대를 지망한다. 스웨덴 사람들은 기본적으로 자기가 사는 지역의 학교를 지망하는 경우가 많다고 한다. 출신학교에 따른 차별이 없기 때문이다.

고등학교를 졸업하고 바로 대학에 진학하는 사람 이상으로 나이 먹은 후 사회생활을 하다 대학에 가는 사람도 많다. 국립대-평준화체제이므로 사회인이 대학에 가서 교육받는 것에 아무런 지장이 없다. 국립대-평준화체제는 대학의 개방을 가능하게 한다. 누구나 손쉽게 대학에서 고등교육을 받을 수 있다. 학비는 따로 들지 않는다. 이명박 정부 교육지표 중의 하나가 '평생교육'이다. 그러나 'MB공화국'에서는 절대로 평생교육이 실현될 수 없다. 대학서열체제는 사람을 쉽게 입학시키지 않는 극단적으로 폐쇄적인 구조이기 때문이다. 그저 특수대학원을 이용한 평생에 걸친 '학벌세탁'이 있을 뿐이다. 아니면 학벌 거짓말을 하거나. 우리나라는 어느 대학을 갔느냐가 중요하고, 스웨덴은 대학에서 무엇을 공부했느냐가 중요하다.

코모토 요시코는 스웨덴으로 이주한 후 유아 교육에 종사하다 작업 치료사로 직업을 바꾸고 싶어졌다. 그래서 의대 작업 치료학과에 들어갔고 작업 치료사로서의 인생을 살고 있다. 공부하는 기간 동안 직장은 무급 휴가를 주고, 국가는 초저리로 생활비를 대출해줬다. 물론 교육보조금 지원은 별도였다. 대출금은 나중에 취업 후 연 수입의 4~5퍼센트 이내에서 25년에 걸쳐 상환한다. 65세가 넘으면 대출반환 의무가 사라진다. 코모토 요시코에게는 두 명의 아이가 있는데 국가는 그녀가 대학 교육을 받을 수 있도록 집세와 양육비를 보조해줬다. 유치원비는 물론 무료였다. 그리고 방학 때는 직장으로 복귀해 돈을 벌 수 있도록 조치해줬다. 이렇게 스웨덴 사람들은 우리나라처럼 고생하지 않고도 고등 교육 서비스를 향유할 수 있다. 그리고 그것은 양극화와 빈부 대물림을 차단하는 기능을 한다.

핀란드 교육

　교육경쟁력 세계 1위라는 핀란드는 어떨까? 2004년에 27세인 소시지 기업 상속자가 운전하다 속도위반으로 걸린 일이 있었다. 핀란드 당국은 우리 돈으로 약 2억 원의 벌금을 부과했다. 'MB공화국'이라면 빨갱이 포퓰리즘이라느니, 징벌적 벌금이라느니, 벌금폭탄이라느니 하며 호들갑을 떨 일이다. 핀란드와 'MB공화국'은 그 근본부터 다르다. 핀란드는 인구의 40퍼센트가 노조원이다. 노조의 경영참가도 법으로 보장되어 있다. 반면에 우린 0.3퍼센트 수준이다. 이런데도 노조 때문에 나라가 망한단다.

　핀란드어에는 탈쿠트talkoot라는 단어가 있다. 그것은 '함께 일하기'라는 뜻인데, '우리 모두는 같은 배를 타고 있다'는 핀란드인의 민족의식이 반영된 말이다. 그렇게 국가공동체 전체를 한 덩어리로 생각하는 사고방식은 서열화와 경쟁이 아닌 '평등주의'를 낳았다. 누구든지 '출생의 우연에' 구애받지 않고 평등한 삶의 기회를 제공받도록 하는 것이 핀란드 시스템의 정신이다.

　　핀란드 아이들은 국제학생평가프로그램(Program for International Student Assessment, PISA) 시험과 고등학교 졸업시험 이외에는 어떤 표준화된 시험도 치르지 않는데, 이는 현재 미국의 시험 강박과 강한 대조를 이룬다.　　　　　－로버트 G. 카이저(《워싱턴포스트》 부주필)

　핀란드는 국제 학업성취도 비교 평가에서 언제나 1등을 하다시피 한다. 2004~2005년 IMD 국제 교육경쟁력 비교에서도 핀란드는 대학 교육 경쟁력 1위(한국 50위권), 교육제도 경쟁력 1위(한국 40위권), 대학과 기업 간 지식이전 1위(한국 30위권)였다(강영혜, 한국교육개발원, 2007년). '대학에서 배운 것을 사회생활에 곧바로 적용할 수 있는가'란 항목에서도 핀란드가 1위, 한국은 50위권이었다. 성인을 대상으로 한 국제 과학기술 기초개념 이해도 비교 조사에서도 스웨덴, 네덜란드, 핀란드, 덴마크 등 북유럽 국가들이 세계 최상위권이었다. 'MB공화국'은 아이들을 세계에서 가장 극심한 경쟁지옥으로 내몰면서도 정작 경쟁력은 떨어지는 '멍텅구리' 교육을 하고 있다. 아래는 《프레시안》에 보도된 핀란드노총SAK 국제국 페카 리스텔라 씨의 인터뷰 내용의 일부다.

학교 다니면서 경쟁competition이라는 말을 들은 적이 있나요?
네. 체육시간, 특히 100m 달리기 할 때요. 그 외에는 들은 적이 없어요. 예를 들어, 영어를 두고 학생들이 어떻게 경쟁을 할 수 있죠? 궁금하네요.

시험test을 쳐서 성적grade을 매겨 등수ranking를 내 경쟁의 우위를 선별하지요. 핀란드에서는 시험을 치지 않습니까?
시험은 치는데, 성적은 매기지 않습니다. 등수라고 하셨나요? 등수가 뭔가요?

네? 등수 모르세요? 시험성적에 따라 1등, 2등, 3등, 꼴찌를 가리는 것 말입니다.
학교가 시험을 치는 것은 이해하겠는데, 등수는 왜 가리나요?

성적표는 받아본 적이 있습니까?
받아보기는커녕 들어본 적도 없습니다. 선생님이 학생들의 시험 결과를 개인적으로 알려줍니다. 일대일로 만나서 개별 상담을 해주는 것이죠.

왜 등수를 표시한 성적표가 있을 수 없죠?
교육은 누구에게나 평등한 기회를 주기 위한 것이지, 친구와 비교해 우열을 가리는 경쟁이 아니니까요.

학교에서 '경쟁' 소리는 못 들었다면 '평등주의egalitarianism'는 자주 들었습니까?
당연하죠. 핀란드의 교육제도는 평등주의에 서 있으니까요.

일본의 교육학자 후쿠타 세이지가 펴낸《경쟁에서 벗어나 세계 최고의 학력으로, 핀란드 교육의 성공》(2008)이라는 책이 있다. 그 책의 내용을 통해 핀란드 교육을 살펴보자.

핀란드나 스웨덴은 어느 학교에 가더라도 똑같은 교육을 받을 수 있도록 교육체제를 개편했는데, 피사의 조사에서 평등과 고학력이 모순되지 않는다는 것이 밝혀졌다. —후쿠타 세이지, 2008년

'MB공화국'은 이런 상황을 두고 획일화라머 호환마마보다 무시워한다. 국민의 능력이 향상되는 것을 두려워하는 것이다. 후쿠타 세이지가 정리한 핀란드 교육의 원리는 다음과 같다.

1. 한 사람 한 사람을 소중히 하는 평등교육. 16세까지는 선별(선발이나 수준별, 우열반, 계열나누기 등)하지 않고 종합 교육이 실시

된다. 교육의 기본은 등수를 매기는 데 있지 않고 개개인을 지
　원하는 데 있다.

2. 경쟁 등으로 학습을 강요하지 않는다. 학력향상이 아니라 아이
　들이 만족하는 충실한 학교생활이 목적이다.

3. 교사를 전문가로서 신뢰하고 교사가 일하기 좋은 직장을 만든
　다. 학교나 교사의 잘잘못을 공표하지 않는다(교원평가 없음. 행
　정당국이 교사의 부족함을 파악해 연수를 제공함).

4. 교육은 국민의 권리이므로 학비, 부대비용 등이 대학까지 모두
　무료고 생활비도 보조한다.

핀란드는 1985년에 우열반 제도를 완전히 폐지하면서 교사의 급여
를 올렸다. 다양한 학생들을 한 교실에서 지도하려면 교사의 부담이 더
커지기 때문이다. ‘MB공화국’과는 근본적으로 다른 방식이다. ‘MB공
화국’은 교사를 평가하고, 성과급 차등지급과 인사상 불이익을 무기로
경쟁을 붙여 교사의 능력을 향상시킨다고 한다.

학생을 선별하지 않으므로 핀란드에서 학교 간 차이는 없지만 학교
내 차이는 크다. ‘MB공화국’은 학교 다양화로 학교 간 차이를 키우면서
선발에 따른 성적별 학생 모집으로 학교 내 차이는 줄이려 한다. 공부
잘 하는 아이끼리, 못 하는 아이끼리, 혹은 잘 사는 집 아이끼리, 못 사
는 집 아이끼리 갈라놓으려 하는 것이다.

우리들은 학교에서 잘 하는 아이와 못 하는 아이를 구별하지 않는
다. 마치 아이스하키와 같다고나 할까. 우리들은 잘 하는 아이뿐 아
니라 모든 여자 아이와 남자 아이를 데리고 플레이하고 있다.

―투라 하타이넨 핀란드 교육장관

피사(PISA, OECD가 조사하는 학업성취도 조사) 2006보고서에 따르면 중3 학교 간 성적편차가 미국과 한국은 30퍼센트였고, 핀란드는 4.7퍼센트였다. 다양한 아이들이 한 곳에 모여 있으면 교사의 역할이 커진다. 이때 기존 교사에게만 모든 책임을 미루지 않는다. 예컨대 장애학생이 한 명이라도 있으면 스웨덴처럼 특별지원교사가 파견돼 담당교사를 돕는다. 또 장애학생을 돕는 것처럼 잘 하는 아이를 위한 수월성 특별교육보다는 뒤처지는 아이들을 도와 끌어올리는 교육에 치중한다. 성적부진아가 많을 때는 반 인원을 줄이는 등 특별 지원이 제공된다. 그리고 'MB공화국'처럼 표준화된 일제고사를 치르지 않는 대신 학생평가는 상시적으로 이루어진다. 교사가 '엿장수 마음대로' 하는 방식이다. 교사가 평가한 후 그에 따라 학생에게 맞는 교육을 알아서 시켜준다. 'MB공화국'에 살고 있는 학부모들 같으면 당장 난리가 날 일이다. 하지만 핀란드의 학부모들은 다르다.

구조적으로 완전 평준화 환경이므로 핀란드 학부모들은 우리나라 학부모들처럼 아이 석차에 안달복달할 이유가 없다. 대학은 고교 졸업 후에 가도 되고, 사회생활을 하다 필요할 때 가도 된다. 대학에 갈 경우 우리처럼 일류대, 삼류대 구분이 없으므로 원하는 대학에 갈 수 있다. 어느 길을 택하나 우리나라처럼 처절하게 내동댕이처지는 인생을 살지 않아도 된다. 그러므로 핀란드의 학부모들은 'MB공화국'의 학부모들처럼 자식 성적에 목매며 교사를 몰아붙이는 '괴물'이 되지 않을 수 있다.

부모의 사회생활을 책임져주기 위해 국가는 아이의 등교 전 보육, 방과 후 특별활동 서비스를 제공한다. 그러나 이것을 모두 교사에게 떠넘기지 않는다. 교사는 초등학교의 경우 2시가 넘으면 퇴근한다. 국가가 학력평가를 하긴 하지만 'MB공화국'처럼 '일제고사'를 치르는 게 아니라 표본 추출 방식으로 한다. 평가를 하는 목적은 학생의 교육기회를

균등하게 맞추기 위한 현황파악이다. 2004년 초중등 교육 테마는 다음과 같았다.

- 개인으로서(인간으로서) 성장할 것
- 문화적 정체성과 국제화
- 미디어 사용 기능과 커뮤니케이션
- 참가형의 시민성과 기업가 정신
- 환경, 충실한 생활, 지속 가능한 미래의 책임
- 안전과 교통
- 테크놀로지와 개인

'기업가 정신'이란 항목이 있다. 우리나라에서 아이들에게 기업가 정신을 키운다 함은 시장주의 경제교육을 시켜 친자본 반노동 시장만능주의적 인사를 만들어내는 걸 뜻할 것이다. 그러나 핀란드에서는 건실한 자영업자를 만들어내는 것을 뜻한다. 지역사회의 경제구조를 알고 그 속에서 가게를 낼 경우 장부를 쓰고, 세금을 계산하고, 복지혜택을 받으며 어떻게 지역경제의 일원으로 커나갈 것인가를 배운다.

학급당 학생수는 20명 내외다. 외국어 수업을 할 경우 정원을 더 줄인다. 우리처럼 영어, 영어 떠들면서 국민을 공포의 도가니로 몰지 않아도 이런 교육지원으로 외국어 교육은 저절로 잘 된다. 14세까지의 표준 수업 시간은 핀란드가 세계 최저수준이다(가정학습을 포함한 학생학습 시간도 세계 최저). 교사는 수업만 하고 일체의 다른 업무를 맡지 않는다. 방학과 휴가를 제외하면 교사의 근무일수는 연간 190일 정도다. 그런데 그 190일 안에서 유급휴가를 별도로 또 쓸 수 있다. 핀란드는 학교에 교직원을 더 늘려 학생들을 보살필 수 있도록 하고 있다. 슈르바 기초학교의 경우 학생은 560명인데 교사가 총 49명, 교직원이 12명이다. 《오마이뉴스》가 2007년에 보도한 핀란드 학교 사례에서는 지원교사까지 합쳐 교사 1인당 학생이 7명 수준이었다. 특별지원이 필요한 학생은 우리처럼 '넌 왜 공부를 그것밖에 못하니!'라며 내치는 게 아니라 담임, 담당교사, 특별지원교사가 힘을 합쳐 지원해준다.

피사 2003년 조사 결과 특별지원이 필요한, 즉 공부 못하는 학생이 핀란드엔 7.2퍼센트, 한국엔 0퍼센트가 있는 것으로 나타났다. 이것이 무엇을 말할까? 핀란드는 시험에 대한 스트레스, 경쟁의식이 없기 때문에 시험을 아무 생각 없이 있는 그대로 본 것이고, 한국은 무조건 성적이 높아야 한다는 강박 때문에 못 하는 학생들에게 시험을 안 보게 한 것이라고 후쿠타 세이지는 분석한다. 이것이 한국에서 일제고사를 보면 안 되는 이유다. 시험 스트레스가 커질수록 각 학교는 저학력, 즉 저소득 학생을 점점 더 배제하게 될 것이다.

핀란드의 교사는 교실 안에서 학생들에게 그룹을 만들어줘 경쟁이 아닌 협동을 유도한다. 우리처럼 자기 공책 감추는 것이 아니라 잘 하는 아이가 다른 아이를 가르치면서 함께 공부한다. 따라서 각자의 수준에 맞게 자연스럽게 맞춤교육이 이루어진다. 'MB공화국'도 맞춤교육을 내세우지만 현실은 부모 재산에 맞춘 교육일 뿐이다.

경생은 교육에 매우 해롭나. 학교는 학생들이 경생하는 곳이 아니라 '교육협력체'다. 학생들은 경쟁이 아니라 서로 협동하는 과정에서 더 많이 배운다. 따라서 학교 안에서 지나친 경쟁이 빚어지지 않도록 주의해야 한다. …… 어떻게 학교에 '랭킹Ranking'(석차)을 부여할 수 있나. 매우 비교육적이다. 핀란드 사회 분위기에서라면 받아들여지기 힘들다. 외국 언론이 핀란드의 몇몇 대학들을 지목하여 순위를 매기는 경우가 있다. 핀란드인들은 이런 보도에 별 관심이 없다.
　―피터 존슨 핀란드 교장협의회 회장(《프레시안》, 2007년 10월 22일)

　핀란드에서는 시 단위로 통일된 메뉴의 급식이 학생들에게 제공된다. 당연히 무료다. 식재료도 중앙에서 일괄적으로 관리한다. 최종 조리만 각 학교에서 한다.

　교과서 선택이나 교과서 활용은 교사가 알아서 한다. 교장은 교사 출신이 되고, 초등학교 교사에게 연구실이 따로 지급될 정도로 교사는 존중을 받는다. 우리처럼 교장 중심의 관료적 지배질서는 없다. 학생들은 시의회 회의장을 빌려 학생회 대회를 열며 민주주의를 학습해나간다. 전제적 지배체제가 아닌 교장과 교사공동체와 학생공동체가 함께 어울리는 학교라는 느낌이다.

　핀란드 국민의 77퍼센트는 매일 1시간씩 독서를 한다고 한다. 1990년대에 독서율이 떨어진 적이 있다. 이때 국가는 우리처럼 국민이 책을 읽지 않는다고 개탄하고만 있지 않았다. 독서도 각 개인이나 가정의 자율-책임이 아니라 국가의 책임이었다. 국가는 도서관을 확충해 국민이 손쉽게 책을 빌려 볼 수 있도록 했다. 헬싱키시의 경우 인구가 56만 명인데 공공 도서관이 38개나 있다.

　대학은 대학입학자격고사와 대학별 입학시험을 통해 들어간다. 그러나 우리와 같은 입시경쟁은 일어나지 않는다. 평준화 개방 구조이기 때문이다.

　이런 환경에서 핀란드는 1990년대에 교육에 대한 권한을 각 지자체로 분권화했다. 'MB공화국'은 국가수준의 평준화 질서를 갖춰놓지도 않고, 대뜸 분권화부터 하고 있다. 이것은 지역 간 경쟁을 부추겨 공멸로 가는 길이다.

대학에 진학하는 학생 이상으로 많은 수가 고등직업전문학교(폴리테크닉)로 진학한다. 우리의 경우 학벌사회이기 때문에 서울지역 일류대로 통하는 학벌코스 이외의 직업훈련과정, 전문특성화과정이 절대로 활성화 될 수 없다. 'MB공화국'이 아무리 실업계 강화, 특성화, 평생교육 강화를 주장해도 공염불인 것이다.

경제위기를 맞은 핀란드의 선택

2004년 2월 22일에 방영된 〈MBC스페셜〉에는 핀란드 폴리테크닉과 이공계 교육에 대한 소개가 나왔다. 그 내용은 이렇다.

금융자유화 후 세계는 위기를 맞게 되는데 핀란드도 예외는 아니었다. 핀란드는 1990년대 초에 소련 붕괴와 금융위기로 실업률이 20퍼센트 가까이 오르는 대위기를 맞았다(핀란드에게 소련은 중요한 경제파트너로 소련 붕괴와 금융위기는 미국시장이 무너지고 있는 현재 우리의 상황과도 비슷하다). 우리는 1990년대 말 위기 이후 돌파구로 자유화, 양극화, 엘리트중심주의를 선택했다. 자사고, 특목고를 만들어 경쟁을 강화하고, 대학자유화를 추진하고, 노동유연화로 소수 엘리트를 제외한 노동자들을 하루살이 목숨으로 만들어 기업이윤을 끌어올리는 방식의 구조조정이었다. 다수 노동자가 인간존엄성을 포기할 수밖에 없는 수입으로 살아가는 나라가 됐고, 몇몇 엘리트 대기업을 제외한 기업의 경쟁력은 날로 하락하고 있다. 당시 정부는 산업이 붕괴되는 상황에서 개방으로 금융자본과 고액 서비스업을 육성하겠다는 기획을 설정했다. 이명박 정부는 이 기획을 계승하고 있는데, 이것은 미국이 제조업 붕괴 후 1980년대에 취했던 전략이기도 하다.

그러나 핀란드는 우리와 달랐다. 위기상황에서 핀란드도 한국처럼 교육개혁에 착수했는데 방향이 반대였다. 한국은 기존의 서열경쟁체제를 강화하는 교육개혁을 했다(김대중-노무현 정부의 고교평준화 파괴). 사회 양극화를 심화시켜 경쟁의 강도를 대폭 높였다(이명박 정부는 이것조차도 '빨갱이식 평등주의'라고 한다). 그러나 핀란드는 평준화체제를 유지한 상태에서 제조업에 직결된 고등직업교육을 활성화하는 방식을 선택했다. 그 결과 2000년대에 이르러 핀란드의 국제경쟁력은 세계 1위가 되었고, 한국은 민생파탄·만성위기상황에 처했다.

> 1990년대 초 핀란드는 살아남기 위해 투쟁해야 했다. 그래서 위기감이 팽배했다. 급진적인 어떤 것을 해야 한다는 절박함이 있었다. …… 그것(기술직업교육)이 우리가 선택한 길이었다. …… 거의 모든 나라에서 젊은이들의 이공계 공부에 대한 관심이 상당히 줄었지만 핀란드에서는 그렇지 않다. 핀란드는 특별한 경우다. 당연히 우리가 세계와 경쟁함에 있어 대단히 유리한 점이다.
>
> ─에르키 오르말라 노키아 기술정책 국장

> 핀란드 정부는 그동안 아주 현명한 결정을 내렸다. 다른 나라와는 달리 경기 침체라는 어려운 상황에서도 연구개발비에 대한 지원을 삭감하지 않고 그 비용을 늘렸다. …… 우리의 부모들은 자녀 교육을 아주 중요하게 여긴다. 과거에도 그랬고 현재도 그렇다. 또 거의 모든 학생들이 무상 교육을 받고 있다. 외국인도 마찬가지다. 이것이 바로 좋은 토대가 된다. ─아넬리 파울리 핀란드 학술원 부원장

한국의 부모들은 아마도 세계에서 가장 교육에 무관심할 것이다. 자

식교육에 이렇게까지 적대적인 부모들은 역사상 유래가 없을 걸로 생각된다. 'MB공화국'의 신민들은 아이들에게 교육이 아닌 입시공부만을 강요한다. 입시공부는 교육을 파괴한다. 심지어 한국의 학부모들은 자기 돈을 들여가며 입시사교육을 아이들에게 강요해 아이들이 교육을 받지 못하도록 한다. 이런 한국 학부모들과는 달리 핀란드의 학부모와 정부는 국민교육에 투자하는 것을 국가위기 탈출의 전략으로 생각했던 것이다.

한국은 '인간'을 우습게 생각하는 나라이기 때문에 외환위기가 닥치자 저임금 저비용 구조로의 전환을 아주 쉽게 이뤄냈다. 대학서열체제로 형성된 승자독식 사고방식이 인간을 우습게 아는 국민을 만들었다. 사람들 자르고, 경쟁시키고, 임금을 줄였다(현재 저임금 노동자 비율 OECD 1위). 핀란드는 한국 이상으로 열악한 처지였다. 그러나 저임금 저비용의 길을 선택하지 않았다. 고임금 고비용 고부가가치 노선을 선택했는데 그것을 위해 반드시 필요했던 것이 국민교육이었다. 그리고 그것으로 세계 최고의 인력을 만들어 모두가 잘 사는 공동체를 이뤄냈다. 반면 우리는 재벌과 자산가만 잘 사는 붕괴된 사회로 나아가고 있다. 우리의 경쟁교육체제는 저임금 저부가가치 노선에 부합한다.

핀란드는 1990년대 당시 수백여 개의 기술학교를 31개의 폴리테크닉으로 정비했다. 그리고 국가와 기업이 힘을 합쳐 전 사회적으로 교육과 직업훈련에 역량을 집중했다. 지식경쟁력 확충에 노력했고 R&D투자 1위국이 됐다. 2002년 기준으로 연구개발투자 증가율 세계1위다. 폴리테크닉에서는 기업과 연계한 현장중심 직업훈련이 이루어진다. 이런 과정을 거쳐 핀란드인의 기술력이 올랐는데, 여기엔 초중등 과정에서 필수인 공예 및 기술교육도 뒷받침됐다고 한다.

반면에 'MB공화국'은 초중등 과정을 시험공부와 영어공부 올인체제로 만들어가고 있다.

손으로 어떻게 만드는지 배우면서 스스로 해봤기 때문에 물건들
이 어떻게 작동하는지 알게 되고 또한 더 많은 것들에 대해 알고 싶
어 하는 마음을 갖게 된다.　　　―헤이키 보리넨 핀란드 초등학교 교사

헬싱키 공대 학생의 95퍼센트가 기업과 연계해 석사학위 논문을 쓴
다. 기업은 자신들이 봉착한 기술적 문제를 학생과 함께 풀어나간다.
학생은 기업의 지원을 받으며 실험실 사용과 기업의 현장체험을 통해
문제도 풀고, 그 자신이 고급인력으로 커나간다. 인턴 생활을 했던 기
업과 관련한 논문을 쓰고, 그 기업에 취업해 바로 현장에 투입되는 구
조다. 우리처럼 대학이 인재를 길러주지 않는다고 불평할 이유가 없다.

학계와 산업계가 긴밀하게 연관되어 있는 것은 핀란드 산업계와
학계 간의 일종의 문화다. 학교를 졸업하면 핀란드 회사에 취직을 하
게 되고 2~3년 후에는 학교와 연계해서 일을 하는 위치에 오르게 되
는데 이런 과정은 계속 이어진다.　　　―예르키 카스비 핀란드 국회의원

우리의 전문가들을 보내 대학에서 강의를 하게 하고 대학 교수들
을 초빙해서 우리 연구팀과 협의하도록 한다. 이런 협력을 통해 세계
가 어떤 방향으로 가는지 어떤 기술이 가장 흥미롭고 도전적인지에
대한 지식과 이해를 공유한다.

　　　　　　　　　　　―에르키 오르말라 노키아 기술정책 국장

핀란드는 세계경제포럼 조사에서 산학협력률 1위 국가다. 한국은 20

위고 독일은 8위다. 핀란드에서 대학을 포함한 교육은 국민의 권리이며 국가의 책임이다. 교육에 이윤원리는 없다. 그런 상태에서 기업과 연계해 국민이 고소득을 누릴 수 있는 실질적 인재로 만들어주며 기업에 경쟁력을 제공해주는 것이 핀란드식 산학협력이다.

우리나라의 산학협동은 대학을 이익원리로 재편해 학문을 파행으로 치닫게 한다는 느낌이 강하다. 좋은 기업들은 일류대학만을 원하기 때문에 학교격차가 더 심화되며, 기업화한 대학은 점점 등록금을 올려 일반 국민을 배제하는 구조다.

핀란드의 기업에는 학생 논문지도 담당자가 있어 이들이 교수와 함께 학생을 지도한다. 여러 기업이 한 학생의 연구를 지원하는 경우도 있다. 협력회사 간에 기술적 문제가 발생했을 때 학생 논문을 통해 두 기업과 교수가 함께 문제를 풀어나가는 것이다. 학생은 자유롭게 현장을 돌아다니며 직원들의 조언을 받는다. 연구기간 동안 기업은 학생들에게 매월 우리 돈으로 약 300만 원을 지원한다.

기업의 직원이 학교로 돌아와 학위과정을 밟을 수도 있다. 우리나라는 돈이 없으면 대학원 진학을 꿈도 꿀 수 없다. 핀란드는 아이 둘 딸린 아버지가 직장을 그만 두고 박사과정에 진학할 때 돈이 문제가 안 되는 나라다. 핀란드의 한 대학원생은 이렇게 말했다.

내가 이런 길을 선택한 것은 내가 흥미를 느끼는 일을 하기 위해서다. 노키아 같은 기업에서 일하면 수입이 지금보다 두 배 더 많겠지만 나는 상관하지 않는다. 왜냐면 이 정도도 내가 생활하기엔 충분하기 때문이다.

노키아는 우리로 치면 현대자동차와 삼성전자를 합친 것 같은 핀란드 최고의 기업이다. 대학원생이 노키아 직원과 자기의 소득차가 두 배밖에 안 된다고 말하고 있다. 우리 관점에서 보면 빈부 차이나 삶에 대한 불안감 정도가 기이할 정도로 낮다. 사는 게 우리처럼 절박하지 않은 것이다. 우리는 공무원, 대기업 등 안정된 일자리를 잡으면 죽어도 놓지 않으려 할 것이다. 불안하니까. 안정되고 빈부차가 없는 사회는 국민에게 진취적 모험을 허락해 역동적인 사회를 만든다.

이공계나 직업훈련고등교육만 재정적 혜택을 받을까? 아니다. 순수학문을 전공해도 학비는 당연히 무료이며, 이들을 핀란드 학술원이 지원한다.

기업들은 대학 근처에 자리 잡으려 하는데, 이는 대학이 기업에 기술과 인재를 제공하기 때문이다. 우리나라식의 대학서열체제에서는 지방대 옆에 자리잡으려는 기업이 나올 수 없다. 그러므로 지방도 활성화될 수 없다. 모두들 서울만 바라볼 뿐이다.

핀란드의 성공적인 산업클러스터인 울루는 핀란드 북부에 있는 인구 12만의 소도시다. 울루 위쪽은 북극지대다. 수도 헬싱키는 남쪽 끝에 있다. 울루는 우리로 치면 군산이나 목포쯤 될 것이다. 목포에서 지방대가 활성화되면서 지역 산업이 발전하는 일을 상상할 수 있을까? 우리에겐 불가능한 일이다. 지방대 학생들은 공무원 시험이나 메뚜기 편입 등 학벌세탁을 준비하며 지방을 탈출할 궁리만 하는 것이 우리 현실이다. 핀란드엔 울루 말고도 산업클러스터들이 지방 곳곳에 산재해있다.

핀란드에서는 일류대, 지방대 구분이 따로 없으므로 지방대를 중심으로 지역이 발전할 수 있다. 기업은 지방대를 바라보며 그 지역에 자리 잡고, 학생들은 지방대를 나와 해당 지역에서 취업한다.

울루대학이 없었다면 지금의 울루 지역과 같은 상태가 되지 못했을 것이다. 하이테크 기업들의 성공 또한 마찬가지로 그리 대단하지 못했을 것이다. 우리(기업과 학교)가 서로 협력함으로서 기본 연구와 응용기술 개발 연구뿐 아니라 이로 인한 생산과 마케팅 면에서도 확실한 보중이 된다. 우리는 이것을 통해 이 지역에서 진정한 기술혁신의 기회를 만들어냈다. 이것이 우리의 장점이다.

—라우리 라유넨 울루대 총장

울루대는 개방돼 있으므로 울루시의 직장인들은 언제라도 대학에 등록해 최신 기술을 습득할 수 있다. 이렇게 정상화된 대학은 지역을 살리고 기업을 살리고 국가를 살릴 수 있게 된다. 울루 시당국이 중소기업인들을 위한 주택을 짓기 시작한 것이 울루 테크노폴리스의 시작이었다고 한다.

기업들은 시설이 필요했지만 처음에는 자금이 별로 없었다. 그래서 울루시는 기술 마을이 필요하다는 결론을 내렸고 중소기업을 위해 주택을 건설했다. 이것이 테크노폴리스의 시작이다.

—미코 카르보 울루시청 경제개발 국장

관은 이렇게 연약한 기업들을 육성하면서 동시에 지식과 인재를 제공하고, 기업과 기업 간 네트워크를 연결하고, 산업서비스를 제공했다. 대기업이 중소기업에게 연구지원을 하기도 한다. 노키아도 중소기업과 긴밀한 협조체제를 구축하고 있다고 한다. 우리나라도 지금처럼 자유시장 논리가 판을 치기 전에는 국가와 기업 전체가 치밀하게 연계해 산업을 발전시켰다.

(울루에서는) 대학, 시, 산업계 그리고 관련 회사들 모두가 같은 목
표를 향해 전념했다. 이런 체계적인 협력을 통해 이곳 울루 과학단지
에서는 지식기반 및 기술혁신 시스템을 이뤄냈다.

─에르키 오르말라 노키아 기술정책 국장

'너 죽고 나 살자'식의 경쟁이 아닌 공동체 의식에 기반한 협력문화
는 북유럽 국가에서 공통적으로 발견되는 특징이라고 한다.

"프로젝트를 하기 위해 많은 회사들을 영입하는 과정에 미국 회
사가 끼여 있으면, 나는 그 회사가 프로젝트를 빼앗아갈까봐 걱정 돼
서 뒤로 물러선다. 핀란드에서는 그런 것을 볼 수 없다. 핀란드, 스웨
덴 같은 노르딕 국가와 일을 하면 정보가 유출되지 않을 거라고 믿을
수 있다. 노르딕(스칸디나비아)의 문화인 것 같다."

─리버 보쉬 셀레스타사 영국 · 북미 담당 직원

핀란드의 기업들은 보다 친밀하게 활동한다. 국제시장에서 우리
는 모두 협력해야 한다. 우리 서로가 경쟁했다면 아마도 국제시장에
서 성공을 거두지 못했을 것이다.

─세포 세럼그렌 울루 테크노폴리스 마케팅 국장

IMD가 조사한 2002년 기업 간 기술협력지수에서 핀란드는 세계
1위, 한국은 27위였다. 교육제도는 학생끼리 협력하게 만들고, 교사 간
경쟁을 조장하지 않아 교사끼리 협력하게 만든다. 그리고 국가는 기업
과 협력하고, 기업은 학교와 협력하고, 또 기업과 기업끼리 협력하면서
국가공동체를 형성해나간다. 이런 식의 공동체 중심문화는 일본, 독일

등에서도 공통적으로 관찰된다. 일본 기업도 자기들끼리의 파괴적인 경쟁은 자제하는 경향이 있다. 반면에 미국은 경쟁만을 지고의 가치로 생각한다.

시장에서의 냉정한 평가를 통해 경쟁에서 승리한 기업만이 대우받을 가치가 있다는 것이 요즘 한국 사회에 만연한 사고방식이다. 이런 사고방식은 경쟁에서 승리한 학생만 대우받을 가치가 있다는 사고방식과 통한다.

초기 단계의 회사가 성공할 수 있을지 확신할 수는 없다. 하지만 어떤 회사가 성공할지 아무도 모르기 때문에 여전히 위험을 감수하고 투자를 해야 하는 것이다.

―벨리페카 사니바라 핀란드 국가 기술청장

우리는 어느 정도 위험을 감수해야 한다. 나중에 노키아 같은 기업이 될지 아무도 모르는 일이다.

―세포 세렘그렌 울루 테크노폴리스 마케팅 국장

초기 기업은 성공할 확률보다 실패할 확률이 훨씬 높다. 그럼에도 불구하고 위험을 감수하고 과감히 보호하며 투자하는 적극성이 있을 때 그 사회의 경세는 역동적이 된다. 우리나라는 외환위기를 거치며 정부, 은행, 대기업들이 모두 위험을 감수하지 않으려 하는 경향이 생겼다. 그 결과 투자가 저조한 경제가 됐다. 특히 한국경제의 새로운 주인이 된 '주주'들은 절대로 위험을 감수하지 않으려 한다. 이로 인해 설비투자는 줄어들고 자산투기만 증대됐다. 생산적인 경제에서 퇴폐적인 경제로 변하고 있는 것이다.

지금까지 살펴본 것처럼 핀란드는 우리나라와는 정반대로 경쟁이 아닌 평등주의 공동체정신에 입각한 협력형이다. 그럼에도 불구하고 학력은 지구상에서 최상위다. 교육은 국가경쟁력을 세계 최고수준으로 끌어올렸다.

핀란드는 자원이 적고 강대국에 둘러싸여 있으니까 사람에 투자하는 수밖에 없다. 한 명도 낙오하지 않고 자신의 재능을 최대한 발휘하도록 해야 한다는 공감대가 있다.
　　　　　　─핀란드 대사관 관계자 인터뷰(《프레시안》 2008년 10월 1일)

스웨덴 모델의 역사

스칸디나비아 국가들은 대체로 비슷한 사회형태인데, 그것을 일컬어 스웨덴 모델이라고 한다. 스웨덴 모델의 자취를 알아보자.

스웨덴은 이미 1889년에 좌파정당인 사민당이 성립하고, 1898년에 우리나라의 민주노총에 해당하는 전국노조연합LO이 생겨났다. 1920년에 산업노동자의 38퍼센트가 노조에 가입했다. 미국 황금기의 노조조직률보다도 높은 수준이며, 현재의 우리나라보다도 훨씬 높다. 그후 스웨덴, 핀란드 등의 노조조직률은 한때 90퍼센트 정도까지 치솟았다. 전국노조에 의해 당이 성립한 것이 아니라, 정당이 먼저 생기고 전국노조가 나중에 생긴 것은 직능별 노조의 이해관계에 휘둘리지 않는 정당의 리더십을 가능케 했다. 사민당은 노동계급 전체의 단결, 더 나아가 일반국민의 보편적 이해에 충실하고자 했다. 우리식으로 치면 대노조의 이익에 매몰돼 비정규직의 처지를 방관하지 않았다는 뜻이다.

1900년대 초기에 스웨덴의 노사관계는 현재의 우리나라처럼 분권화 상태였다. 즉 각 기업에서 각자 알아서 자기의 이익을 극대화하는 방식의 노사관계였다. 그러므로 노동쟁의가 빈발하고 국가경제에 부담을 안겼다. 대공황이 엄습하면서 계급투쟁이 격렬해지면서 1931년에는 파업노동자들이 군대의 총에 맞아 죽는 '피의 사건'이 터졌다. 1933년에는 고임금 부문인 건설노조가 10개월 이상 파업을 전개했다. 경영자연맹은 사업장폐쇄 협박까지 하게 된다.

한편 사민당은 1928년에 득표율 1위 정당이 된다. 이후 2006년까지 사민당은 단 한 번도 득표율 1위를 놓쳐본 적이 없다. 우리로 치면 민주당보다도 좌측이라고 할 수 있는 보수당이 큰 격차로 2위를 유지하고 있고, 그 뒤로 농민당, 자유당, 공산당이 5대 세력을 형성하고 있다. 한미FTA에 반대하면 수구좌파라는 'MB공화국'의 시각에서 보면 완전히 '빨갱이' 천지인 상태로 지난 100여 년을 살았다.

노조연합은 1933년에 분권화된 노사관계에 개입하기 시작했다. 고임금 부문이었던 건설부분은 노조연합에 의해 임금이 삭감되고 쟁의도 정리되었다. 대신에 노조연합은 저임금 부문의 임금을 높여 노동자계급 전체의 소득을 국가 차원에서 평준화시키는 연대임금정책을 서서히 준비하게 된다. 경영자연합측은 어차피 좌파정권이 장기화될 상황 속에서 노조와 협상해 산업의 안정을 보장받는 쪽이 최선이라는 인식을 하게 된다. 사민당과 노조연합도 이에 호응한다.

1938년에 살쯔요바덴에서 노사정은 대타협에 성공한다. 국가와 노조는 자본측의 경영권을 인정해주고, 자본은 노조와의 지속적인 협력을 약속하며 노동권을 인정했다. 이후 스웨덴의 노사관계는 중앙집권 형태의 중앙협상체제로 발전한다. 핀란드에서도 유사한 협약이 1968년에 있었다. 임금인상을 각 기업에서 중구난방으로 결정(분권화)하는 것이 아니라 중앙에서 결정하는 관리된 체제로 이행한 것이다.

월러스타인의 조사에 따르면 1960~1970년대에 임금교섭의 중앙집중화율에서 스웨덴은 세계 최고(1.0)였고, 여타 북유럽 국가들이 그 뒤를 따랐다(0.6~0.9). 독일과 프랑스는 훨씬 낮은 수준(0.3)이었다. 성과급 차등지급에 전교조가 결사저항하는 것에서도 알 수 있듯이 노조는 태생적으로 구성원들 사이의 격차를 줄이려는 성향을 갖는다. 노조연합이 모든 임금생활자를 포괄하는 소득중앙조정에 참여하면 당연히 사회 양극화가 줄어든다.

노르웨이의 2003년 중앙협상을 보면, 어려운 경제사정을 감안하여 제조업 전체의 임금은 동결하는 대신 저소득 노동자들의 임금은 올려주기로 결정했다. 핀란드도 2002년에 경제형편에 맞는 전체적 임금인상률을 중앙결정하며 저임금 노동자를 별도로 배려했다. 'MB공화국'이 꿈꾸는 쟁의 없는 기업하기 좋은 나라는 이런 식으로 탄생하는 것이다. 스웨덴은 최근 중앙협상이 무너지고 분권화되는 추세다. 그러나 산별수준의 협약은 이루어지고 있으며 우리처럼 급격히 양극화의 길로 가지는 않는다.

스웨덴은 경제집중, 거대자본의 성장을 국가가 도우면서 그 자본이 국민을 위해 일하도록 강제력을 유지한 체제다. 임금평준화도 경쟁력이 약한 부문은 몰락하고 경쟁력이 강한 부문이 더 잘 성장하도록 작동했다. 스웨덴에는 발렌베리라는 거대한 재벌이 존재한다. 국가는 이들의 경영권을 보호하는 역할을 했다. 동시에 세계 최고의 복지국가와 강력한 노조를 유지했다. '공멸'이 아닌 '상생'이다.

1930년대 대타협의 중요한 목표 중의 하나는 과도한 임금인상 억제였다. 이를 통해 수출경쟁력을 회복하고 물가를 안정시켰다. 이명박 정부도 똑같은 목표를 갖고 있다. 그러나 그 방법이 정반대다. 이명박 정부는 친기업 반노조 국민탄압 전술을 쓰고 있다. 반면 스웨덴 정부는 좌파친노조로 개인을 보살필 강한 국가, 관대한 복지정책을 추진하며 국민의 신뢰를 얻는 방식을 선택했다.

1930년대에 사민당은, 국가는 '인민의 집'이어야 한다고 선언했다. 이것은 '다른 사람을 경시하거나 그 희생으로 이득을 얻는 자가 없으며, 강자가 약자를 억압하거나 약탈의 대상으로 삼지 않는 좋은 집' 같은 국가를 만들겠다는 의지였다. 당시 스웨덴에는 노동자 계급을 한 가족의 불우한 양자로 비유하는 경우가 있었는데 '인민의 집'에는 이 양자를 행복하게 만드는 국가라는 뜻이 담겨 있다고 한다.

세상에 어느 부모가 자기 자식들을 차별하며, 못난 자식을 정리해고 하고, 잘난 자식에게만 진수성찬을 차려주겠는가. 국가가 가족과 같은 공동체가 된다는 것은 국가가 모든 계층, 모든 업종, 모든 지역의 국민을 '깨물었을 때 하나도 아프지 않은 것이 없는 열 손가락' 처럼 생각하겠다는 소리다. 그리하여 스웨덴은 보편적 복지국가를 발전시켰다. 또 부모가 모든 아이들을 교육시키듯이 국가가 모든 국민의 교육과 직업 훈련을 책임지는 체제를 만들었다. 반면에 이명박 정부는 이런 말을 하고 있는 셈이다.

애들아 이제부터 너희에게 자유를 줄 테니 너희들은 각자 돈 벌어서 제 능력껏 교육을 받고, 각자 알아서 먹고 살아라.

대한민국은 '인민의 집'이 아니라 '호강하는 팥쥐와 구박받는 콩쥐의 집'이 되어가고 있다. 이 당시 스웨덴은 대공황으로 인한 경제위기 상황이었다. 사민당은 강력한 국가의 개입과 복지국가건설로 이 위기를 돌파했다. 그것은 앞에서 언급한 노사대타협으로 뒷받침이 되었고,

국가가 실업을 퇴치하는 적극적 노동시장 정책을 낳았다.

이때 스웨덴에 닥친 위기는 대공황만이 아니었다. 출산률이 급격히 저하돼 인구위기까지 닥쳤다. 경제위기와 저출산은 현재 우리의 상황과 너무도 흡사하다. 이명박 정부는 아이로 인한 국민의 교육 고통을 더 심화시키는 방식으로 이 문제에 대처하고 있다. 아이 낳지 말고 한 민족의 씨를 말려보자는 정책이다. 스웨덴은 여성을 사회적, 가정적 굴레에서 해방시키는 정책을 추진했다. 보편적 출산수당제도를 만들고 보육의 책임도 국가가 떠안기 시작했다. '세이브더칠드런' 2008년 보고에 따르면 '어머니가 되기 좋은 나라'에서 스웨덴은 세계 1위이며, 한국은 49위다.

미국은 국가가 보육을 책임지지 않으면서 여성에게 무조건 아이를 낳으라고 강요하는 황당한 나라다. 낙태금지는 미국에서 중요한 사안이다. 스웨덴은 이 당시에 국가가 여성의 짐을 떠안으면서 동시에 낙태의 자유도 확대했다. 스웨덴의 정책은 여성의 존엄성 실현과 여성노동력 확보라는 두 가지 결과를 얻었다.

물론 우리나라도 최근 여성노동력의 사회진출이 두드러진다. 그러나 한국에서의 여성노동은 죽지 못해 발버둥치는 '발악'과 같다. 여성은 결혼하면 정상적인 사회생활에서 탈락하고, 아이를 낳은 후 사교육비를 벌기 위해 다시 노동시장에 나선다. 그러나 그 여성을 위한 직업훈련 프로그램도 없고, 사회의 질 좋은 일자리는 극히 한정돼 있으므로 여성은 100만 원 남짓 받고 노예적 노동을 하게 된다. 스웨덴은 남성이든 여성이든 국가가 고숙련 고부가가치 인력으로 만들어 고소득을 가능케 해주는 구조다.

1950년대에 스웨덴 노조연합은 스웨덴 모델을 완성시켰다. 그것은 중앙집중체제, 연대임금체제와 적극적 노동시장정책의 결합이었다. 이

때까지만 해도 각 노조들의 개별적 교섭으로 인해 임금인상 경쟁이 붙어 1951년에는 전후 최고의 임금인상률을 기록하기도 했다. 그러나 중앙집중화는 개별적 임금인상경쟁의 폐해를 줄이고 임금평준화를 가져왔다. 이때 생산성이 뛰어난 부문은 임금부담이 하락하므로 더 성장하게 된다. 반면에 떨어지는 부문은 높은 임금을 맞춰주느라 구조조정의 압력이 발생한다. 그렇게 해서 경쟁력이 있는 부문은 더욱 발전하고 없는 부문은 도태되거나 구조조정 되는 체제가 성립됐다. 우리나라는 이런 체제를 수용할 수 없다. 도태되는 부문의 종사자들이 극렬하게 저항할 것이기 때문이다. 그것을 막는 것이 적극적 노동시장 정책이다. 국가가 실업자의 생활과 직업훈련을 책임짐으로써 국가차원에서 고용을 관리하는 것이다. 스웨덴은 이렇게 해서 경쟁력 향상, 경제성장, 안정된 노사관계, 국민복지가 함께 이루어지는 모델이 형성했다.

또 이때 사민당은 전통적인 좌파 노선에서 탈피, 절대적 소득평등에 입각한 복지정책이 아니라 소득의 차등을 인정하는 복지정책을 제시함으로써 화이트칼라 중산층의 지지를 획득했다. 이것은 같은 노동자끼리 분열되지 않도록 하는 '하나의 노동계급' 전략이었다. 차등과 경쟁 일방주의는 아니지만, 그렇다고 100퍼센트 평등도 아닌 타협적 노선으로 블루칼라 노조만의 정당이 아닌 국민정당, 국민정권으로 자리매김하게 된 것이다. 미국과 한국의 방식은 소수 엘리트 인재와 다수 패배자를 가르는 국민 분할 전략이다. 이로 인해 특정부문에서만 호황이 일어나고 일반 국민은 언제나 가난하다.

지금까지 설명한 것처럼 스웨덴 모델은 전체 국민을 골고루 인재로 만드는 모델이다. 이것이 국가가 교육과 직업훈련에 매진하는 이유다. 동시에 강력한 복지로 국민의 삶을 뒷받침하며 개별적 임금인상투쟁을 억제해 기업 경쟁력을 기른다. 사민당 정부는 기업투자를 위해 유보된 수익에 대해서는 낮은 세금을, 소유주의 소득에 대해서는 높은 세금을 매기는 친기업 반부자 정책을 유지했다. 기업활동으로 형성된 부가 주주의 이익이 아닌 국민경제의 이익이 되도록 한 것이다. 이렇게 복지와 공교육과 기업 경쟁력이 결합된 체제는 이후 조금씩의 변화는 있었지만 큰 틀에서는 유지되며 오늘날에 이르렀다.

MB공화국에서 살아날 길은 있을까

결론이다. 먼저 현재 상황을 개괄해보자. 한국은 위기로 치닫고 있다. 이명박 정부 들어 새삼스럽게 생긴 위기가 아니다. 이미 한국 사회는 붕괴국면이었다. 최근 10여 년간 중산층은 무너지고, 삶은 불안해졌다. 일터에서 쫓겨난 사람들은 자영업자가 되거나 비정규직이 되었다. 자영업 비중이 OECD 최고수준이 되었으나, 그들에게 매상을 올려줄 서민의 소득은 줄었다. 일터에서 살아남은 사람들도 불안하기는 마찬가지다. 요행히 고소득을 올리는 사람은 그 소득을 고스란히 교육비와 주택구입비로 지출해 노후가 두렵다. 노동자의 반이 넘는다는 비정규직의 처지는 처참하다. 노년층은 복지사각지대에서 죽을 날만 기다린다. 학생들은 세계 최악의 시험지옥에서 장기적으로 죽어간다. 날로 늘어가는 민간부채는 국민경제를 압박한다. 결식아동의 수도 날로 늘어간다.

2003년에서 2007년 사이에 우울증 환자수는 33퍼센트 증가했으며, 자살률은 OECD 최고가 되었다. 출산률은 최저다. 2005년에 이미 중소기업의 70퍼센트가 회사를 정리하고 싶다고 할 정도로 힘든 상황이었다. 2008년 들이시는 중소기업 줄도산실이 파다했다. 여성은 주변부에서 최저임금 노동을 하고 있고, 돈 있는 집 전업주부는 아이 교육 뒷바라지하느라 제 인생을 반납한다. 없는 집 아버지는 없어서 괴로우며, 있는 집 아버지는 아이 유학 보내고 송금하느라 괴롭다.

50대는 퇴직 걱정을 하고 있고, 40대는 교육비 버느라 허리가 휘며, 저주받은 30대는 사회생활 시작하자마자 외환위기 폭탄을 맞은 후 만

성적인 위기 속에서 살고 있으며, 집을 못 산 사람은 못 산 사람대로 괴롭고 산 사람은 산 사람대로 주택담보대출 때문에 괴로워하고 있다. 6.25 이후 최악의 세대인 20대는 인생의 희망이 보이지 않는다. 그들에겐 안정된 일자리도, 미래의 비전도 없다. 청소년들은 20퍼센트 이상이 자살을 생각해본 적이 있다고 한다. 아직 어린 아이들의 경우는? 초등학교 때부터 입시경쟁에 투입되며 영어를 준비해야 한다. 그 아이들이 성장한 후 남미식 빈민가를 형성할 가능성이 점점 커지고 있다.

이런 상황에서 국민은 자기 하나 파탄에서 탈출하겠다는 일념으로 재테크에 열광하고, 자기 자식 하나 잘 살게 하겠다고 자식교육에 열광했으나 결과는 보다 깊은 파탄이었다.

첫째, 재테크의 문제. 재테크가 성공적일 경우 민생파탄이 찾아온다. 왜냐하면 재테크의 성공은 집값상승과 주가상승을 말하는데, 이 두 가지는 국민경제의 희생을 전제로 이룩되는 것이기 때문이다. 집값상승은 부동산투기광풍을 불러 돈이 생산적 투자가 아닌 투기로 몰리게 해 경제성장동력을 파괴한다. 동시에 부동산 부자의 이익독식으로 양극화가 심화돼 내수경제가 파괴된다. 주가상승은 각 기업이 주가부양을 위한 이익극대화 경영을 한 결과 생긴 것이어서 이익을 갉아먹는 비용, 즉 고용, 임금, 투자를 줄이게 돼 내수를 압박하고 민생과 성장동력을 잠식한다. 모두가 재테크에 열광하는 바람에 자산가치의 폭등과 폭락이 반복되는 불안한 경제구조가 초래됐다. 재테크가 성공하면 성공하는 대로 국민경제가 병들고 실패하면, 즉 위기로 폭락하면 파멸이 찾아오는, 이러지도 못하고 저러지도 못하는 영원히 괴롭기만 한 나라가 된다.

둘째, 자식교육의 문제. 모두가 자식교육에 열광하면서 교육투자 경쟁을 벌이자 자산가치폭등처럼 교육비폭등 현상이 벌어졌다. 내가 쓰면 그 이상으로 옆집에서 쓰고, 그러면 나는 그 이상으로 써야 하는 구조이므로 전 국민이 교육이라는 미명 아래 '모두가 가난해지기' 게임을 벌이고 있는 셈이다.

파탄적 상황에 처한 국민이 자구책으로 선택한 재테크와 교육경쟁은 모두 실패였다. 그럼에도 불구하고 국민들은 부동산과 기업자산가치 증대와 일류교육을 약속하는 정권을 선택했다. 어처구니없는 자살행위였다. 20대는 자기 하나 살아보겠다고 도서관으로 진격했다. 그 결과 모두가 죽는 파탄을 맞았다. 20대 경제활동 참가율이 사상최저다. 20대 화병은 최근 4년간 두 배나 증가했다. 나 하나 잘 되겠다고 입시경쟁에 몰두한 청소년의 경우는 화병이 세 배나 증가했다. 불안한 상황 속에서 자기 하나 살아보겠다는 전략은 전혀 성공적이지 않았던 것이다. 그것은 사는 길이 아니라 죽는 길이었다. 모두가 서로에 대해 경쟁하면 경쟁할수록 모두가 함께 개미지옥 속으로 빨려 들어갔다.

이제 어떻게 해야 하나? 어떻게 해야 국가도 살고 나도 살 수 있을까? 과연 'MB공화국'에서 살아날 길은 있을까?

진보세력은 국민의 비명을 끌어안아야

모든 문제의 근원에는 경제적 불안이 있다. 곳간에서 인심 나는 법이다. 국민 개개인의 곳간이 비자 국민이 악에 받쳤다. 국가의 미래가 불안하자 국민들은 강박적으로 국가경제를 염려한다. 이것은 사회불안과 우울증, 공격성, 국익집착증, 경제제일주의를 낳았다. 불안에 빠진 국민은 비명을 지르며 또 한편으론 경제성장에 병적으로 집착한다.

국민의 비명은 여러 양태로 나타난다. 일단 노홍철 피습사건이나, 연쇄살인, 혹은 문화재 방화 같은 묻지마 증오 범죄가 있다. 아이들은 왕

따 행각을 벌인다. 학교폭력이 점차 잔혹해진다. 네티즌의 집단공격 성향도 점차 강해진다. 노조든 사회사범이든 연예인이든 찍히면 죽는다. '누구든 한 번 걸리기만 해봐, 아주 죽여버리겠어!' 라는 살벌한 심리가 팽배해졌다. 이런 것이 대중이 내지르는 비명이다. 여유 있고 희망이 있는 공동체라면 이런 일들이 없었을 것이다. 일종의 대중파쇼적 징후다. 이런 세상에서 다양성이니, 관용이니 하는 말들은 사치다. 민생이 힘들어질수록 그리고 그 힘든 순간에 믿고 기댈 희망이 없다면 대중파쇼는 점점 더 심해질 것이다.

대중의 경제집착은 이명박 정권을 낳았다. 'MB공화국'이 시작된 이후 노조탄압은 일상이 되었다. 과거엔 정권만 노조를 탄압했지만, 지금은 대중이 노조증오에 합세한다. 노조가 경제를 해친다고 간주하기 때문이다. 그리고 죽은 박정희를 향수하며, 가장 박정희와 가까울 것 같은, 가장 경제를 잘 살려줄 것 같은, 우리 경제성장기의 추억에 가장 잘 부합하는 대통령 후보를 압도적으로 지지했다. 즉 이명박 정권의 성립도 일종의 '국민의 비명'이다.

이런 것들이 종합된 사회현상이 〈디워〉 파동이다. 단지 영화 한 편에 불과한 〈디워〉는 거대한 찬반논란을 불러일으켰다. 아니, 논란이 아니었다. 그것은 '싸움'이었다. 팬클럽끼리의 다툼처럼 일부 집단들의 대립이 아니라 범국민적인 대립으로 '국론분열'의 양상까지 보였다. 영화가 개봉되고 1주일밖에 안 된 시점에서 〈100분 토론〉이 편성되는 초유의 사태까지 벌어졌다. 이때 필자는 〈디워〉를 옹호하는 쪽으로 출연했는데, 프로그램이 방영되고 1년 반이 흘렀지만 아직도 이 프로그램에서 필자를 봤다고 알아보는 이들을 만날 정도로 국민의 관심이 엄청났다. 이른바 '진보진영'이라고 분류되는 쪽에서는 아직도 〈디워〉와 관련해 나에게 분통을 터뜨리는 사람들을 접할 수 있다. 당시 '디빠'와

'디까'들은 증오의 악플전쟁을 벌였다. '디까'들의 악플은 필자에게 매우 집요하게 1년 이상 지속됐다. '디빠'들은 악플과 함께 실력행사까지 벌일 태세였다. 그 와중에 이명박 대통령이 당선됐다.

영화 한 편 가지고 이렇게 투쟁을 전개했다는 것은 한국 사회가 제정신이 아니라는 것을 방증한다. 서로 상대방에 대해 웃고 넘기거나 포용할 만한 여유가 없는 것이다. 최근 연예인 자살로 문제가 된 악플 열풍도 대중의 이런 심리를 반영하며, 악플 당했다고 자살하는 사례들도 이미 정신적 여유가 사라져버린 한국 사회를 반영한다. 모두 '꼭지가 돌아버린 것이다.

대중의 악플에 대해 이명박 정부는 '법으로 강력히 때려잡겠다' 는 식으로 대응했다. 이른바 진보진영은 〈디워〉 사태 때 대중을 공격하며 훈계하는 것으로 대응했다. 정신과 전문의 문요한은 악플과 연예인 자살 신드롬에 대해 이렇게 말했다.

> 국민의 정신건강을 증진하기 위한 국가적 개입이 필요하다. 지나친 경쟁위주의 사회분위기가 완화돼야 하고 일터와 학교에서 마음을 훈련할 수 있는 교육이 강화돼야 한다.

'지나친 경쟁위주' 의 사회를 만들어가고, 학교를 마음이 아닌 성적 극대화의 공간으로 만들면서 악플을 때려잡겠다고 나선 이명박 정부는 황당했다. 〈디워〉 때 대중을 공격하며 가르치겠다고 나선 '까칠한 훈장' 진보진영도 황당했다. 모두 이유를 따지지 않고 결과만 탓한다. 국가는 사회와 학교를 경쟁위주가 아닌 곳으로 재편해야 하며, 진보진영은 국민과 대립할 것이 아니라, 국민이 그럴수록 '어떻게 국민을 다른 사회로 이끌 수 있을까' 를 고민해야 한다. 모두가 저 잘났다고 칼 들고 설쳤던 〈디워〉 사태는 한국 사회의 바닥이 드러난 사건이었다.

국민의 공격성, 집단성, 경제애호증, 성장집착, 국익제일주의가 〈디워〉 비판자에 대한 집단공격을 초래했다. 단지 영화 〈디워〉를 즐긴 것과, 〈디워〉 비판자를 집단 공격한 행위는 구분해야 한다. 후자는 분명히 병적이었다. 이런 것이 바로 '비명'이다. 먹고 살 만한 사회였으면 영화 한 편이 어떻게 되건 그렇게 '광분'하지 않았을 것이다. 그것이 얼마나 외국에서 돈을 벌어오건 신경 쓸 이유도 없었을 것이다.

운동권은 대체로 대중의 이런 열망을 비웃거나, 증오하거나, 무시하는 행태를 보인다. 대중은 그런 운동권을 신뢰하지 않는다. 아무리 양극화가 진행돼도 좌파의 지지율이 오르지 않는 것은 이런 이유에서다.

스웨덴 좌파가 1930년대에 국가의 기조를 정할 때 내세웠던 슬로건이 '인민의 집'이었다고 했다. 이것은 가족주의적인 단어로, 좌우를 막론하고 국민의 정서에 호소하는 말이었다. 일단 폭넓은 지지를 얻는 길을 선택한 것이다. 또 스웨덴은 국가경쟁력을 향상시키는 노동시장정책을 운용하며 기업의 성장을 도왔다. 이렇게 유연한 사고방식이 범국민적인 지지 속에 장기집권을 가능케 한 힘이었다.

우리나라 진보진영은 이슬만 먹고 사는 도덕군자 같은 면모를 보인다. 매사에 옳은 말만 하며 대중을 훈계한다. 그러면서 성장, 경쟁력, 경제, 기술개발 등의 가치는 무시한다. 국민에게 이런 것을 신경쓰지 말라고만 할 뿐이다. 아기가 젖 달라고 우는데 회초리 들고 도덕책 읽어주는 보모같다. 자유화에만 매달리는 우파 기득권세력도 그렇고, 진보진영도 모두 조선시대 사대부를 보는 듯하다. 이런 상태라면 국민은 영원히 그들을 지지하지 않을 것이다. 그러면 진보진영은 영원히 제 국민들을 탓하며 '비분강개 놀이'를 즐길 것이다.

그 열망을 채가는 건 기득권 집단이다. 그들은 자신들이야말로 경제

제일주의세력이라며 국민을 유혹한다. 지난 10여 년 민생파탄기를 다른 말로는 '민주화시기'라고 한다. 이런 세상을 산 국민에게 민주주의라는 구호는 배부른 원칙론일 뿐이다. 그럼에도 불구하고 운동권은 여전히 '독재 대 민주' 구도에 사로잡혀 있다. 문제가 생기면 그 이유는 '불완전한 민주화' 때문이고, 해결책은 '민주주의의 심화'가 제시된다. 이명박 정부는 반민주세력이어서 나쁘다는 논리가 반복된다. 운동권이 이럴수록 경제제일주의 세력에 대한 국민의 기대는 증폭된다. 설사 경제위기로 인해 이명박 대통령 개인의 인기가 떨어진다 해도 다음 대선 때 국민의 선택은 여전히 'MB공화국'의 연장일 수 있는 상황이다.

자신이 '진보'라고 자부하는 집단은 국민의 비명을 끌어안아야 한다. 국민에게는 공허한 말 뿐인 '민주주의'라든가, 그외 도덕적으로 옳은 말만 반복할 때가 아니다. 경제성장과 경쟁력 이슈를 잡아야 한다. 그래야 국민이 마음을 돌리기 시작할 것이다. 그것이 이 책에서 이명박 정부를 비난하면서도 '민주주의' 얘기를 하지 않은 이유다.

우리나라 진보진영은 '자신이 옳으며 잘 났다'는 것을 과시하기 위해 사는 사람들 같다. 〈디워〉 사태는 대중이 더 잘 만든 미국 영화를 놔두고 못 만든 우리 〈디워〉에 열광하는 것을 스크린쿼터에 대한 지지, 한미FTA 반대, 자유시장논리 반대로 이끌어낼 절호의 기회였음에도 불구하고 진보진영은 무작정 싸우는 것을 선택했다. 그러면서 '무식한 대중'과는 다른 자신의 냉철한 판단력을 과시하기에 급급했다. 공격성만 앞서는 '싸움닭' 같은 성향은 대중이나 진보진영이나 비슷하다. 진보진영이 출몰하는 사이트의 댓글들은 한국에서 가장 '까칠'하다. 일반 국민의 악플이 일시에 타오르는 들불과 같다면 진보파들의 악플은 집요하고 냉소적이다.

대중의 경제적 좌절감으로 인해 생겨나는 집단적 '비명'과 그로 인한 경제적 '열망'을 진보파들이 지금처럼 무시하고, 비웃고, 적대시하면서 자신의 지성을 과시하기만 하는 한 대한민국이 'MB공화국'으로부터 살아나기는 어려울 것이다. 왜냐하면 국민이 믿고 결집할 정치적 구심이 형성되지 않기 때문이다. 지난 대선 때 투표율이 낮았던 건 이런 이유에서였다.

국민은 탐욕을 버려야

나 하나 잘 살자. 내 자식 잘 되게 하자. 내 앞가림 내가 하자. 우리 회사 잘 되자. 우리 노조 잘 되자. 이런 식의 전략은 실패로 돌아갔다고 설명했다. 그러나 아직도 우리 국민은 이런 구도에 매몰돼 있다. 이 욕심을 버리지 못하는 한 'MB공화국'에서 살아날 길은 없다. 서울 고교선택제는 강북에서의 찬성율이 압도적으로 높다. 학교 선택권의 확대, 즉 평준화 해체는 일반 서민의 자식들을 천민으로 만들려는 음모다. 그런데 못 사는 사람들이 이 선택권에 오히려 더 열광한다. 이런 식이면 누가 대통령이 되도 'MB공화국'은 영원하다.

각 개별노조는 자신들의 이익을 극대화하려 노력하고, 각 기업도 자신들의 이익을 극대화하려 하고, 주주도 이익극대화, 은행도 이익극대화에 혈안이 돼 있다. 개인들은 혼자서 이익을 극대화하기 위해 자기계발에 몰두한다. 영어공부법과 경영서, 자기계발서를 파고 재테크 정보를 연구하며 '10억 만들기'류의 도서에 '환장'한다. 인문사회에 대한 관심은 사라졌고, 정치에도 무관심하다. 이처럼 모두 제 이익에만 혈안이 된 공동체가 망하지 않을 수 있을까? 내가 이익극대화에 나설 때 기업도 나에 대해 이익극대화를 하려 하면 구조조정 대상이 되는 것이다.

내가 경쟁에 나설 때 남도 경쟁의 칼날을 세우면 함께 고통 속으로 질주하는 것이다.

현재의 한국인은 아무도 믿지 못할 얘기지만, 과거 기적적 경제성장기에 우리 대기업들의 목표는 '국익'이었다. 은행의 목표도 '국익'이었다. 국가는 경제를 자유경쟁으로 방임하지 않고 적극적으로 관리했다. 그랬던 것이 최근 들어 '자유로운 사익추구'로 변했다. 그러자 주가는 오르는데 민생파탄이 찾아왔으며, 때가 되면 폭락하는 위기가 반복된다.

국민들도 달라진 환경에서 사익추구로 응수했는데 얻은 것이 없다. 지금 우리 국민들은 각자 이익을 극대화하기 위해 과거보다 훨씬 더 많은 선택을 한다. 유치원선택, 유학선택, 중학교선택, 고등학교선택, 자기계발학원선택, 연봉선택, 보험선택, 펀드선택, 집투자선택 등 선택할 것이 날로 늘어난다. 그럴수록 모두가 가난해진다(정말 황당한 것. 일제고사가 실시되자 운동권은 교육 수요자가 일제고사를 거부할 선택권을 달라고 요구했음. 그것은 거꾸로 수요자가 시험을 선택할 수도 있다는 뜻. 운동권도 수요자중심주의의 포로. 국가가 수요자 선택권을 몰수하고 시험을 금지하는 것이 정답).

한미FTA, 소비자주권, 수요자중심주의는 모두 선택권확대와 관련된 것이라고 본문에서 설명했다. 스크린쿼터 축소는 국민의 영화선택권을, 쇠고기 개방은 쇠고기선택권을, 유통개방 대형마트는 상품선택권을 극대화한 것이다. 교원평가는 교원선택권을, 민주화세력이 좋아하는 교장공모세는 교장선택권을 주는 것이다. 선택권은 개별적 이익극대화와 동전의 앞뒷면을 이룬다. 선택을 잘 해서 이익을 극대화하기 위해 필요한 건 냉정한 평가다. 그래서 국민은 상품과 학교를 냉정히 평가하고, 학교는 학생을 냉정히 평가하며, 소비자는 상품을 냉정히 평가하고, 은행은 기업을 냉정히 평가하는, 모두가 서로에 대해 냉정한 사회가 된다. 노무현 정부 내내 일류대에게 못 사는 집 아이들에게 좀더

관대할 것을 요청했지만, 일류대들은 학생을 냉정히 평가해 성적순으로 선발(선택)하겠다고 맞섰다. 이것이 현재의 세태다.

〈디워〉 사태 때 국민들은 스스로 헐리우드 영화 선택권을 제한하고 〈디워〉를 선택했지만 이런 사례는 극히 희귀하다. 과거 경제 성장기에는 좀 손해를 보더라도 '국산품 애용'을 모두 당연하게 여겼지만 지금은 비웃을 뿐이다. 진보파들은 이런 애국심을 보면 치를 떨며 죽창을 든다. 〈디워〉를 지지하던 사람들도 자신들이 그런 이유는 〈디워〉라는 상품이 훌륭하기 때문이며, 상품가치가 떨어짐에도 불구하고 애국심 때문에 옹호한 것이 아니라고 강력히 주장했다. 냉정히 평가하고 선택하지 않으면 모두들 큰일 나는 줄 아는 사회가 됐다. 그렇게 해서 개별적으로 이익을 극대화하며, 그것에 실패한 사람이나 기업이 망하는 건 당연하다는 분위기다.

'MB공화국'에서 살아나는 길은 이 흐름을 뒤집는 데 있다. 일단 학생선별과 학교선택부터 중지해야 한다. 학교의 이익극대화와 교육수요자의 이익극대화 경쟁을 폐지하는 것이다. 이것은 학생과 학교 간 선택이 이루어지는 장, 즉 입시시장의 폐쇄를 의미한다. 학교는 학생을 평가해 선발하고 싶은 탐욕을 내버리고, 학부모는 학교를 평가해 좋은 학교에 자식 보내고 싶은 탐욕을 포기해야 한다. 그렇게 해서 이루어지는 평준화가 반전의 시작이다.

내가 번 돈 내 이익극대화를 위해 내 마음대로 쓰는 것이 아니라 국가에 양도해야 한다. 즉 세금이다. 그렇게 공동체를 통해 국민들이 연대하며 전체의 이익을 함께 추구하는 사고방식으로 전환해야 한다.

한 다큐멘터리에 이런 장면이 나왔다. 어느 시장의 상인이 연이자율 200퍼센트의 일수돈을 쓰면서 자식들 학교 교육을 시켰다는 인터뷰였다. 그렇게 자기 인생 자기가 알아서 해결할 생각을 하지 말고, 번 돈을 국가에 내고 무상교육을 요구했다면 일수돈의 압박을 받을 이유가 없었을 것이다. 스웨덴 모델은 소득의 50퍼센트 정도를 세금으로 내는 대신 국가가 일생을 책임지는 구조다. 보육, 교육, 실업, 노후, 주거, 의료의 걱정이 없다면 현재 한국인이 겪는 고통의 대부분이 사라진다.

나 하나 잘 먹고 잘 살기 위해 나 하나 고액연봉 받자는 생각, 우리 노조 잘 먹고 잘 살기 위해 우리 노조만 고임금 받자는 생각을 버리고 전체 노동자가 중앙임금협상을 통해 임금을 조정할 수 있도록 이 땅의 모든 노동계급이 연대해야 한다. 기업은 노동자를 하나하나 평가해서 임금을 차등지급하겠다는 욕심을 버리고 중앙협상에 협조해야 한다. 중앙협상은 또 전체적인 임금억제효과도 있다. 개별적 교육경쟁 폐지로 사교육비가 사라지고, 개별적 임금인상 경쟁의 폐지로 임금인상 압력이 줄어들어 국가경쟁력이 향상된다.

노동자는 자신의 삶을 나 하나의 임금이 아닌 국가의 공공서비스를 통해 꾸려나갈 수 있게 된다. 그것이 '사회적 임금'의 개념이다. 즉 사회적으로 보육, 교육, 의료, 주거, 노후, 고용, 직업훈련 등이 보장된 체제를 말한다. 그렇다면 개별적으로 고임금을 받기 위해 악을 쓸 필요가 없게 된다.

국가는 대학교까지 평준화해 전 국민에게 고등교육을 개방해야 한다. 지금의 대학서열체제에서는 상위권 대학을 제외한 전체 대학이 삼류이므로, 진정한 고등교육을 받을 수 있는 국민이 소수에 불과하다. 이로 인해 지식경쟁력이 하락한다. 평준화된 개방 고등교육체제는 전 국민이 고등교육을 받을 수 있도록 하기 때문에 북유럽처럼 지식경쟁력이 급상승한다. 일류대를 선택하겠다는 탐욕을 버림으로써 가능한 일이다.

미국은 일류대체제에서 세계의 지성을 흡수함으로써 경쟁력을 유지한다. 우리나라는 아무리 일류대를 만들어도 절대로 세계의 인재들이 모여들지 않을 것이다. 그러므로 우린 북유럽식 평준화 제도로 가야 한다. 또 미국식 초일류인재체제는 소수의 하이테크 위주 경제구조를 만들어 소수의 거대한 부자들과 다수의 빈곤층을 만들어낸다. 이런 체제가 잠시 화려해보일 수도 있으나 얼마나 부실하고 허망한 체제인지가 세계경제위기로 드러났다. 평준화체제는 국민 다수를 적정한 인재로 만들어 다수가 큰 기복 없이 함께 잘 사는 건실한 경제구조를 만든다.

대학서열체제에서는 국민의 일류대 탐욕이 사라지지 않으므로 전체 국민이 일류대 간판만을 동경하게 된다. 평준화로 간판이 무의미해지면 굳이 대학에 안 가도 되는 실력사회가 도래한다. 고등학교 때부터 평생 한 가지 기술에만 몰두해도 중산층으로 살 수 있는 사회가 되는 것이다. 그런 식으로 간판이 아닌 기술이 축적된 사회가 세계 최고의 제조업 강국을 가능케 한다. 강한 제조업 기술기반은 강한 중소기업을 만들어 지역균형발전을 부르고, 거대한 노조집단을 성장하게 해 스웨덴처럼 좌파정당의 집권을 가능케 한다. 미국식의 하이테크, 금융·서비스업 위주 체제에서는 절대로 국가정치가 정상화될 수 없다.

나 하나 고액연봉 받겠다는 자기계발열풍을 거부하고 국가에게 직업훈련을 책임질 것을 요구해야 한다. 이것이 스웨덴의 적극적 노동시장정책이다. 고용과 직업훈련을 각 개인의 노력이 아닌 국가공동의 노력으로 해결하겠다는 사고방식이다. 현재 우리나라는 공공고용정보서비스 지출 비중이 OECD에서 미국과 함께 공동 꼴찌다. 국민이 자기계발 열풍에 홀려 있는 사이에 이렇게 됐다. 각 개별 기업에게 고용의 책임을 맡기는 것이 아니라 국가가 전 국민의 고용을 책임지는 '사회적 고용' 체제에서는 개별기업의 구조조정도 용이하고, 노사대립도 줄어들어 국민들의 삶의 질과 국가경쟁력이 동시에 향상된다.

대학과 사회교육기관, 기업을 망라한 직업훈련으로 국민의 경쟁력을 끌어올리면, 각 개인들이 노력한 것보다 훨씬 높은 국가적 성과를 얻을 수 있을 것이다. 기업은 자기 이익극대화를 위해 대학이 인재를 보내주지 않는다고 탓만 할 것이 아니라, 조금 손해를 보더라도 독일이나 핀란드처럼 인재육성에 동참해야 한다. 인재는 개인의 책임이 아니라 모두의 책임으로 길러지는 것이다.

사회적 고용의 원칙은 강력한 노동시장정책과 함께 북유럽의 거대한 공공고용으로 나타난다. 임금도 사회적으로, 고용도 사회적으로, 문제를 '나'의 차원이 아닌 '집단' '국가'의 차원에서 해결하는 것이다. 북유럽은 공공고용을 늘렸는데 이명박 정부는 작은 정부로 공공부문을 줄이려 한다. 이런 상황에서 아무리 각 개인이 실업을 해결하기 위해 노력하더라도 달라지는 건 없다.

공공고용은 공공서비스와 내수시장의 확대를 부른다. 공공서비스는 가정에서 이루어지는 서비스를 국가가 책임지는 것으로(인민의 집), 여성을 해방시키고 국민의 불안감을 해소시킨다. 아이와 노약자가 모두 양질의 보호를 받을 수 있게 된다. 육아 때문에 자살하는 엄마도 사라지고 해방된 여성은 고등교육과 직업훈련을 통해 고급인력이 돼 경제활동을 하므로 인구감소에도 불구하고 노동력을 유지할 수 있게 된다. 실업자들이 많으면 사회불안 요인이 되겠지만, 공공고용으로 모두가 소득자가 되면 그들은 국가재정을 위한 세금을 내며 경제생활에 참여해 내수의 기반이 된다. 즉 시장이 확대된다. 내수를 대상으로 하는 중소기업과 자영업이 튼튼해져 지금처럼 외국이 기침하면 금방 경제위기설이 터져 나오는 대외의존형 경제로부터 탈피할 수 있게 된다.

이명박식 내수육성은 건설토건경기부양과 탈규제로 인한 대기업 투자 유도, 감세로 인한 부자소비 유도다. 그러나 건설토건은 국가경쟁력 향상과 아무런 상관이 없고, 탈규제를 아무리 해도 대기업은 국가를 위해 투자를 늘리지 않을 것이며, 감세는 사회양극화를 초래해 내수를 더 위축시킬 뿐이다.

국민은 상품을 냉정히 평가하려고만 하지 말고, 우리 기업, 우리 노동자가 만든 상품, 우리 자영업자들이 제공하는 서비스를 선택하는 것으로 국민경제에 연대해야 한다. 미국 국민들은 대형마트를 통해 무조건 싸고 좋은 물건만 찾았다. 그 결과 국내 산업이 붕괴해 금융서비스업 중심의 퇴폐적 경제체제가 됐다.

기업도 부품을 구입할 때, 국제적으로 싼 것만을 찾는 것이 아니라 우리 중소기업을 선택해야 하며, 만약 우리 중소기업의 기술력이 떨어진다면 기술을 지도해서라도 함께 성장해야 한다. 은행은 우리 기업의 뒤를 받쳐야 하며 개별적 이익의 저하는 일부 감수해야 한다. 사영은행이 이를 못한다면 기업금융을 전담할 공공은행을 육성해야 한다.

국가는 평준화된 대학과 함께 고등직업학교를 만들어 무상교육을 실시해 전 국민을 인재로 만들어 각 기업에 제공해야 한다. 기업은 개별적으로 인재확보 경쟁을 벌일 것이 아니라 국가 공교육 제도의 혁신에 참여함으로써 모두가 승자가 되도록 연대해야 한다. 대학과 고등직업학교는 지역사회에서 기업과 연구소, 관청과 연대해 경쟁력과 고용을 극대화해서 활기찬 지역공동체를 만들어나가야 한다.

이런 그림은 재벌-일류대-강남부자 중심 체제인 'MB공화국'과 정반대의 것이며, 이것을 가능케 하는 것은 단지 '이명박 정부 타도'가 아니라 전 국민이 자기 마음속의 탐욕을 버리는 것에서부터 시작된다.

미국의 중산층은 자기가 낸 세금이 못 사는 사람들 복지비로 쓰이는 것이 얄미워 세금을 거부한다. 그 결과 불안정한 양극화 구조에서 자신들도 고통받고 있다. 스웨덴의 중산층과 노동자들은 20세기 초중반에 모두가 부담하고 모두가 혜택받는 연대형체제에 합의했다. 그것은 전혀 다른 사회를 만들었다.

한 학생이 스웨덴에 가서 처음으로 '나 혼자 일등이 되는 즐거움이 아닌, 모두가 승자가 되는 것의 즐거움'을 알았다고 고백한 적이 있다. 미국식이나 한국식 체제는 '너 혼자 1등이 되어라'다. 이것은 1등 아닌 국민의 고통을 필연적으로 초래한다. 경제가 잘 되도 고통스럽고, 경제위기 국면에선 더 말할 나위 없이 처참하다. 모두가 승자인 구조에서는 경제가 잘 되면 모두가 행복하고, 경제위기 국면일 때는 상대적 박탈감 없이 모두가 똘똘 뭉쳐 위기를 극복할 수 있도록 해준다. 'MB공화국'은 이런 구조다.

개별경쟁 ⇨ 탈규제 → 자유화 → 국가무책임 →
승자독식 → 양극화 대물림 → 봉건사회

그것을 이렇게 바꿔야 한다.

등록금−개별노력−이익극대화 → 연대책임−무상교육
임금−개별교섭−이익극대화 → 연대형 중앙교섭−양극화해소, 노동계급단결, 국민 사랑 받는 노조
입시−개별노력−이익극대화 → 연대를 위해 입시폐지−성적경쟁 사라짐. 진짜 교육 가능
경쟁력−개별노력−이익극대화 → 국가공동체를 통한 직업훈련으로 해결−전체 경쟁력 향상
삶의 안전−개별노력(보험)−이익극대화 → 세금으로 공동노력−해고나 사고를 당해도 국가가 지켜줌

육아-개별노력-이익극대화 → 연대 육아-공보육, 여성해방

고용-개별노력-이익극대화 → 국가의 노동시장정책과 사회적
고용

의료비-개별노력-이익극대화 → 세금-무상의료

이것은 국민이 각 개별적 경쟁의 장으로부터 빠져나와, 집단적으로 연대해 광장에서 정치적으로 문제를 해결함으로써만 가능하다. 정치적인 것이 진정 경제적인 것이다. 아무리 개별적으로 경제적 이익을 탐해도 돌아오는 건 없다. 집단적으로 똘똘 뭉쳐 정치투쟁을 전개했던 386은 사회진입에 아무런 문제가 없었다. 개별적으로 찢어진 현재의 대학생들은 비명소리만 내지르고 있다.

학부모들은 자기 아이의 전국 석차를 알아야겠다며 성적공개에 찬성한다. 그리고 세금을 거부하며 교육비 마련에 여념이 없다. 이런 탐욕으로부터 벗어나야 'MB공화국'으로부터 해방될 수 있다. 모두가 함께 어깨를 건 연대형 사회로의 전환. 이것만이 'MB공화국'에서 살아날 길이다.

선택의 시기

선택의 시기가 다가오고 있다. 1970년 전후의 위기상황에서 박정희는 강력한 통제체제를 선택하고 국민은 그것을 추인했다. 현재의 기득권세력은 박정희의 이름을 팔아 자유시장체제를 선전한다. 그것은 사기극이다. 박정희는 경제를 통제했던 사람이다. 그는 기업과 금융과 노조와 소비자와 시민사회, 모든 것을 통제했다. 박정희가 경제계획을 시

작했을 때 '소련식 사회주의'라는 비판을 받았을 정도로 자유시장체제
와는 거리가 먼 것이었다. 국민은 박정희의 이름을 파는 기득권 집단에
게 속고 있다.

그 통제체제의 결실로 중화학공업 육성에 성공했을 때, 비로소 국민
은 민주화를 선택했다. 그러나 민주화의 바람을 업고 집권한 문민정부
는 경제적 자유화를 선택했다. 이것이 두 번째 선택이다. 그것은 국가
가 경제적 통제를 전면적으로 포기하는 것이었다. 그 결과 시장은 공황
으로 내달렸다. 외환위기다.

외환위기 국면에서 국민은 미국이 요구하는 자유화, 시장화, 개방을
받아들였다. 기업, 금융, 소비자, 개별노조가 모두 제멋대로 하려 한다.
국가는 무력화됐다. 이기심 경쟁이 시작되고, 규제가 없어지고, 은행예
금이 투자로 연결되는 체제에서 재테크와 자산버블의 경제로 전환됐
다. 현재 우리에게 이런 기조를 요구했던 미국은 스스로 무너지고 있
다. 외환위기 이후 한국인이 겪은 건 민생파탄과 만성적인 위기국면일
뿐이었다.

첫 번째 선택—박정희의 나라 - 폭발적인 경제성장과 억압
두 번째 선택—MB공화국(김영삼~이명박)—자유와 민생파탄 20년

이제 세 번째 선택을 해야 한나. 이것은 '박정희의 나라'와 'MB공화
국'을 동시에 뛰어넘는 것이어야 한다. '박정희의 나라'의 반노조, 억압
과 'MB공화국'의 자유화, 작은 정부를 동시에서 뛰어넘는 연대형 체제
로 건실한 국민경제를 건설하는 것. 이것이 우리 시대의 과제다.

지금은 자본주의 100년 만의 위기라고 한다. 대공황과 비견되는 상
황이다. 앞서 설명했듯이 과거 대공황 당시 스웨덴은 '인민의 집' 전략

과 기업 경쟁력을 극대화하는 적극적 노동시장정책으로 위기를 돌파했다. 같은 시기 미국은 루스벨트의 금융통제, 친노조, 반부자, '대압축'으로 위기를 돌파했다. 그러나 스웨덴과 같은 보편적 복지제도와 평준화 무상교육, 적극적 노동시장정책 등을 완성시키지 못했다. 단지 빈민을 돕는 선별적 복지체제를 만들었을 뿐이다. 이것은 복지제도를 반대하는 중산층을 형성해 정치적 우경화의 불씨를 남겼다. 독일과 일본은 파쇼체제로 위기를 돌파했다. 그러나 결과적으로 국민에게 막대한 상흔을 남겼다. 독일은 최근까지 그때의 일을 사과하고 있으며, 일본은 그때의 세력을 청산하지 못해 아직도 기형적인 사회를 유지하고 있다. 스웨덴은 국민의 불안을 효과적으로 해소함에 따라 2차대전이라는 거대한 열병에도 무사할 수 있었다. 국민이 불안할 땐 전쟁이라는 극단적인 선택을 하기가 쉬워진다. 안정된 사회는 국민이 전쟁을 선택할 만큼 정신적으로 황폐해지지 않는다.

어쨌든 스웨덴, 미국, 일본, 독일 모두 당시 위기를 맞아 국민 전체를 한 덩어리로 묶는 방식으로 위기를 돌파했다. 이건 상식이다. 드라마 〈불멸의 이순신〉에서도 국난을 맞은 이순신이 제일 처음 한 일은 전라좌수영 내부의 특권을 없애 모두를 똘똘 뭉치게 하고 강력한 훈련으로 경쟁력을 높이고, 판옥선-거북선 건조라는 설비투자-R&D투자에 힘을 쏟아 생산-기술기반을 확대하고, 궁극적으로 병사들에게 확신과 비전을 제시하여 기풍을 일신한 일이었다. 병사들끼리 경쟁을 붙여 양극화 구조를 만들고, 비용절감한다고 뒤처진 병사들을 굶기고, 구조조정하고, 비정규직 '알바' 병사를 쓰지 않았다. 살아도 함께 살고 죽어도 함께 죽는 철밥통 정규직 집단으로 경쟁력을 극대화했다.

이미 리더십은 붕괴했다. 숭례문이 불탔을 때 대통령이 성금 얘기를 했다가 거센 비난을 받았다. 국가적 재난에 성금을 걷을 수도 있는 일이다. 그러나 이명박 대통령이 말하자 국민이 분노했다. 외환위기 때 자발적으로 금모으기에 나섰던 국민들은 최근 경제위기로 다시 달러모으기를 하자고 하자 냉소했다. 이렇게 리더십이 붕괴된 '오합지졸' 상태로는 위기를 극복할 비상한 혁신이 이루어질 수 없다.

우리나라의 혁신은 해방 후 이루어졌다. 그때 이룩된 토지개혁과 6.25 그리고 중고교평준화는 한국판 '대압축'이었다. 그리고 '잘살아보세'라는 비전이 제시됐고, 국민은 똘똘 뭉쳐서 끓는 기름처럼 용솟음쳤다. 세계가 놀란 금모으기의 헌신성은 이때부터 형성된 것이다. 이것이 아직도 많은 사람들이 1970년대의 열정을 그리워하는 이유다. 이것을 국민의 보수화라고 비웃을 것만이 아니라, 그 절박한 심정을 이해해야 한다.

국민은 지금 고통스러운 것이다. 경제개발 결과 그 수혜자 그룹이 신귀족이 됐다. 이들은 토지를 독점해 과거 고려말, 조선말 같은 토지독점 시대로 회귀하고 있으며, 평준화체제를 해체하고 있다. 즉 '대압축' 이전으로 돌아가고 있는 셈이다. 이들이 무슨 말을 해도 국민은 '비전'을 가질 수 없다. 마치 과거에 자영농이 붕괴하고 소작농과 유랑민이 폭증했던 것처럼, 현재도 부재지주에 따른 소작농과 현대판 유랑민인 비정규직이 폭증하고 있다. 자영업붕괴는 초읽기에 들어갔다. 동시에 국제적 금융위기와 함께 한국경제에 대위기가 닥치고 있다. 바람 앞에 등불이다. 지금이야말로 비상한 각오로 세 번째 선택을 해야 할 시기다.

세 번째 선택은 2000년대판 '대압축'이어야 한다. 이것이 다시 한국사회에 활력을 되찾아줄 것이다. 동시에 산업경쟁력 향상에 대한 비전이 제시돼야 한다. 이것이 없으면 아무리 복지제도를 주장해도 국민이 귀를 기울이지 않을 것이다.

운동권은 경쟁력에 초연하다. 민주화세력 중 일부가 경쟁력에 신경 쓰는데, 그들은 한미FTA를 그 방법론으로 선택했다. 이것은 경제적 자유를 극대화하는 것으로 이미 파산한 방법론이다. 경쟁력은 다른 방식으로 길러야 한다. 핀란드의 방식이 우리에게 시사점을 제공해준다.

핀란드는 1990년대 초에 국가적 위기를 맞아 연대중심 사회체제를 무너뜨리지 않고 고임금체제의 길을 가면서, 고등직업교육 활성화로 산업경쟁력을 강화했다. 그것은 핀란드의 국가경쟁력을 세계 최고수준으로 끌어올린 선택이었다. 스웨덴 사람들이 위기를 맞아 1930년대에 했던 것과, 핀란드 사람들이 1990년대에 했던 것을 합치면 우리식 선택의 힌트를 얻을 수 있다.

이 배경에 있는 것은 활성화된 기업과 함께 강력한 노조의 힘이다. 우린 대기업만 활성화돼 있고 중소기업과 노조가 약하다. 특히 노조는 없는 것이나 마찬가지다. 그럼에도 불구하고 강성노조 때문에 한국의 경쟁력이 떨어진다는 선동이 먹혀든다. 스웨덴은 실업급여가 노조회비를 통해 지급되는 방식으로 노조조직률을 국가제도 차원에서 끌어올렸다. 몇몇 노조운동가들이 각자 알아서 개별적 눈물과 땀으로 노조를 건설하길 기다리면 하세월이다. 국민이 노조를 '압축성장' 시킨다는 각오를 해야 한다. 그 노조가 노동자 대표성을 가지고 자본 대표성을 가진 측과, 민주적 대표성을 가진 정부와 합의하면 비로소 국민이 똘똘 뭉쳐 세 번째 선택이 작동할 수 있게 되는 것이다.

먹고 살아야 한다

'들어가며'에서 언급했던 국제수지 문제로 되돌아가보자. 그때 말했듯이 우리나라 경상수지는 2004년 281억 달러 흑자, 2005년 119억 달러 흑자, 2006년 60억 달러 흑자로 점점 줄어들고 있다. 민간 부채, 중소기업, 자영업, 부동산거품, 은행부문과 함께 경상수지 적자는 한국경제 위기의 근원이다(2009년 현재의 흑자는 경기침체로 인한 기형적인 것).

한 마디로 우리나라는 물건 팔아 돈을 벌어서 외국에서 식량과 연료, 원재료, 부품, 기계류를 사와서 돌아가는 나라다. 파는 물건은 고도화되지 않고 내외 시장은 줄어드는데, 국제적으로 식량, 연료, 원재료는 점점 귀해지고 부품, 기계류 만들 능력은 없으며, 완제품은 중국이 점차 그 생산능력을 높여가고 있다.

상품을 팔고 산 결과인 무역수지는 어쨌든 흑자다. 그나마도 점점 줄어들고 있다. 대신에 서비스수지, 소득수지, 경상이전수지는 적자이며 모두 늘어나고 있다. 서비스수지 적자의 내용은 교육, 의료, 보험, 금융 등 서비스와 관광, 여행 부문으로 구성되어 있다. 이것으로 왜 노무현-이명박 정부가 한미FTA를 추진하며 서비스업을 강조하고, 교육 규제완화(평준화 해체, 외국교육기관 유치), 영어교육강화, 의료선진화, 금융규제완화를 추진하며 관광선진화를 중요하게 언급했는지 알 수 있다. 적자를 줄여보자는 것이다.

소득수지 적자는 한국 기업을 소유한 외국자본이 배당금을 빼간다는 걸 의미한다. 외국인들이 대거 한국 기업의 주주가 된 이후 한국 기업의 배당성향이 극단적으로 높아지고 있다. 물건 팔아서 번 돈으로 우리 국민을 고용하고, 노동자 월급을 주고, 기술을 개발하고, 생산투자를 해야 하는데 엉뚱하게 배당으로 빠져나가고 있는 것이다. 이런 상황에선 아무리 친재벌정책을 펴봐야 외국인 주주에게만 좋은 일일 뿐이다.

경상이전수지 적자란 해외송금으로 인해 발생하는 적자다. 외국에서 한국으로 송금하는 사람은 별로 없는데, 한국에서 외국으로 송금하는 사람은 압도적으로 많아 생기는 적자를 가리킨다. 자본수지에서도 자본이전수지 적자폭이 커지는데 이것은 해외로의 재산반출이 늘어나고 있다는 뜻이다.

대신에 자본수지 전체는 흑자다. 왜냐하면 우리나라가 외국으로부터 차입한 돈이 많기 때문이다. 김영삼 정부 당시에도 차입으로 자본수지가 흑자가 되고, 경상수지는 막대한 적자를 기록했다. 이런 형편이니 때마다 경제위기설이 터져 나오고 시장이 불안으로 들썩이는 것이다. 한국은 만성적 위기상황이다.

우리가 우습게 생각하는 일본은 어떨까? 일본의 경상수지 흑자는 우리에 비하면 상상을 초월한다. 2006년에 한국은 60억 달러, 일본은 1653억 달러였다. 일본의 경상수지 흑자는 우리처럼 급격히 위축되지 않으며, 서비스수지도 적자폭이 커지는 우리와는 달리 줄어들고 있다. 기술특허 수입의 증대 때문이다. 또 소득수지는 흑자다. 국외로부터 자본이득이 몰려드는 것이다. 이것은 일본의 자본이 외국으로 많이 투자됐기 때문인데, 이를 엔캐리라고 하며 작은 경제에서는 이 자금이 들고 나감에 따른 시장충격이 생긴다. 이 엔 자본의 급격한 이탈에 따른 한국경제위기설도 때마다 되풀이되는 시나리오다. 한국이라는 나라의 경제가 그만큼 허약하다는 소리다(중소기업이 엔 자금을 쓴 것에도 은행의 이익 추구가 한 몫 했음).

'MB공화국'식 정책으로 우리 국제수지를 호전시킬 수 있을까? 특목고가 생긴 후 조기유학이 늘어났다는 것만 봐도 평준화 해체가 서비스수지에 얼마나 치명적인지 알 수 있다. 국제중도 미국조기유학 수요를 늘릴 것이며, 영어강화도 미국유학 수요를 늘릴 것이다. 미국을 추종하는 사회행태는 미국 학문종속을 낳아 미국 대학 학위의 필요성을 더 늘린다. 또 대학서열체제는 전 국민의 일류대 열병을 낳아 학력인플레를 일으킨다. 그에 따라 부자들은 더 확실한 학벌 구분을 위해 미국 대학원 진학을 기본 코스로 여기게 된다. 대학서열체제에서 우리나라 대학이 하는 일은 학벌형성일 뿐 교육이 아니므로, 아무도 한국 교육을 믿지 않게 돼 외국학위 중시 풍조가 더 심해진다. 또 평준화 해체 자유경쟁 교육은 지옥 같은 학교풍경을 만들어 자식을 여기서 탈출시키려는 부모들을 양산한다. 그러므로 서비스수지는 물론 경상이전수지 적자와 자본이전수지 적자 폭도 점점 더 커질 것이다. 영어강화는 영어연수 수요를 키우고, 외국인학교규제완화도 역시 미국 체류 연수 수요를 키움으로, 연수가 포함된 여행수지 적자 폭을 늘릴 것이다.

의료서비스 선진화는 의료보험 민영화로 가는 길이다. 이것은 미국식 일류병원을 만들겠다는 계획인데 이를 통해 얻는 이익보다, 이것 때문에 한국 사회가 황폐해지고 불안해지는 것으로 인한 피해가 훨씬 클 것이다. 단적으로 치솟는 의료비 때문에 노조가 강성이 되면 기업활동이 어려워지고, 임금이 오르므로 무역흑자마저 줄어들게 될 것이다.

금융규제완화와 개방은 이미 미국식으로 상당 부분 재편돼 자본시장 중심의 재테크, 주주이익중심체제로 전환된 한국경제를 더 망가뜨릴 것이다. 이것은 제조업과 장기투자 등 한국경제의 건실한 기풍을 공격한다. 이미 한국의 설비투자율은 경쟁국에 비해 극단적으로 저조한 상태이고 배당만 늘어나고 있다. 금융카지노식 경제가 되면 버블에 눈이 먼 국민이 양산돼 소비풍조의 확대로 무역수지와 여행수지에 모두 악영향을 미치고, 제조업 기반 붕괴로 국민경제를 황폐하게 만든다. 금융개방은 현재 우리나라를 외국 투기꾼들의 먹잇감으로 만들고 있기도 하다.

관광수지를 위해 대운하 등 전국에 토목개발 바람을 일으키면, 관광객이 느는 이익보다 건설버블과 땅투기로 인한 국민경제 황폐화의 피

해가 더 클 것이며, 아파트 개발바람과 그린벨트 축소 등 개발규제완화
는 전 국토를 획일적이고 삭막한 공간으로 만들어 관광자원을 더 축소
시킬 것이다. 서울의 뉴타운화보다 서울의 문화도시화가 관광수지흑자
를 위해 더 좋은 일이다. 문화도시는 문화적 개방성, 관용으로 인해 형
성되는 것인데 이명박식 양극화사회는 타자, 약자, 소수자에 대한 불관
용을 바탕으로 하고 있고, 그런 속에서 대중의 인성이 점차 피폐해져가
므로 도시의 문화성이 약화된다. 따라서 지역의 매력과 활력이 점점 떨
어져 관광객이 찾아올 이유가 없게 된다. 오히려 국내의 삭막한 분위기
에 지친 사람들이 숨 쉬러 외국에 나가게 됨에 따라 관광수지 적자가
커질 것이다.

즉 경제를 표방한 이명박 정부가 경제를 살리기는커녕 도리어 경제
를 해치고 있다는 얘기다. 그렇다면 살 길이 있을까?

일본인 미쓰하시 다카아키는 자신의 책 《위기의 한국경제》에서 이
런 말을 하고 있다.

일본에서 '격차사회! 격차사회!' 라고 부르짖는 사람들은 한번 한
국에서 살아볼 것을 권한다. 진정한 격차사회가 무엇인지 알 수 있을
것이다. …… 한국 사회는 이미 붕괴해버렸다.

한국이 일본에 비하면 '초격차사회' '초양극화사회'라는 뜻이다. 이
것은 서민과 자영업자와 중소기업이 빈곤한 나라를 만들었다. 이런 구
조가 계속된다면 살 길은 없다. 한국은 무역의존도가 69퍼센트다. 일본
은 24퍼센트다. 일본의 내수가 크다는 소리다. 이렇게 내수시장이 크면
외부로부터의 영향을 덜 받을 수 있다. 우리나라처럼 대외무역에 목매
는 구조에서는 외부의 변동에 따라 언제나 위기설에 시달릴 수밖에 없

다. 또 수출하는 대기업에게 몰아주자는 주장이 언제나 힘을 얻어 한미 FTA나 이명박 정부의 등장 같은 우경화 흐름이 나타나게 된다.

본문에서 언급했듯이 일단 내수부터 키워야 한다. 이것은 서민소득확대, 자영업보호, 중소기업보호로 가능하다. 서민소득확대는 특히 노동자의 안정된 임금과 고용확대를 말한다. 대외의존도가 줄어들면 세계경제의 풍랑에 롤러코스터를 타는 허약체질에서 벗어날 수 있다.

지금이 과거 네덜란드, 스페인, 영국 패권 쇠퇴기에 이은 미국 패권 쇠퇴기라는 관측이 지배적이다. 그런데 새롭게 패권을 이어받을 나라는 보이지 않는다. 당분간 세계 경제는 혼란에 빠져들 것이다. 우리는 과거 미국에 절대적으로 의존하는 경제체제로 성공했으나, 이젠 외부 영향을 받지 않고 스스로 안정적으로 자립할 수 있는 구조로 이행해야 한다. 그것이 혼란기에 살아날 길이다.

미국은 제조업붕괴, 고용유연화, 노조압박, 시장자유화 등으로 중산층이 위축됐다. 소비시장이 위축된 것이다. 그러자 그들에게 빚을 줘서 소비하도록 해 경기를 부양했다. 그렇게 버티던 경제가 지금 무너지고 있다. 건실한 소득이 아닌 빚으로 부양된 경제는 위태로울 수밖에 없다. 한국도 민생파탄이 전개되는 상황 속에서 국민이 빚을 얻어 카드버블, 부동산버블을 키웠다. 이런 방식이 아닌 산업과 고용과 소득을 발전시키고, 교육비 부담을 없애는 방법으로 내수를 성장시켜야 한다.

관광수지의 경우, 대학평준화와 직업훈련대학 활성화로 각 지역이 인재유출을 겪지 않고 저마다 고유한 특색으로 발전하고, 양극화 해소로 사람들의 인성에 여유가 생기고 문화성이 살아나면, 지역경관과 풍토에 개성이 생겨 관광자원이 확대될 것이다. 또 관용적인 사회풍토는 도시의 문화성도 살린다. 도시의 문화성은 외부로부터 관광객을 끌어들이는 중요한 요소다. 대신 토목개발 아파트 획일화는 막아야 한다.

또 건축이 시장의 이익원리에 따라 자유롭게 이루어지지 않도록 강력한 경관규제를 해야 한다. 시장논리에 따른 건축은 몰개성적이고 피로한 풍광을 만들 뿐이다. 이런 규제와 문화자원 육성이야말로 관광수지 흑자로 가는 길이다.

금융규제완화가 아닌 금융통제로 그리고 민영화가 아닌 공공금융제 역할 찾기로 제조업 기업을 금융이 강력히 뒷받침하면 무역수지 흑자가 늘어나게 될 것이다. 물론 이때 부품, 기계를 생산하는 중소기업의 역할이 매우 중요하다.

한국인은 교육을 너무 우습게 생각하는 경향이 있다. 말로는 석유 한 방울도 안 나는 나라에 사람이 가장 중요한 자원이라면서 사람교육에 무관심하다. 그저 간판경쟁뿐이다. 삼성전자 지사가 미국 오스틴에 자리 잡은 이유는 오스틴 텍사스대학에서 배출하는 인력을 활용하기 위해서라고 했다. 오스틴은 불모지였었는데 고등교육 활성화와 도시의 문화성 극대화로 이제는 '실리콘밸리'에 이은 '실리콘힐'이라 불릴 정도로 발전했다. 미국의 노스캐롤라이나 주도 담배농사 중심의 인재가 유출되던 시골이었는데, 고등교육을 활성화하면서 세계최대의 연구단지 중 하나를 구축하는 데 성공했다. 핀란드의 더 긍정적인 사례는 이미 소개했다. 교육정상화가 절박하다.

한국에서 사람 차별이 아주 손쉽게 가능하도록 만드는 것은 대학서열체제다. 한국인은 입시공부를 하며 20년간 세뇌당한다. '입시경쟁에서 지면 넌 평생 거지처럼 살아야 해. 이기면 니 인생은 쫙 피는 거야.' 대학서열체제는 이 논리를 사람 머릿속에 심는 세뇌장치다. 이것은 다수 서민의 빈곤을 정당화하며, 소수의 특권도 정당화한다. 이런 상황에선 내수경제가 살찔 수 없고, 지방과 중소기업도 세계적 수준으로 약진할 수 없으며, 국민경제도 살아날 수 없다.

MIT 산업성과센터의 연구에 따르면 외국인의 투자가 결정되고, 산업이 발전하는 것은 노동자의 저임금 때문이 아니라 훌륭한 인력과 좋은 생산 네트워크 때문이다. 아무리 제조업이 사양산업이고 중국의 추격이 거세다고 하지만 인력과 네트워크를 잘 형성한 나라는 승승장구한다는 것이다. 이러기 위해서는 높고 안정적인 사회적 대우로 우리 노동자를 세계 최고의 숙련공으로 만들어야 한다.

미국의 리처드 플로리다 박사의 연구에 따르면 도시의 개방성, 관용성과 하이테크성 사이에는 밀접한 연관이 있다고 한다. 약자와 타자, 소수자를 차별하지 않고 함께 어울려 즐길 수 있는 개방적 문화가 발달한 곳에서 창조적 인재들의 재능이 꽃피는 경향이 있다는 것이다. 과거 박정희식 억압체체와 대학서열체제의 획일화된 입시구조가 성공적이었던 것은 한국 산업의 수준이 그때까진 창조력을 요구하지 않았기 때문이다. 이런 상태에 머물러 있으면 선진경제로의 도약은 불가능하다. 약자까지 포용하는 개방성과, 조금만 삐딱하면 경찰을 앞세워 때려잡는 억압이 아닌 관대함 그리고 차별 없는 사회가 인재들의 창조성에 불을 붙여 기술경쟁력 향상으로 무역수지와 기술특허수지를 호전시킬 것이다.

서비스업 자유화와 이명박식 개혁은 내수기반과 경쟁력, 국민정서를 무너뜨리면서 경상수지는 악화시키는 방식이다. 양극화 차별 구조의 강화는 사회분위기를 압박한다. 살아나려면 거꾸로 기야 한다. 우리나라에는 과거에 재벌을 압축성장시켰던 저력이 있다. 이젠 노조와 중소기업과 고등교육을 압축성장시키며 창조적 기술의 지위를 올려야 한다. 그것이 살 길이다.

내 마음속 'MB공화국'과 결별하라

국민이 각자의 마음속에 있는 'MB공화국'을 끊어내야 한다. 그래야 'MB공화국'에서 살아날 수 있다. 운동권은 국가의 통제에 맞서 오랫동안 투쟁하다보니, 국가의 영역이 줄어들고 개인의 자유가 신장되는 것을 민주화라며 좋아하는 경향이 있다. 기득권 집단도 자유의 신장을 좋아하고, 일반 국민도 자유의 신장을 좋아한다. 바로 이것이 국민 마음속에 있는 'MB공화국'이다.

이 자유는 탐욕과 이기심으로 연결되며, 그것을 버리고 스스로 선택의 자유, 이익극대화의 자유를 제한해야 한다고 설명했다. 그것이 'MB공화국'과 결별하는 길이다. 공화국의 시민은 봉건사회의 신민보다 훨씬 부자유스럽다. 무엇보다도 공화국의 시민에겐 신분을 선택할 자유가 없다. 귀족이 될 자유도, 노예가 될 자유도 없는 것이다. 'MB공화국'은 이 사라졌던 자유를 탈규제라는 이름으로 다시 국민에게 돌려주려 한다. 그 일차원적인 자유에 환호하는 한 '내 마음속 MB공화국'은 영원히 번성할 것이다.

공화국의 시민은 자신이 존엄하다고 생각한다. 동시에 남도 존엄하다고 생각한다. 그러므로 모두가 모두의 존엄성을 침해하지 않기 위해 자신의 일차원적인 자유를 스스로 제한한다. 임금을 극대화할 자유, 자식을 일류학교에 보낼 자유, 소득을 내 마음대로 쓸 자유, 영업을 내 마음대로 할 자유 등 일차원적인 자유를 스스로 제한할 줄 아는 시민이 사는 곳에서 'MB공화국'은 결코 번성할 수 없다.

모두가 자신이 귀족이 될 자유를 제한하면 어느 누구도 노예가 되지 않는, 즉 종속적 존재가 될 정도로 무지해지거나 빈곤해지지 않는, 그리하여 모두가 궁극적으로 자유로운 나라가 된다.

또 진정한 자유는 시장에서의 상품관계로부터 해방된 삶에서 비롯된다. 'MB공화국'은 상품을 다양화해 그 상품을 선택할 자유를 주겠다고 한다. 그러면 인간은 영원히 상품관계의 노예가 된다. 그리고 비싼 상품을 살 수 있는 사람들만 귀족이 된다. 스웨덴 모델의 복지는 인간생활과 교육, 직업훈련, 소득조정을 시장논리, 상품관계로부터 해방시키는 체제다.

시장선택의 자유 없이 그냥 보육부터 노후까지 평생 동안 국가의 서비스를 받는 것. 이것이 진정한 자유를 가능케 한다. 교육과 직업훈련도 국가를 통해 보장받으므로 강한 사람만 자기계발에 성공해 귀족이 되는 일도 없고, 소득조정을 시장에서 각자 진행해 고소득 귀족이 나타나는 일도 없다. 타인에게 종속된 노예도 아니면서, 시장과 상품관계로부터도 해방돼 우뚝 선 시민이야말로 진정 자유로운 인간이라 할 것이다.

이런 시민들이 모두 어깨를 걸고 연대한 공동체가 바로 대한민국이 살아날 비전이다. 시민과 시민이 연대하고, 노조와 일반인이 연대하고, 기업과 노조가 연대하고, 기업과 기업이 연대하고, 금융과 기업이 연대하고, 기업과 시민이 연대하고, 학교와 시민이 연대하는 공동체. 저 하나 자기 마음대로 활개칠 자유를 누리겠다는 '떼쟁이'가 없는 사회.

이런 시민들에게 필요한 것은 '자존감'이다. 자존감이 있다면 자신이 노예적 노동을 하고, 삼류인생 취급받는 것을 참지 않을 것이다. 자존감이 있다면 부자들만 더욱 부자가 되는 'MB공화국'을 참지 못할 것이다. 인간의 자존감은 학업스트레스에 반비례한다고 한다. 즉 교육고통이 커질수록 자존감이 빈약한 노예적 인간이 양산되는 것이다. 그러므로 대학서열체제는 국민에게서 자존감을 거세하는 장치다. 자존감은 문제해결능력과 공감능력, 리더십 등 인간의 다양한 능력에 깊은 영향을 미친다고 한다. 자존감이 높은 시민이야말로 창조적 능력이 뛰어난 고부가가치 고급인재이며 공감능력이 뛰어난 일등시민이 된다. 공감능력이 없는 사람은 '사이코패스'라는 잔혹한 인간형이 된다. 한국인은 최근 공감능력이 약화돼 집단적 공격성향을 보이고 있다. 이런 상황이면 국가경쟁력도 선진시민사회도 이룩할 수 없다.

앞에서 교육감 직선제에 운동권이 부화뇌동하는 어처구니없는 상황을 설명했다. 한국의 민주화세력은 '분권화'라면 덮어놓고 좋아하는 경향이 있다. 반독재 투쟁의 관성이 남아 있기 때문이다. 이런 것도 마음속에 있는 'MB공화국'이다. 민주화세력이 집권했어도 공화국 해체가 진행됐던 건 이런 이유에서다. 이명박 정부가 추진하는 것도 혁명적 분권화다. 각 학교와 교육청과 대교협에 모든 권한을 넘기고 자율을 주겠다는 거다. 비판세력마저도 자유와 분권화에 열광하는 지금 상태로는 'MB공화국'을 끝낼 수 없다.

우리나라 민주화세력은 교육이 고통스러우니까 자기 자식 탈출시켜서 자기 하나 잘 살아보겠다고 '대안학교' 운동에 몰두했다. 대안학교란 자유롭게 운영되는 사립학교, 즉 '자사고' 유사품이다. 이런 식의 참교육 운동은 결국 자사고 운동이었던 것이다. 이렇게 민주화세력은 민주화세력대로, 기득권세력은 기득권세력대로 모두 자기가 알아서 자유롭게 잘 해보겠다고 할 때, 이들의 공통의 적은 '국가의 규제'가 된다. 그래서 운동권들이 교육부를 해체하라고 줄기차게 주장하자 이명박 정부가 기다렸다는 듯이 교육부를 해체하고 관치교육을 청산하겠다고 나올 수 있었던 것이다. 'MB공화국'은 이렇게 국민의 마음속에 내밀하게 연결된 뿌리로 튼튼히 서 있다(신해철과 민주화세력은 관치교육에 대한 증오로 민간자율 교육을 선호하며, 비판언론과 민주당은 관치입시에 대한 증오로 입학사정관 등 대학자율화에 원칙적으로 찬성한다).

국가단위에서 이루어지는 정치투쟁에 모두 참여해 국가단위에서의 연대성을 제도적으로 확립해야 'MB공화국'은 끝난다. 미국도 한국도 최근 양극화 심화와 함께 공통적으로 나타나는 현상이 젊은이들의 정치 무관심이다. 정치 무관심도 내 마음속 'MB공화국'이다. 노조도 개별 노조 차원에서의 쟁의보다 국가적 차원에서 노동문제를 해결하도록 하는 정치의식을 가져야 한다. 미국과 일본의 노조는 개별 기업 차원에서 사원복지에 몰두했다. 반면에 북유럽은 국가차원에서 정치적으로 노동문제에 접근했다. 그 결과의 차이는 미국과 북유럽 사이에 극명하게 나타난다.

교육운동의 경우 최근 들어 대학평준화에 대한 관심이 작년보다도 더 줄어들었다. 그저 이명박 교육 반대운동에만 함몰돼 있다. 이명박 교육 반대에 100퍼센트 성공해봐야 '도로 노무현'이다. '도로 교육파탄'인 것이다. 국민이 바보가 아닌데 이런 운동에 열정이 생길 리가 없다.

'MB공화국'은 노동자의 권익을 주장하는 정치세력이 노동자로부터 버림받는 사회다. 국민은 노조를 증오한다. 즉 서민이 서민의 이익을 증오한다. 대신에 부자의 이익에 환호를 보낸다. 그러나 콩고물은 없다. '박정희의 나라' 때는 콩고물이 있었다. 그땐 재벌의 성장이 중소기업과 서민에게 모두 혜택을 나눠줬다. 'MB공화국'은 한국인 부자와 외국자본이 이익을 독식해, 국민으로부터 부를 빨아먹기만 하는 '흡혈귀 경제'다. 그래도 국민은 자발적으로 피를 빨린다. 결국 잘 살게 될 것이라는 헛된 망상을 품고.

우리는 그것을 끊어내고 정치적으로 저항하며 국가 차원에서 연대해야 한다.

마음속 'MB공화국'은 또 있다. 한국인은 '평등'이라는 단어에 질색한다. 그러면서 자유만 좋아한다. '자유' 애호증은 빈부좌우를 넘어 국가 전체에 만연한 전염병이다. '평등' 혐오증은 일부 좌파를 제외한 전 국민이 걸려 있는 돌림병이다. 평등을 주장하면 국민이 먼저 '그런 공산당식 평등주의로 굶어죽자는 말인가'라고 반문한다. 신종 레드콤플렉스다. 이것을 끊어내야 한다.

나는 한국 사회가 봉건사회로 회귀하고 있다고 주장했다. 봉건사회는 1인 1표 원리가 아예 없던 사회다. 21세기판 봉건사회는 약한 1인 1표 강한 1원 1표 원리로 지배된다. 즉 부자지배다. 주주자본주의가 이것을 적나라하게 보여준다. 자산을 보유한 순서대로 발언권이 차등 분배되는 사회. 이런 구조에서 국민 빈곤화, 빈곤한 국민의 약자화는 피할 수 없다. 1인 1표 원리는 평등에 기반한 것이다. 국민은 시민으로서, 주권자로서, 평등하고 존엄한 인간으로서 평등하다. 이런 평등의 원리가 관철됐다면 비정규직의 비참한 삶은 있을 수 없었다. '평등'이 강조되면 나라가 망한다고 생각하는 국민 마음속 'MB공화국', 우리는 이것과도 결별해야 한다.

LG전자 생활가전부문은 최근 눈부신 발전을 거듭했다. 생활가전은 중국의 추격으로 한국에서는 불가능하다고 여겨졌던 업종이다. LG전자는 1989년에 파멸적인 노사분규를 겪었다. 1990년대에 맥킨지사는 LG전자 생활가전부문이 경쟁력도 없고 장래성도 없다고 진단했다. 그러나 이 회사는 약진했다. 그것은 사람중심 공동체경영으로 가능한 일이었다. LG혁신학교의 곽숙철 대표는 '한 명의 인재가 1만 명을 먹여살린다'는 주장을 일축한다. 기업을 살리는 건 다수의 평범한 직원들의 헌신이라는 것이다. 그것을 위해 단지 '인간'이라는 이유로 무조건 존중하는 기업문화를 만들었다. 노사가 협력하고 비정규직을 분리하지 않았다. 한국은 국가적인 차원에서 이런 혁신이 필요한 시점이다. 다수 국민을 포괄하는 국가는 직원들만 모인 기업보다 더욱 평등 원리에 입각해 구조조정되어야 한다. 그래야 국민 하나하나가 자존감을 가진 귀한 인재가 될 수 있다.

다시 앞에서 언급한 교육감 선거로 되돌아가자. 미국의 보수파와 한국의 민주화 우파, 좌파는 그 이상향이 비슷하다. '국가로부터 자유로운 참여형 소규모 공동체'다. 미국 보수파들이 주장하는 탈학교 홈스쿨링과 유사한 대안학교가 한국 민주화세력에게 환영받는 것은 이런 이유에서다. 노무현 정부의 목표도 자치분권이었다. 이미 설명했듯이 이명박 정부는 막무가내로 분권화를 추진하고 있으며, 급진좌파들도 참여자치에 집착한다. 이런 상황에서 노무현 정부가 멍석을 펴고, 이명박 정부에서 실행된 교육감 선거에 민주화세력 전체가 달려든 것은 당연한 일이었다. 교육감이 각 지역에서 마음대로 할 수 있다는 것은 국가의 최소화를 의미하므로, 민주화세력의 사고방식으로 보면 너무나 좋은 일이었다.

과연 국민이 각 지역에서 자유롭고 인간답게 살기 위해서는 어떻게 해야 할까? 지역단위 자치가 실행되면 가능해질까? 절대로 그렇지 않다. 국민이 탐욕의 경쟁을 벌이지 않도록 국가차원에서의 제도정비가 선행되어야 한다. 지역 간 성적 경쟁을 조장하지 않는 평준화, 지역 간 영어경쟁을 조장하지 않는 국가차원에서의 결단, 지역 간 부동산개발 경쟁을 벌이지 않도록 하는 부동산 규제정책, 지역 간 경제집착증 경쟁이 벌어지지 않도록 하는 국가 차원에서의 복지, 고용, 산업전략이 선행되어야 한다. 핀란드기 교육분권회를 실시한 것이 국가 평준화가 완성된 1990년대라는 사실을 유념해야 한다. 한국 민주화세력과 기득권 세력은 선진국에서 현재 벌어지고 있는 것들을 선후 맥락 없이 무작정 수입하는 데 급급한 경향이 있다.

우리에게는 우리의 길이 필요하다. 우리의 당면 과제는 국가의 정립이다. 박정희 독재의 상처 때문에 무작정 국가를 혐오하고, 국가의 개입을 금기시하는 마음속 'MB공화국'을 끊어내야 한다. 국가가 먼저 시민을 길러내도록 하고, 그 시민들이 여유롭게 살 수 있도록 하면 자치분권화는 저절로 이룩될 것이다. 지금은 문제를 국가차원의 중앙에서 정치적으로 해결하는 데 집중해야 한다. 온 국민의 에너지가 한 곳으로 모일 때 상황은 역전되기 시작할 것이다. 국가가 국민 간, 지역들 간의 평등을 보장할 때 각 국민과 지역은 비로소 자유를 누릴 수 있게 된다. 그것이 전제되지 않은 상태에서 강행되는 자유화는 'MB공화국'일 뿐이다.

모든 국민이 중앙에 모여 자신의 고통과 욕망을 정치적으로, 집단적으로, 상호평등의 원칙에 입각해 해결하려 할 때 'MB공화국'으로부터 우리 공동체 전체가 살아날 길이 보일 것이다. 세계경기 침체로 한국경제가 위기를 겪을 때도 양극화는 사회불안으로 이어지겠지만, 연대형 체제는 모두가 참고 견딜 수 있도록 심리적 안정을 제공할 것이다. 그러기 위해선 먼저 나 하나, 우리 지역 하나 알아서 잘 살자는 생각, 바로 내 마음속 'MB공화국'과 결별해야 한다. 그때 비로소 'MB공화국'이 아닌 '우리공화국'이 건국될 것이다.